플랫폼
임팩트
2023

KI신서 10487

플랫폼 임팩트 2023

1판 1쇄 인쇄 2022년 11월 7일
1판 1쇄 발행 2022년 11월 16일

지은이 강재호·김홍중·박우·양지성·이원재·이은주·이종은·임동균·정인관·조은아·하상응·한준
펴낸이 김영곤
펴낸곳 (주)북이십일 21세기북스

인생명강팀장 윤서진 **인생명강팀** 최은아 강혜지
디자인 푸른나무디자인
출판마케팅영업본부장 민안기
마케팅2팀 나은경 정유진 박보미 백다희
출판영업팀 최명열
제작팀 이영민 권경민

출판등록 2000년 5월 6일 제406-2003-061호
주소 (10881) 경기도 파주시 회동길 201(문발동)
대표전화 031-955-2100 **팩스** 031-955-2151 **이메일** book21@book21.co.kr

ⓒ 강재호·김홍중·박우·양지성·이원재·이은주·이종은·임동균·정인관·조은아·하상응·한준, 2022
ISBN 978-89-509-4266-3 (03320)

(주)북이십일 경계를 허무는 콘텐츠 리더

21세기북스 채널에서 도서 정보와 다양한 영상자료, 이벤트를 만나세요!
페이스북 facebook.com/jiinpill21 **포스트** post.naver.com/21c_editors
인스타그램 instagram.com/jiinpill21 **홈페이지** www.book21.com
유튜브 youtube.com/book21pub

서울대 가지 않아도 들을 수 있는 **명강**의! 〈서가명강〉
'서가명강'에서는 〈서가명강〉과 〈인생명강〉을 함께 만날 수 있습니다.
유튜브, 네이버, 팟캐스트에서 '서가명강'을 검색해보세요!

플랫폼 독과점부터 데이터주권 위기까지
플랫폼 자본주의를 향한 사회과학자들의 경고

플랫폼
임팩트
2023

강재호, 김홍중, 박우, 양지성, 이원재, 이은주, 이종은, 임동균, 정인관, 조은아, 하상응, 한준 지음

21세기북스

중요한 단어들이 대부분 그렇듯 플랫폼은 다의적이다. 오프라인에서 승강장, 단상 등과 같은 일상적 용어로 쓰이는 한편, 비유적으로는 행동이나 정책, 주장이나 협력 등의 토대 혹은 기반의 의미로도 사용된다. 디지털 기술이 세상을 바꾸는 시대에 플랫폼은 또 하나의 새로운, 매우 중요한 의미를 갖게 되었다. 디지털 혹은 온라인 플랫폼은 이제 디지털 기술에 의해 가능해진 다양한 활동이나 상호작용, 거래와 서비스 등을 가능케 하는 기반을 의미하게 되었다. 플랫폼을 통해 사람들과 조직들은 과거에는 독립된 영역, 시간과 장소, 채널 등에서 별도로 해야 했던 여러 업무나 활동을 통합해서 동시다발적으로 진행할 수 있게 되었다. 디지털이 인간 세상을 바꾼다면 플랫폼은 분명 그 선두에서 중요한 역할을 맡고 있다.

디지털 플랫폼이 바꾸어놓은 세상을 우리는 플랫폼 사회라고 부르고자 한다. 각종 수식어가 붙은 '사회'가 난무하는 상황에서 또 하나의 사회를 제시하고자 한다면 분명한 이유가 필요하다. 우리는 디지털 플랫폼이 "사회 전반의 구조와 사람들의 일상에 파고들어 만들어내는 효과"(이재열, 2021: 11)에 주목할 수 있게 해주기 때문에 플랫폼 사회란 용어를 사용하고자 한다. 플랫폼은 우리가 살아가는 세상에 어떤 변화를 가져오고 어떤 효과를 낳을까? 플랫폼 사회 개념을 제안한 반디크José van Dijck에 따르면 디지털 플랫폼이 우리 세상을 바꾸어가는 세 가지 주요한 메커니즘은 데이터화, 상품화, 알고리즘화이다(van Dijck, Poell, and de Wall, 2018에서 재인용; 이재열, 2021: 18).

데이터가 디지털 시대의 석유와도 같다는 말처럼 데이터는 이제 사회의 모든 면에서 핵심적 요소가 되었다. 그런데 정보가 조직화된 것이 데이터라는 원론적 정의에서 출발해서 본다면 지식의 중요한 원천으로서 데이터의 가치는 오래전부터 인정되어온 바이다. 그렇다면 지금 데이터가 다시 주목받는 이유는 무엇일까? 데이터의 수집과 처리, 활용의 규모와 범위가 급속하게 무한히 확장되었기 때문이다. 세상 구석구석에서 자동적으로 수집된 데이터를 인공지능이 처리하고, 분석한 결과를 우리 삶의 모든 영역에서 활용하게 된 것이다. 그런 의미에서 데이터는 사회적 차원에서 인간의 감각과 인지, 생각과 판단을 담당하는 신경망의 역할을 하게 되었다.

상품화 역시 우리에게 새로운 것은 아니다. 점점 더 많은 삶의 영역이 상품화되는 경험을 자본주의 사회에 사는 우리는 그동안 경험해왔기 때문이다. 특히 세기말 전환기에 전 지구적인 신자유주의의 득세는 이전에 규범과 관습, 제도에 의해 상품화가 제약되었던 사회의 여러 구석구석을 시장의 공략 대상으로 만들었다. 하지만 데이터가 사회의 신경망과 같은 역할을 하면서 상품화는 이전과 비교할 수 없는 경지로 나아가고 있다. 우리가 스스로 자각하지도 못했던 삶의 부분들이 데이터화되면서 상품화되기 시작했기 때문이다. 우리의 내밀한 감정, 습관과 취향, 타인의 관심 및 그들과의 관계가 모두 상품화되어 기업과 자본의 관심사로 변해버렸다. 우리가 다른 사람들과 공감하고, 공유하고, 교류하며 나누던 많은 것들이 이제는 시장에서 거래되기 시작했다.

알고리즘은 컴퓨터 작동의 기본 원리다. 반복된 연산을 통해 주어진 데이터로부터 원하는 답을 찾아내는 과정을 기계화시킨 것이 알고리즘이라면 이것도 20세기 중반 이후 이미 다양한 분야에 적용되어왔다. 하지만 지금의 상황은 이전과 현격한 차이를 보인다. 알고리즘은 과학 연구의 영역을 벗어나 과학자나 공학자만이 아닌 모두의 것이 되었다. 우리를 둘러싼 모든 기기들과 우리가 접속하고 활용하는 모든 앱과 사이트에서, 그리고 사회 전반의 운영 기반으로서 플랫폼에 알고리즘이 내장되어 작동한다. 알고리즘의 작동은 점점 더 자동화되고 데이터는 점점 늘어나서 인간의 역할을 대신할 뿐 아니라 인간들이 가진 편견과 문제점들을 증폭시키기도 한다. 알고리즘의 적용과 활용이 전면화되면서 인간에게는 편리함과 함께 무력함이 찾아왔다.

기나긴 팬데믹의 터널을 이제 막 벗어나려는 시점에서 디지털 플랫폼의 영향력은 계속 커져만 가고, 그에 따른 사회 전반에서의 변화 역시 확대되고 있다. 이 책에 실린 글들은 이러한 영향력과 변화가 어떤 것이고, 인간에게 어떤 영향을 미치며, 어떻게 대응할 것인가에 대한 전문가들의 고민과 연구의 산물이다. 필자들은 한국사회학회가 네이버의 지원을 받아 진행해온 다년간 연구의 2021년도 연구에 참여했다. 팬데믹 때문에 직접 얼굴을 마주하고 논의를 진행하는 것이 불가능한 상황에서 비대면으로 연구 모임을 진행할 수밖에 없었지만 대면 모임 못지않은 열기와 진지함을 갖고 연구가 진행되었다. 2021년 11월에 연구 성과를 발표하고 토론 결과를 반영하여 수정 과정을 거친 글들이 이 책에 실렸다.

이 책의 첫 논문에서 김홍중은 사회적 공장, 비사회적 소셜, 정신의 소실이라는 세 개의 키워드로 디지털 플랫폼의 영향을 조망한다. 이들은 데이터화, 상품화, 알고리즘화라는 디지털 플랫폼의 세 가지 메커니즘이 가져온 질적인 변화를 요약한다. 사회적 공장 테제는 플랫폼 사회에서 가치의 창출이 공장의 물질적 노동이 아닌 전 사회에 걸친 비물질 노동을 통해 이루어진다는 주장이다. 사회구성원의 생각과 행동 하나하나가 데이터를 통해 가치 창출로 이어진다는 것이다. 비사회적 소셜 테제는 소셜 미디어, 소셜 네트워크 등 플랫폼과 관련하여 자주 언급되는 소셜이 기계들에 의해 맺어진 관계들의 총체로서 알고리즘에 의해 통제된 결과 근대에 등장한 사회의 공동체적 가치를 방기하거나 심지어 위협하기에 이르렀다는 경고이다. 마지막으로 정신의 소실 테제는 알고리즘이 인간의 사고와 행위를 대체한 결과 근대사회의 집합적 의식이나 정신과 함께 개별 행위자의 성찰 또한 사라질 위험에 처했다는 것이다.

　이어지는 두 편의 논문은 디지털 플랫폼이 이를 장착한 플랫폼 기업들의 절대적 경쟁우위로 작용하면서 나타난 거시적 결과에 대한 국가의 대응을 G2 시대의 양대 축을 이루는 미국과 중국을 통해 살펴본다. 하상응의 논문은 가장 영향력이 큰 플랫폼 기업들이 있는 미국에서 플랫폼 기업들이 시장경제 질서와 민주정치 질서에 미치는 영향에 대한 정부 규제 논의를 최근 반독점법과 관련하여 살펴본다. 특히 20세기 반독점 법안의 기본 전제와 논리가 바이든 정부 들어 바뀌는 과정을 체계적으로 설명하고 있다. 박우의 논문은 또 다른 플랫폼 강국이라고 할 수 있는 중국에서 최근 들어 중국 공산당이 플랫폼 기업에 대한 규제를 강화하는 배경을 다룬다. 디지털 기술을 주민 통제에 적극적으로 활용하는 동시에 플랫폼을 통해 경제 발전을 도모하는 상황에서 중국 정부는 미국에서 강조하는 시장 질서에 추가해서 금융 리스크와 데이터 안보를 중시할 수밖에 없다는 것이 이 논문의 주장이다.

　플랫폼은 인간의 노동을 대체하기도 하지만 인간 노동의 수요와 공급을 매개하기도 한다. 강재호와 정인관의 논문은 플랫폼이 인간의 노동에 어떤 변화를 가져왔는가를 살펴본다. 강재호는 대표적인 플랫폼 기업인 '우버' 운전자가 자영업자인가, 아니면 노동자인가를 둘러싸고 영국의 법원에서 벌어진 논쟁을 검토하면서, 우버의 플랫폼 노동이 제기한 문제를 김홍중이 제기한 사회적 공장 테제와 밀접하게 관련된 노동의 비물질성이라는 측면에서 살펴본다. 정인관은 한국의 맥락에서 플랫폼 노동의 쟁점들을 법제도 측면에서의 노동자성, 불안정한 지위, 알고리즘적 통제, 단체행동의 어려움, 탈숙련과 재숙련의 문제 등으로 나누어 살펴보고 있다. 아직 한국의 플랫폼 노동은 전체 노동에서 차지하는 양적 비중이 높지 않지만 그 비중이 빠르게 늘어날 뿐 아니라 이들 쟁점이 가까운 미래에 노동 일반이 직면할 문제들을 앞서 '보여준다는 점에서 중요성을 갖는다.

플랫폼은 우리 삶의 외면만이 아니라 우리의 내면에도 변화를 가져온다. 임동균과 이은주의 논문은 플랫폼을 통해 개인의 내면이 어떻게 영향을 받는가에 대해 논의한다. 임동균은 스마트폰으로 대표되는 디지털 디바이스가 일상생활에서 플랫폼과의 지속적인 접촉면을 제공하게 되면서 개인들이 이성적 사고와 판단뿐 아니라 감각적 경험에서도 플랫폼에 의존하게 되는가를 퀄리아qualia(감각질)라는 개념을 통해 살펴본다. 이처럼 플랫폼의 압도적 퀄리아에 지배당할 지경에 이른 개인들에게 온라인은 무감각하고 무장소적인 곳으로 경험되며 그 결과 이들은 일시적 쾌락에 중독되고, 연결되어 있지만 공감하지 못하는, 김홍중의 표현을 빌리자면, 비사회적 소셜 상태에 놓이게 된다고 임동균은 주장한다. 임동균의 비관적 전망과 달리 이은주와 이종은Roselyn Lee-Won은 디지털 플랫폼이 개인의 마음 건강에 도움이 되는 새로운 방식에 주목한다. 이들은 코로나 19로 인한 장기 팬데믹으로 개인들의 활동 반경이 축소되고 사회적 접촉이 줄면서 마음 건강에 적신호가 나타나는 상황에서, 많은 사람이 SNS에서 자신의 과거 경험을 회상하면서 자아의 연속성과 안정감을 찾음으로써 마음 건강을 회복할 수 있다는 것을 설문조사 결과 분석을 통해 보여준다.

플랫폼이 개인들의 내면적 경험에 영향을 미친 결과 사회는 더욱 양극화되고 갈등적으로 변하는가? 이 질문에 대해 이원재와 양지성은 온라인 플랫폼 미디어의 뉴스 데이터 분석을 통해 답하고자 했다. 이들은 온라인 뉴스포털에서 '4차 산업혁명'과 '갈등'이라는 주제어가 함께 등장하는 기사들을 대상으로 토픽 모델링 방법을 적용한 결과 언론에 표출된 갈등은 디지털 플랫폼 자체의 문제보다는 외적 정치 일정에 따라 변한다는 것을 밝혔다. 또한 사회적 양극화의 배경으로 지목되는 언론의 양극화 역시 갈등이 고조되면 진보와 보수가 멀어지기보다는 반대로 경계가 약해지는 것을 발견했다. 이들은 이러한 결과를 토대로 플랫폼 미디어를 사회적 양극화와 갈등의 주범으로 보기에는 경험적 증거가 부족하다고 주장한다.

디지털 플랫폼 미디어는 쌍방향 소통을 가능케 함으로써 우리의 문화생활을 풍부하게 해준다. 그러면 디지털 플랫폼이 주도하는 미디어 환경에서 문화와 예술은 어떤 변화를 겪게 되는가? 조은아와 한준은 온라인 플랫폼의 급성장이 가져온 문화예술에서의 기회와 위험, 변화를 살펴본다. 조은아는 팬데믹 상황에서 대면 접촉이 제약되면서 과거 대면적 상호작용을 강조했던 문화예술 교육에서 플랫폼 미디어의 역할이 중요해졌음을 보여준다. 다양한 공공과 민간의 사례를 제시하며 조은아는 문화예술 교육에 대해 디지털 미디어가 갖는 유토피아적 가능성과 함께 디스토피아적 위험을 균형 있게 고려해서 좋은 콘텐츠의 개발이 절실함을 강조한다. 한준은 디지털 미디어를 통한 음악 듣기가 대세가 되면서 과거와 무엇이 달라졌는가를 미국과 한국의 대중음악 산업을 중심으로 살펴본다. 미국의 경우 구독경제로서 스트리밍이 가져온 산업구조의 단절적 변화가 체험경제로서 공연의 중요성을 높이고, 음악가들의 양극화와 협업의 증가가 두드러진 반면, 한국에서는 한류의 영향 증가와 노래방의 대중화가 디지털 미디어의 부정적 효과를 상쇄할 수 있었다는 사실이 제시된다.

여기 모인 글들이 플랫폼이 우리의 삶과 사회에 가져온 엄청난 변화를 모두 포괄하지는 못할 것이다. 하지만 이 글들이 플랫폼의 복잡하고 다양한 영향을 본격적으로 이해하는 사고의 실마리를 제공하기에는 충분할 것이다. 플랫폼의 편리함과 효율성을 일상적으로 느끼는 독자들에게 플랫폼에 대한 보다 깊이 있는 이해와 논의에 동참하기를 청해본다.

차례

3

박우

중국의 디지털 플랫폼 기업과 국가의 관리

4

강재호

플랫폼 노동의 (비)물질성: 우버 노동자의 사례

5

정인관

플랫폼 노동을 어떻게 바라볼 것인가?

6

임동균

플랫폼 위에 선 개인: 디지털 세계의 새로운 개인성

7

이은주 · 이종은

팬데믹 시기 회상적 소셜 플랫폼 이용과 마음 건강 지키기

8

이원재 · 양지성

뉴스포털 플랫폼은 사회 갈등을 부추겼는가?

9

조은아

예술교육의 가치는 디지털 환경에서 어떻게 구현되는가?

10

한준

플랫폼 이후 미국과 한국의 대중음악 변화

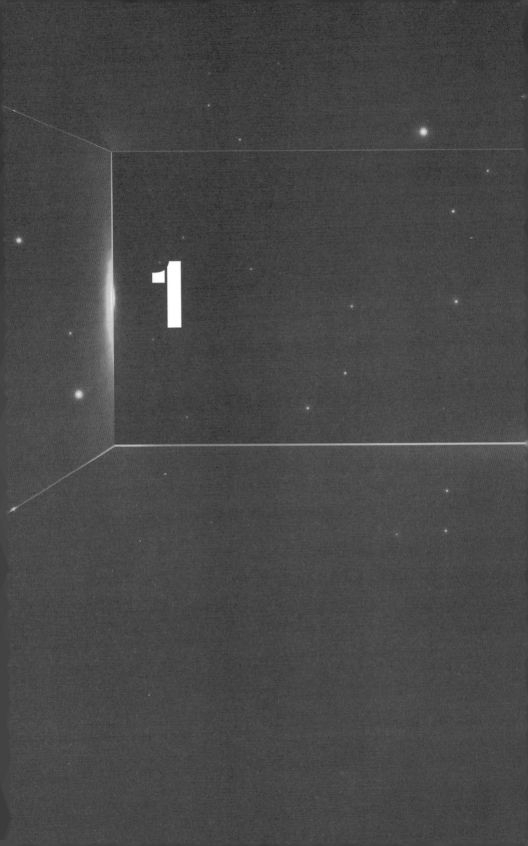

플랫폼 자본주의를 어떻게 이해해야 하는가?[1]

김홍중

사회학자. 사회이론과 문화사회학을 전공한다. 사회를 집합적 심리 에너지의 전개와 운동을 통해 이해하는 관점을 탐구해왔다. 최근에는 인류세Anthropocene, 포스트휴머니즘, 생태 위기에 관심을 기울이고 있다. 저서로 『마음의 사회학』 『사회학적 파상력』 『은둔기계』가 있다. 현재 서울대학교 사회학과 교수로 재직하고 있으며 『서울리뷰오브북스』의 편집위원이다.

플랫폼 자본주의가 보여주는 독특한 특성들을 세 가지 관점에서 생각해보기를 제안한다. 첫째, 우리의 일상적 삶이 가치 생산과 축적 메커니즘에 포섭되는 현상을 '사회적 공장'이라는 관점을 통해 살펴본다. 둘째, SNS를 통해 생성되는 새로운 관계 유형인 '소셜'이 어떻게 전통적 의미의 '사회'를 재구성하는 힘으로 작용하는지를 생각해본다. 셋째, 플랫폼 자본주의의 작동 방식이 자본주의에 요구되는 문화적 정당화 기제로서의 '정신'을 필요로 하지 않는 새로운 유형이라는 점을 지적하고, 우리 시대의 인간에게 '정신'의 의미가 어떻게 변화하고 있는지를 살펴본다.

새로운 가치 축적의 알고리즘

2021년 넷플릭스에는 플랫폼 사회[2]에 대한 세 편의 흥미로운 다큐멘터리가 올라와 있다. 길게는 지난 20년, 짧게는 10년간 급격히 진행된 기술 변화(빅데이터, 머신러닝, AI, 알고리즘)가 가져온 새로운 사회 풍경이 비판적으로 해부되고 있다.

〈거대한 해킹〉(2019)은 데이터분석기업 캠브리지 애널리티카Cambridge Analytica가 어떻게 영국의 브렉시스Brexis 탈퇴와 미국 대통령 선거에 개입했는지를 다룬다. 내부 고발자들의 증언이 흥미롭게 펼쳐진다. 〈알고리즘의 편견〉(2020)은 흔히 중립적으로 작동한다고 생각되는 알고리즘이 사실 여러 사회적 편견들에 물들어 있음을 폭로한다. 알고리즘이 21세기 사회를 통치·관리하는 양상이 날카롭게 그려져 있다. 〈소셜 딜레마〉(2020)는 구글, 애플, 트위터, 페이스북 같은 하이테크 거대기업들이 인간 행동 데이터를 채굴하고 활용하는 상황을 추적한다. 거기 대담자로 등장한 컴퓨터 과학자 러니어 Jaron Lanier의 다음 진술은 플랫폼 자본주의가 가치를 축적하는 방식에 대한 매우 인상적인 통찰을 준다.

"구글이나 페이스북 같은 회사들은 역사상 가장 부유하고 성공한 회사들입니다. 직원은 상대적으로 적지만 거대한 컴퓨터로 돈을 갈퀴로 쓸어 담거든요. 그들은 왜 돈을 벌까요? (…) **당신의 행태와 지각에 일어나는 점진적이고, 사소하고, 지각 불가능한 변화**gradual, slight, imperceptible change in your behaviour and perception**가 상품인 것입니다.** 바로 그게 유일한 상품이에요. 다른 건 상품이라고 할 만한 게 없어요. 그들이 돈을 벌 수 있는 유일한 수단이니까요. 당신의 행동을 바꾸고, 사고방식과 정체성을 바꾸는 거예요. 아주 점진적인 변화예요."(강조는 필자)

실제로 플랫폼 기업들은 사용자들이 남기는 방대한 데이터를 채굴, 가공, 분석한다. 그리고 사람들의 미래 행동을 예측하는 모델을 만들어 판다. 가령 구글의 주된 사업은 경매사업이며, 그 주요 고객은 광고업자들이다(Zuboff, 2015: 79; 러니어, 2016; Auletta, 2009). 플랫폼 유저user는 단순한 정보 사용자나 소비자가 아니라 데이터를 생산하는 존재들인 것이다. 이들이 플랫폼에서 일상적으로 수행하는 경제, 문화, 사회적 안구 활동eyeballs과 클릭의 흔적들이 바로 플랫폼 기업의 이윤의 원천으로 활용되고 있다. 플랫폼 기업의 주된 상품은 이들이 남긴 데이터를 가공하여 만든 행동 예측 모델들이다.

요컨대 플랫폼 기업은 인간 생명 활동의 미세한 계기들을 생산성의 논리 속으로 흡수한다. 알고리즘에 의해 실행되는 선점preemption 논리가 이 모든 과정의 핵심에 존재한다.

이것이 바로 "플랫폼 자본주의"(서르닉, 2020)다. 정보, 데이터, 정동, 인지, 생명 과정을 새로운 가치 창출의 계기로 포섭한다는 점에서 플랫폼 자본주의는 "감시 자본주의"(Zuboff, 2015), "데이터 자본주의"(마이어-쇤베르거 & 람게, 2018), "정보 자본주의"(백욱인, 2013), "인지 자본주의"(Boutang, 2008), "신경 자본주의"(Griziotti, 2019), "정동 자본주의"(이항우, 2017; 이항우, 2019)와 거의 같은 의미를 지닌다. 이 글에서 나는 플랫폼 자본주의가 보여주는 새로운 특성들을 다음의 세 가지 테제를 빌려 살펴보고자 한다. 첫째, '사회적 공장' 테제(플랫폼 자본주의는 비시장적 생명 활동 전반을 노동으로 포섭한다). 둘째, '비사회적 소셜' 테제(플랫폼 자본주의에서 '소셜'의 부상은 '사회'를 재조립한다). 마지막으로 '정신의 소실消失' 테제(플랫폼 자본주의에서 '정신spirit'은 점차로 그 중요성을 상실한다). 이 세 테제를 통해 어느덧 우리 삶의 깊은 부분으로 스며들어 와 "점진적이고, 사소하고, 지각 불가능한 변화"를 가져오고 있는 플랫폼 자본주의의 특이성을 사회학적으로 응시해보고자 한다.

플랫폼 자본주의의 등장

『감시 자본주의』에서 주보프Shoshana Zuboff는 플랫폼 자본주의의 기본 메커니즘을 다음과 같이 정리한다.[3]

"감시 자본주의는 일방적으로 인간의 경험을 공짜 원재료로 삼아 행동 데이터로 번역한다. 이 데이터 중 일부는 상품이나 서비스 개선에 활용되지만, 나머지는 사유화된 행동 잉여로 분류되어 '기계 지능'이라고 알려진 고도의 제조공정에 투입되고, 당신이 지금 혹은 장차 할 행동을 예상하는 예측 상품prediction product으로 만들어진다. 그리고 이러한 예측 상품은 행동의 예측이 거래되는 새로운 종류의 시장에서 거래된다. 나는 이 시장을 행동의 선물거래가 이루어지는 미래행동시장behavioral futures market이라고 부를 것이다."(주보프, 2021: 31–32)[4]

감시 자본주의는 자본주의 역사에서도 최초로 발견되는 새로운 특성들을 보여준다. 그 핵심은 무엇일까? 그것은 바로 사용자들의 비시장적 활동 흔적들을 가치의 원천으로 전환시킨다는 점에 있다. 달리 표현하면, '행동 잉여behavioral surplus'에 대한 "디지털 수탈digital dispossession"이 그 본질을 이룬다(주보프, 2021: 151). '행동 잉여'란 플랫폼 유저들이 인터넷 검색 엔진을 포함한 다수의 알고리즘 장치를 통해 수행한 활동 흔적을 가리킨다. 유저의 생명 활동, 욕망 추구, 시간 사용, 관심의 표명, 소비나 여행, 친교와 문화적 향유 등의 방대한 흔적을 담고 있는 데이터는 기업의 이윤으로 전환된다.

문제는 사용자의 행동이 동의 없이 수집되고, 수집된 데이터에 접근할 수 있는 권한과 방법은 사용자에게 주어져 있지 않다는 사실이다. 데이터를 통해 얻은 기업의 수익을 행위자는 배당받지 못한다. 결국 플랫폼 자본주의 속에서 행위자는 "인간이라는 천연자원"으로 전락한다(주보프, 2021: 152). 착취나 소외같이 자본주의를 비판하기 위해 사용되던 예전의 용어들이 다시 부상하는 것은 이 때문이다(Terranova, 2000; Andrejevic, 2011; 서르닉, 2020).

21세기에 접어들어 플랫폼과 알고리즘에 기초한 이 새로운 자본주의가 등장하게 된 것은 기술적 혁신에 많은 것을 빚지고 있다. 특히 웹www의 등장과 함께(1993년) 시작된 글로벌 네트워크, 모바일 테크놀로지, 빅데이터, 머신러닝, AI, 클라우드 컴퓨팅, 사물인터넷, 유비쿼터스 컴퓨팅의 빠른 발전이 결정적이었다. 그런데 주목해야 하는 것은 1990년대까지만 해도 플랫폼 자본주의의 핵심 장치인 인터넷은 아직 상업화되지 않았고, 기술적 진보가 자본주의 축적 메커니즘과 연결되지 않은 상태였다는 점이다. 플랫폼 자본주의의 주요 행위자인 '해커' 집단은 전통적으로 자본주의적 영리 활동과 이윤 추구에 상당히 비판적이었던 것이 사실이다.

1960년대로 거슬러 올라가는 해커 문화의 기원에는 반체제적이고, 개인주의적이고, 또한 저항적인 경향이 존재한다(레비, 2019; 토발즈·히매넌·카스텔스, 2002). 흔히 "캘리포니아 이데올로기"(바브룩·카메론, 1996)라 불리는 이런 이념적 분위기 속에서 해커들은 세상을 거대한 네트워크로 연결하고 평등한 공동체를 만드는 꿈을 꾼 몽상가들이었다(포어, 2019: 23-48).

이런 문화적 경향은 구글의 초기 행보에서도 관찰된다. 래리 페이지Larry Page와 세르게이 브린Sergei Brin이 1998년에 창업한 구글 역시 처음에는 유저들의 행동 데이터를 개선된 서비스의 형태로 사용자 경험에 재투입한다. 유저들은 아무런 대가를 지불할 필요가 없었다. 구글과 사용자 사이에는 호혜적 관계가 존재했다(주보프, 2021: 111). 그런데 2000년 4월에 닷컴 경제가 붕괴하며 상황은 크게 변화한다(서르닉, 2020: 26-31).[5] 반문화 운동과 반체제적 상상력에서 출발했던 IT 영역의 다수 신생 기업들은, 생존 위기를 타개해야 하는 상황에 몰린다. 그리고 이때 그들이 발견한 것이 바로, 사용자의 권익을 지지하던 해커 문화의 기조에 반하는 "행동 가치 재투자 사이클behavioral value reinvestment cycle"(주보프, 2021: 111-112)이었다. 이들은 사용자들의 행위 예측 모델을 광고사에 판매함으로써 수익을 창출하는 플랫폼 기업으로 빠르게 진화해간다(주보프, 2021: 118-128).[6]

사회적 공장

이런 과정을 통해 형성된 플랫폼 자본주의의 가장 현저한 특성은 무엇일까? 우리는 그 고유한 가치 창출 방식에 주목해야 한다. 플랫폼 자본주의의 주된 가치는 공장에서 생성되지 않는다. 대신 유저들이 인터넷이나 모바일 기기 혹은 SNS에 접속하여 수행한 활동의 흔적(클릭, 검색, 소비, 카드 지불, 여행, 이동, 운전, 독서)을 데이터로 가공하는 과정에서 가치가 발생한다(이항우, 2020a; 264-265).

테라노바Tiziana Terranova는 공장 밖에서 이루어지는 이런 노동을 'free labor'라 부른다. 여기서 'free'는 '자유롭다'는 의미와 더불어 '미지불未支拂'이라는 의미도 갖는다. 그것은 자발적으로 행해지고 대가를 받지 못하는 새로운 노동의 형태로서, 예를 들면 "웹사이트를 만드는 활동, 소프트웨어 패키지를 변경시키는 것, 메일링 리스트를 읽고 거기에 참여하는 것, MUD나 MOO에 가상공간을 만드는 것" 등을 포함한다(Terranova, 2000: 33). 노동 방식의 이런 변화는 사실 플랫폼 자본주의 등장 이전에도 이미 논의된 바 있다.[7] 포스트 포디즘의 부상과 더불어, 노동은 정보·문화·인지·기호 콘텐츠를 창출하는 '비물질 노동'의 형태를 띠기 시작했다(마라찌, 2014: 14-22; Lazzarato, 1996: 133-134). 베라르디 비포Franco 'Bifo' Berardi는 이 변화의 핵심을 다음처럼 진술한다.

"오늘날 노동한다는 것은 무엇을 의미하는가? 노동은 일반적으로 다음과 같은 신체적 유형들을 따라 수행되는 경향이 있다. 다시 말해 우리는 모두 화면 앞에 앉아 자판 위에서 손가락을 움직여 타이핑을 한다. (…) **우리는 화면 앞에 앉아 키보드를 두드린다.** 우리의 활동은 나중에 기계들의 연쇄에 의해 건축학적 기획으로, TV 대본으로, 외과 수술로, 40개의 금속 상자들 또는 레스토랑의 식재료의 운반으로 변형된다."(베라르디, 2012: 101-103. 강조는 필자)

노동은 근육의 움직임이 아니라 타이핑이 되었다. 그런데 플랫폼 자본주의는 '타이핑'이라는 이미지에서 한 걸음 더 나아간다. 각종 센서와 카메라가 부착된 웨어러블 기기들, 모바일 전화, 사물인터넷, 유비쿼터스 컴퓨팅, 스마트 홈이나 스마트 시티 혹은 스마트 자동차에서의 일상적 활동들을 떠올려보라. 손목에 애플워치를 차고 자고 일어나 조깅하고 출근하는 사람은 자면서도, 꿈꾸면서도, 걷고, 숨쉬면서 이미 노동을 하고 있다. 여가나 스포츠를 즐기면서도 그는 자신의 수면 시간, 패턴, 질質, 심박수, 이동 거리 등에 대한 데이터를 플랫폼 기업에 제공하고 있기 때문이다.

전통적 의미의 노동 외부에서 수행되는 이 행동들은 노동과 노동 아닌 것의 경계를 붕괴시킨다. 말하자면, 노동은 이제 더 이상 의

식적이고 지향적인 인간 행위가 아니게 된 것이다. 디지털 네트워크에 접속된 사용자는 노동하고 있다는 생각을 하지 않은 채 노동을 통해 달성하려는 목적이나 의도 없이 노동한다. 노동과 여가, 공장과 사회, 생산과 소비의 구분도 힘들어졌다.

플랫폼 자본주의의 노동은 "탈영토화되고 분산되고 탈중심화"된 모습을 띤다(Rosalind and Pratt, 2008: 7). 이처럼 "사회 전체가 이윤의 처분에 놓이게 되는"(네그리, 2012: 119-120) 상황에서 출현하는 새로운 영역, 그것이 바로 '사회적 공장'이다(Campbell, 2018; 이항우, 2017: 126).

사회적 공장에서 이뤄지는 노동의 지배적 양상을 일반적으로 '정동 노동affective labor'이라 부른다(이항우, 2020b; 이항우, 2021; 네그리·하트, 2008). 정동affect은 원래 스피노자 철학에서 나온 개념으로, 하나의 신체가 다른 신체를 변용變容시키는 능력을 가리킨다(Spinoza, 1954: 181; Negri, 1999). 내면에서 지각되고 표상되는 감정emotion과 달리 신체들 사이에서 생성되어 흐르고 전염되는 미세지각적 에너지가 정동이다.

정동은 언어화되지도, 의식화되지도 않은 채 사회 공간을 흘러다니며 새로운 현실을 창출한다(Brennan, 2004: 6). 이런 정동 수준에서 이뤄지는 노동(정동 노동)은 따라서 사회적으로 규정된 노동자, 노동 행위, 노동 공간의 그물망에 걸리지 않은 채 가치를 생산하는 다양한 형태의 생명 운동을 모두 포함한다.[8] 이처럼 인간 행위의 거의 모든 영역이 가치를 생산하는 자본주의적 활동이 될 때 노동이란 과연 무엇을 의미하는가?

비사회적 '소셜'

2000년대 중반 이후 웹 2.0 기술이 확산되면서 일어난 가장 큰 변화는 무엇일까? 그것은 아마도 그동안 수동적 위치에 있던 인터넷 이용자들을 적극적 행위자로 끌어올렸고 이들의 활동이 시장과 직접적으로 연결되는 계기를 제공했다는 사실일 것이다(원용진·박서연, 2021: 145-148). 우리가 '소셜'이라 부르는 새로운 활동 영역, 표현 영역, 존재 영역이 기업의 이윤 활동에 개방된 것은 바로 이런 과정을 통해서였다(마라찌, 2013: 69-70).[9] 웹 2.0과 소셜 미디어[10]의 등장과 더불어 형성된 온라인 사회성(이를 '소셜' 혹은 '소셜적인 것'이라 불러보자)은 우리가 일반적으로 '사회society' 혹은 '사회적social'이라 부르는 것과 매우 다른 세계인 것이다. 그 차이는 무엇인가?

원래 '사회' 혹은 '사회적'이라는 용어는 20세기 후반까지 여러 상이한 의미로 사용되어왔다. 예를 들어 인간 삶의 최종 심급(뒤르켐), 근대적 통치 섹터(푸코, 아렌트), 관계를 만드는 원형적 힘(짐멜), 대중적 삶의 형식(니체), 규범적 유토피아(마르크스) 등이 그것이다(김홍중, 2017). 그런데 이런 다양성에도 불구하고 '사회'라는 용어에는 합의 가능한 공통의 의미가 존재하고 있었다. 가령 사회보장, 사회적 평등, 사회정의, 사회정책, 사회문제, 사회악, 사회국가, 사회적 기업, 사회적 약자와 같은 용어들을 떠올려보자. 이 용어들에서 '사회'는 정치 논리(국가)와 경제 논리(시장)로 환원되지 않는 연대와 공존, 부조扶助, 증여 같은 도덕적 가치를 함축하고 있다. '사회'는 복지국가로 제도화되는, 리스크를 공동 관리하는 공동체, 국가와 시장의 하부에 존재하는 삶의 공적 토대를 의미해왔다(Donzelot, 1994).

그런데 소셜 미디어가 생성시킨 '소셜'의 감각은 이 전통적 '사회'의 의미와 상당한 차이를 보인다. 2004년에 창립된 페이스북이 이를 잘 보여준다.[11] 가령 페이스북을 통해 만나는 친구들은 알고리즘에 의해 소개되고 연결되고 관리된다. 알고리즘은 페이스북 뉴스피드에 어떤 스토리가 올라와야 하는지를 결정하며, 그것이 친구의 범위에 큰 영향을 미친다. 우정은 "계산 가능한computable"무언가가 된다(Butcher, 2018: 8). 소셜 미디어의 작용 속에서 형성되는 소셜은 이처럼 "프로그램화된 사회성"(Butcher, 2018: 4-12) 혹은 "플랫폼화된 사회성"(van Dijck, 2013)의 성격을 띠고 있다. 이것은 기술적으로 매개되어 있고, 계산되며, 컴퓨터 소프트웨어와 알고리즘에 의해 통제되는 새로운 유형의 사회성이다. 이는 기본적으로 확장된 친밀성에 더 가깝다.

이와 유사한 맥락에서, 다양한 연구들은 (특히 정치적 커뮤니케이션의 맥락에서) 소셜 미디어에서 쉽게 발견되는 "동화 편향assimilation bias"(Petty et al., 1997: 611-615) 혹은 "선택적 노출"(Iyengar and Han, 2009: 19-39) 경향을 지적하고 있다(장덕진, 2011; Ellison, Steinfield and Lampe, 2007; 박상운, 2014). 이는 반드시 정치 커뮤니케이션에 국한되는 것이 아니라 SNS 전반에서 발견되는 현상이기도 하다(하상응, 2021). 인터넷이 확산될 무렵 많은 사람이 기대했던 열린 공론장, 확장된 민주적 소통 같은 이상은 SNS의 실제 현실과 상당히 다른 모습을 보인다. 자신과 유사한 사람들이 행사하는 동조 압력과 가짜 뉴스, 그리고 일종의 메아리방 효과가 나타나고 있는 것이다(유승호, 2012: 33-41). 더 나아가 소셜 미디어가 혐오, 분리, 적대와 같은 반反사회적 효과를 생산한다는 주장이 제기되기도 한다(바디야나단, 2020).

이에 더해 플랫폼 자본주의에서 소셜(온라인 사회성(소셜))은 더이상 오프라인 사회성의 그림자에 머물지 않는다는 점 또한 중요하다. 진 트웬지Jean Twenge가 'i세대'라 부른, 1995년 이후 출생한 청소년들은 스마트폰을 통한 활동에 압도적으로 많은 시간을 할애한다. 이들은 얼굴을 맞댄 직접적 상호작용에는 훨씬 적은 시간을 쓰는 것으로 보고되고 있다(트웬지, 2018). 이런 현상은 정치적 숙의 같은 사회적 절차들이 기계적 과정으로 대체되는 "탈脫사회적 편향"(안드레예비치, 2021: 80)과 함께 진행되고 있다. '소셜'은 20세기적 '사회성'을 잠식해가고 있다.

사실 사회이론 영역에서는 20세기 후반부터 이미 "사회적인 것의 죽음"(Rose, 1996) 혹은 "포스트-사회post-societal 시대"(앨리엇·터너, 2015: 40)에 대한 진단들이 제기되어왔다. 우트웨이트William Outhawaite는 '사회' 개념이 쇠퇴하는 원인으로 신자유주의, 진화심리학, 포스트모더니즘, 세계화 등을 제시한 바 있다(Outhwaite, 2006: vii-viiii). 우리는 여기에 플랫폼 사회와 함께 등장한 '소셜'이라는 새로운 리얼리티가 발휘하는 힘을 추가해야 하는 상황을 맞이하고 있다.

'사회'가 퇴조하는 자리에 새로운 형태의 기술적 관계성을 구현하는 '소셜'이 나타났고, 그 안에 정치적 파당들이 타자/자기의 공격적 구분, 혐오 발언, 가짜 뉴스 생산과 소비를 통한 사이버 연대를 실천하고 있다. '소셜'을 지배하는 관심 경제의 새로운 주체인 '프로보커터provacateur', 즉 도발자들은 자극적인 방식으로 대중의 관심을 끌고, 미디어 조회 수를 끌어올리며, 온라인 생태계에서 광범위한 영향력을 행사한다(김내훈, 2021). 기왕에 존재하던 사회적 갈등과 대립축(계급적·젠더적·종교적·지역적·세대적·정치적 축들)은 SNS를 매개로 변이되고, 강화되어, 진화하고 있다. 사회는 이제 뒤르켐이 말한 구조화된 힘(사회적 사실)이 작동하는 균질적인 공통 공간이라기보다는 타르드가 말하는 정동의 감염, 전염, 모방이 일어나는 "역학적 epidemiological 공간"을 훨씬 더 닮아 있다(Sampson, 2012: 21). 기호와 정보, 이미지와 시뮬라크르, 감정과 정동이 무차별적으로 흐르면서 물리적 시공간을 광폭하게 재구성하고, 새로운 연결들을 생성시키는 '소셜'에 대한 포괄적이고 심층적인 접근이 요청되는 이유가 바로 거기에 있다.

정신의 소실(消失)

'자본'은 단순한 부富나 화폐, 물적 자산이 아니다. 자본은 화폐가 투자를 통해 더 많은 화폐를 산출하는 과정 그 자체를 가리킨다(Heilbroner, 1985: 37-38). 자본주의는 자본의 이런 축적 과정을 축으로 운영, 관리, 통치되는 사회 시스템(Wallerstein, 1983)으로서, 일반적으로 "형식적으로 평화로운 방법을 통해 경제활동을 하여 무한한 자본의 축적을 목적으로 작동"하는 시스템으로 정의된다(Chiapello, 1998: 55). 상식과 달리, 자본주의의 지배적 욕망은 소유나 치부致富에의 탐욕이 아니다. 그 근원에 존재하는 것은 "자본의 무한 축적accumulation illimitée에 대한 요구"이다(Boltanski and Chiapello, 1999: 37).

요컨대 자본주의는 축적의 무한성에 대한, 혹은 자본을 무한히 축적하고자 하는 욕망에 대한 승인에 기초한 시스템이다(월러스틴,

2005: 64-65). 여기서 중요한 것은 무한성이다. 영원한 축적을 향하는 욕망이 자본주의의 본질이기 때문에, 자본주의적 노동은 기본적으로 휴식이나 향유를 알지 못한다. 자본주의는 본질적으로 강박적이다. '왜 노동을 해야 하는가'라는 질문에 대한 답은 자본주의 내부에서는 주어지지 않는다. 자본주의는 심층에 부조리不條理를 내포하고 있다. 따라서 인간 행위자가 자본주의를 수행하기 위해서는 이 무의미와 부조리를 상징적으로 처리해야 할 필요가 있다. 즉 노동의 이유, 활동의 목적에 대한 서사와 이념을 제공받아야 한다. 그것이 바로 자본주의 '정신'이다.

볼탕스키Luc Boltanski와 치아펠로Ève Chiapello가 『새로운 자본주의 정신』에서 베버Max Weber의 '정신spirit' 개념을 다시 도입하는 것은 이런 맥락에서다. 이들에 의하면, 자본주의 정신은 자본의 운동에 휘말린 행위자들이 가혹한 노동 과정에 가치와 목적, 생기와 매혹을 부여할 수 있게 하는 문화적 자원을 가리킨다. 자본주의 정신은 자본주의의 작동에 부수적인 요소가 아닌 그 필수 성분을 이룬다.[12] 자본주의 정신을 통해 비로소 행위자들은 자본주의를 수용 가능한 것으로 받아들이고, 그것을 바람직하거나 정당하거나 가능한 최선의 질서로 간주한다(Boltanski and Chiapello, 1999: 45). 자본주의가 "유혹적이고, 흥분시키는 삶"의 모습을 띨 수 있는 것은 이 때문이다(Boltanski and Chiapello, 1999: 65). 볼탕스키와 치아펠로의 분석에 의하면, 19세기 이래 서구는 크게 세 단계의 자본주의 정신의 변화를 겪어왔다.

첫 번째 단계는 19세기 말에 확립된 가족적 자본주의다. 이를 주도했던 부르주아 계급은 혁신과 해방의 정신을 자본주의에 부여했으며, 이는 자본주의의 큰 매력으로 작용했다. 자본주의는 노동자 계급에 자율성을 약속했고 미래, 진보, 과학, 기술, 산업에 대한 믿음을 통해 정당성을 확보했다(Boltanski and Chiapello, 1999: 54-55).

두 번째 단계는 1930년대부터 1960년대까지 고도로 조직화된 시스템(거대기업, 관료제, 그리고 복지국가)이 자본주의를 이끌어간 시기다. 이 단계의 자본주의는 합리성과 장기계획, 그리고 안정화된 삶의 가능성에 대한 전망과 결합한다. 20세기 중반에 펼쳐진 자본주의의 전성기는 이 풍요의 꿈을 배경으로 하고 있다(Boltanski and Chiapello, 1999: 55-57).

마지막 단계는 20세기 후반에 등장한 "갱신된 자본주의"의 시대다(Boltanski and Chiapello, 1999: 20). 이 시기에 이르면, 자본주의는 자신에 대한 미학적·정치적 저항에 직면하게 된다. 놀라운 유연성을 발휘하면서, 자본주의는 이 비판들을 흡수하여 자본 축적의 동력으로 삼아 새로운 방식으로 진화, 도약하게 된다. 고전 자본주의의 금욕, 노동, 검약 대신 예술가적 창조성, 진정성, 자율성, 표현성이 자본주의 정신의 전면에 부상하게 된 것이다. 이를 주도한 주체는 부르주아 계급도, 조직화된 시스템도 아닌 창조적 연결자들이다. 이들은 20세기 후반의 포스트모던 세계를 이끌며 공고한 사회구조를 해체하고 유연한 노동 스타일을 창안한다(Boltanski and Chiapello, 1999: 20, 231). 20세기 후반의 자본주의는 해방(19세기 후반)도, 풍요도(20세기 중반) 아닌 개인주의적 창조성이라는 새로운 정신을 통해 작동했다(Boltanski and Chiapello, 1999: 235-236). 볼탕스키와 치아펠로의 이 논의에 비추어보았을 때, 플랫폼 자본주의는 어떤 '정신'을 통해 작동하고 있는 것일까?

이 질문은 우리를 플랫폼 자본주의의 가장 흥미로운 특성과 대면케 한다. 즉 앞서 분석한 것처럼 공장 밖에서 이뤄지는 사회적 노동 속에서, 행위자는 자신의 활동을 노동으로 생각하지 않으면서 노동과 같은 효과를 가진 활동을 하고 있다. 무엇이 노동인가를 결정하는 건 행위자의 의지나 판단이 아니라 플랫폼 기업의 데이터 처리 과정이다. 노동 주권은 행위자로부터 기업으로 이전돼 있다. (기업 관점에서 보는) 노동시간은 정작 행위자에겐 유희, 게임, 사고, 여행, 정보 검색, 운동, 호흡, 생명 활동의 시간으로 체험되는 것이다.

그런데 이런 행위들은 자본주의적 노동 외부에서 수행되기 때문에 행위자의 의식 수준에서의 정당화 과정을 요구하지 않는다. 자본주의적 노동의 불합리함을 넘어서는 매력을 문화적으로 공급받아야 할 필요도 없다. 즐거움을 추구하는 활동들이 실제로는 노동임을 인지할 수 없기 때문에, 노동(데이터 생산 활동)은 고통으로 여겨지지도 않는 것이다. 말하자면, 플랫폼 자본주의는 고전적 의미의 자본주의 정신을 요구하지 않는다. 플랫폼 자본주의는 공장도, 노동자들의 고된 삶과 고통도, 착취의 현장이나 상황도, 노동 쟁의나 스트라이크도 보여주지 않은 채 은밀히 작동하는 자본주의다. 자본주의 고유의 모순은 눈에 드러나지 않으며, 무한 축적의 욕망도 즐거움과 스타일과 문화적 향유 뒤로 가려져버린다. 정신을 통해 긴장하고, 무장하고, 결연히 달려들어야 하는 세계가 아니라, 환상과 꿈과 화려함과 멋짐이 폭발하는 세계가 펼쳐진다.

그런데 이런 정신의 소실은 비단 자본주의와 연관된 현상에서뿐 아니라 플랫폼 사회의 일상적 경험에서도 발견된다. 사실 플랫폼 환경에서 인간 행위자는 관심의 항상적 분산과 반응의 즉각성에 사로

잡혀 있다. 주체를 둘러싸고 있는 것은 구조화된 산만성의 압력이다. 정신의 주요 기능들(판단, 사고, 상상, 기억)은 기술적 장치들에 분산된 채 구현되고, 행위자의 감각과 지성은 끊임없이 파도쳐 오는 정동-정보 자극에 노출되어 그 리듬에 종속되거나 적응해야 한다. 사고·숙의·토론하는 주체는 단말기 앞에서 스크린을 바라보며 정보를 소비하고 클릭하는 주체로 대체된다.

인터넷 중독이나 SNS 과몰입은 포어가 말하는 "사색 가능성의 파괴"나 "사고의 자동화"(포어, 2019: 20, 104)의 징후들로 읽을 수 있다. 가령 니콜라스 카Nicholas Carr는 인터넷이 뇌를 변형시켜 무언가에 집중할 수 있는 능력을 분산시키고 있으며, 이것이 인간 행위자들을 '피상적 존재들shallows'로 만들고 있다고 진단한다(카, 2011; 바우어라인, 2014).[13] 이런 상황에서, 주체가 자신을 돌아보는 성찰성(헤겔적 의미의 정신의 기본 작용)을 의미하건, 주체가 스스로의 신체와 시간을 조직하는 윤리적 힘(베버적 의미의 정신의 기본 작용)을 의미하건, 문화적 교양 속에서 추구되는 초월적 지향성(발레리적 의미의 정신의 기본 작용)을 의미하건, 이른바 '정신'에 부여되던 중심성과 중요성은 서서히 약화되고 있다(Hegel, 1982; Valéry, 1999).

정신의 소실 현상은 흥미로운 이중성을 띤다. 한편으로 이는 플랫폼 사회에서 근대 자본주의적 주체성의 두 축인 노동 에토스(자본주의 정신)와 자유주의적 합리성(성찰성, 윤리, 교양)이 퇴조하고 있음을 보여준다. 하지만 여기서 주의해야 하는 것은 '정신'을 인간학적 상수常數나 본질로 여기고 그 약화에 대해 문명 비판적 비관주의의 관점을 취하는 것은 별로 생산적이지 않다는 점이다. 현실의 변화는 가치평가의 대상이기 이전에 탐구의 대상이다. 실제로 최근의 사회이론은 인간에게 고유한 것으로 여겨진 지능, 의지, 사고, 행위 능력이 어떻게 환경이나 비인간 행위자들과의 연결망 속에 '분산되어distributed' 있는지를 탐색해가고 있다(Bennett, 2010: 31-32; Latour, 2005: 212-216). 정신이 소실된다는 것은 근대적 이성 개념과 다른 새로운 형태의 지성의 창출 과정인가? 아니면 기술에 의한 인간 주의력의 탈취인가? 우리에게 이런 질문이 던져져 있다.

새로운 사회, 플랫폼 자본주의

우리가 플랫폼 사회로 진입한 것은 비교적 최근의 일이며, 모든 변화가 그러하듯이 그에 대한 우려와 기대가 동시에 제기되고 있다. 이 글은 플랫폼 자본주의가 보여주는 독특한 특성들을 세 가지 관점에서 생각해보기를 제안했다. 우선, 우리의 일상적 삶이 가치 생산과 축적 메커니즘에 포섭되는 현상을 '사회적 공장'이라는 관점을 통해 살펴보았다. 이어서, SNS를 통해 생성되는 새로운 관계 유형인 '소셜'이 어떻게 전통적 의미의 '사회'를 재구성하는 힘으로 작용하는지를 생각해보았다. 마지막으로, 플랫폼 자본주의의 작동 방식이 자본주의에 요구되는 문화적 정당화 기제로서의 '정신'을 필요로 하지 않는 새로운 유형이라는 점을 지적하고, 우리 시대의 인간에게 '정신'의 의미가 어떻게 변화하고 있는지를 살폈다. 플랫폼 사회는 빠르게 진화하고 있다. 우리가 어떤 미래를 향해 질주하고 있는지, 플랫폼 자본주의는 어떤 모습으로 변화해갈 것인지 우리의 관찰, 고민, 토론이 심화되어야 하는 상황이 아닐 수 없다.

2

미국의 반독점법: 시장의 효율성 대 민주적 정당성

하상응

서강대학교 정치외교학과 교수. 시카고대학교에서 정치학 박사학위를 취득했다. 예일대학교에서 박사후 연구원, 브루클린대학에서 정치학과 조교수로 지냈다. 전공 분야는 정치심리학, 여론, 미국정치이다. JTBC '차이나는 클라스'에서 미국의 인종 문제와 대통령 선거 관련 강연을 하였다. 미국정치연구회 회장, 한국정당학회 부회장, 한국정치학회 연구이사 등을 역임하였다.

가장 영향력이 큰 플랫폼 기업들이 있는 미국에서 플랫폼 기업들이 시장경제 질서와 민주정치 질서에 미치는 영향에 대한 정부 규제 논의를 최근 반독점법과 관련하여 살펴본다. 특히 20세기 반독점 법안의 기본 전제와 논리가 바이든 정부 들어 바뀌는 과정을 체계적으로 설명한다.

온라인 플랫폼 영역에서의 독과점 문제

경제학 입문 교과서에 명시된 시장경제의 핵심 원리는 경쟁 competition이다. 재화를 공급하는 다수의 행위자 간 상호 경쟁을 통해 혁신이 일어나고, 그 결과 가격이 하락하여 소비자의 후생도 늘게 된다는 것이 자유시장경제의 핵심 논리다. 그렇기에 경쟁을 방해하는 국가의 규제는 시장경제의 효율성efficiency을 침해한다는 이유에서 기피 대상이 된다.

마찬가지로 특정 공급자가 재화 공급을 독점하는 행위 역시 경계 대상이다. 독점 혹은 과점은 특별히 혁신적인 시장 행위자에 의해 자연적으로 발생할 수도 있고, 특정 시장 행위자의 의도된 전략에 의해 인위적으로 발생할 수도 있다. 주로 인수합병mergers and acquisitions, M&A 과정을 거쳐 하나 혹은 소수의 상품 공급자밖에 안

남게 되는 독점monopoly 혹은 과점oligarchy 시장에서는 경쟁 시장 상황에 비해 기업이 보다 큰 이윤을 확보할 수 있다. 새로운 행위자의 시장 진입을 잘 억제한다면 경쟁 상황이 발생하지 않을 것이기 때문에 기업이 상품의 가격을 올릴 수 있기 때문이다. 이는 결국 소비자의 피해로 이어진다.

미국은 오랫동안 자유로운 경쟁 원리에 기반한 시장경제의 전형으로 인식되어왔다. 하지만 2008년 금융위기의 원인을 분석하는 과정에서 미국의 시장경제에 대한 재평가가 수행되었고, 그중 일부 연구 결과는 미국의 시장이 과거에 비해 경쟁적이지 않다는 사실을 밝혔다(Philippon, 2019). 미국 시장 내 경쟁의 정도는 과거에 비해서도 상대적으로 약하고, 유럽 국가들과 비교해봐도 상대적으로 약하다. 미국 시장의 경쟁 정도의 약화는 혁신의 축적에 따른 자연스러운 결과라기보다, 소수의 기업들이 자신의 이윤을 극대화하기 위해 공격적으로 정치인들을 로비한 결과라고 알려져 있다. 경쟁이 약화되어 과점 혹은 독점 현상이 나타남에 따라 투자, 생산성, 성장, 임금 등은 감소하고, 재화의 가격은 상승하여 경제 불평등이 심화된다(Posner and Sunstein, 2022).

미국 시장에서 독과점이 발생하는 과정은 항공 산업의 예로 잘 설명될 수 있다. 1985년 전만 해도 20여 개에 육박하던 미국 항공사의 수는 일련의 합병을 통해 2016년 5개로 줄어들었다. 2010년 델타 항공Delta Air Lines이 노스웨스트 항공Northwest Airlines을, 2012년 유나이티드 항공United Airlines이 콘티넨털 항공Continental Airlines을, 2015년 아메리카 항공American Airlines이 유에스 에어웨이즈US Airways를, 2018년 알래스카 항공Alaska Airlines이 버진 아메리카Virgin America

를, 그리고 2022년 프론티어 항공Frontier Airlines이 스피릿 항공Spirit Airlines을 합병한 것이 최근의 예이다. 인과관계를 명확히 밝히기는 어렵겠지만, 항공업계의 경쟁이 줄어드는 상황과 탑승객들의 부담이 증가하는 상황은 서로 연관이 있어 보인다. 과거에는 무료로 부칠 수 있었던 짐에 요금을 부과하는 규정, 그리고 한때 무료로 제공되었던 스낵 혹은 기내식을 이제는 구입해야 하는 규정 등이 이러한 인수합병 과정에서 새롭게 부과된 규정들이다(Wu, 2020).

항공업계뿐만 아니라 제약업 등과 같은 다른 영역에서도 독과점의 문제는 심각해지고 있지만, 많은 사람의 관심을 끄는 영역은 디지털 플랫폼 경제 영역이다. 2020년 다섯 개의 IT 회사인 아마존Amazon, 애플Apple, 마이크로소프트Microsoft, 알파벳Alphabet, 페이스북Facebook이 미국 주식 시가총액의 20%가량을 차지하고 있다. 소수의 기업이 이 정도의 시가총액 비율을 차지하는 현상은 40여 년 만에 처음 있는 현상이고, 이러한 거대기업들이 IT 영역에 속해 있는 현상은 미국 역사상 최초의 일이다.

이들 다섯 개의 기업은 1995년 이후 경쟁 업체를 인수합병하기 위해 약 2000억 달러를 들였다. 마이크로소프트는 직업 네트워크 사이트인 링크드인LinkedIn을 262억 달러에 인수하였을 뿐만 아니라 모바일 앱 회사인 스카이프Skype를 85억 달러, 소프트웨어 개발 회사인 깃허브GitHub를 75억 달러에 인수하였다. 온라인 책 판매 회사로 알려져 있던 아마존은 사업 범위를 끊임없이 확장하여 식료품 소매업 홀푸드Whole Foods Market를 136억 달러에 인수하였고, 페이스북은 사진 앱 회사인 인스타그램Instagram과 메신저 회사인 왓츠앱WhatsApp을 각각 10억 달러, 180억 달러에 인수하였다.

이 기업들의 급성장 이면에는 미국 정치권과의 교감도 있다. 하나는 로비, 다른 하나는 선거자금 기부로 나타난다. 로비가 합법인 미국에서는 기업 이익을 증진시키기 위해 선출직 정치인을 접촉, 설득하는 작업이 빈번히 일어난다. 페이스북의 경우 2010년 미국 의회 로비에 사용한 돈이 약 40만 달러에 불과하였으나 2020년에는 약 1,970만 달러나 되었다. 아마존의 경우에도 로비에 지출한 금액이 2010년 약 210만 달러에서 2020년 약 1,790만 달러로 급격히 증가했음을 알 수 있다.

기부금 지출 양상도 유사하다. 2020년 미국 대통령 선거에서 선거관리위원회Federal Election Commission에 정식으로 신고되어 그 정보가 공개되는 기부금 액수를 살펴보아도 거대 IT 기업의 영향력은 쉽게 확인할 수 있다. 당시 트럼프Donald Trump 대통령의 재선을 위해 기부금을 많이 납부한 기업들은 주로 금융업(Wells Fargo, Bank of America 등) 혹은 항공업(American Airlines, Delta Air Lines, Boeing 등)과 같은 전통적인 산업 분야 기업들인 반면, 민주당 바이든Joe Biden 후보에게 기부한 기업들은 알파벳, 마이크로소프트, 아마존, 페이스북과 같은 IT 기업들이 주를 이루었다. IT 기업에 고용된 사람들은 평균적으로 민주당 친화적인 정치 성향을 보인다(Broockman et al, 2019). 알파벳 종사자들이 2020년 바이든 후보에게 기부한 금액은 총 약 500만 달러 정도 된다. 마이크로소프트와 아마존에서 근무하는 사람들이 바이든 후보에게 기부한 총액은 약 300만 달러에 육박하고, 애플과 페이스북 직원들 역시 약 200만 달러를 바이든 후보에게 기부하였다.

문제는 소수의 거대 IT 기업, 플랫폼 기업들이 시장을 지배하는 힘이 압도적이어서 자유로운 경쟁을 방해하는 독점 혹은 과점 현상이 나타날 수 있다는 것이다. 이미 이들의 시장 점유율, 인수합병 양상, 정치권과의 친밀한 관계 등을 고려하면 시장 질서를 교란할 가능성이 농후하다는 것을 짐작할 수 있다. 이에 적지 않은 수의 학자와 정치인이 경쟁을 촉진시키기 위한 국가의 규제가 필요하다는 주장을 하고 있는 실정이다(Allen et al., 2021; Khan, 2017; Klobuchar, 2021; Wu, 2018).

기업 측에서는 소비자에게 구체적이고 실질적인 피해가 가해졌다는 증거가 없는 한 거대 플랫폼 기업에 의해 행해지는 행위들이 독과점 행위라고 재단할 수 없다고 주장한다. 많은 논의들이 "소비자로서의 개인"의 권익과 시장의 효율성 측면에서 진행되어온 것이 사실이지만, 독과점 문제는 경제 불평등 문제와 이어져 궁극적으로 "민주시민으로서의 개인"의 권익에까지 영향을 미칠 수 있다. 경제학적 시각뿐만 아니라 정치학적 시각으로 플랫폼 기업의 독점 문제를 접근해야 할 필요도 있다는 말이다.

미국의 반독점법 역사: 시장 점유율? 소비자의 후생?

미국의 반독점법anti-trust laws은 1890년에 제정된 셔먼법The Sherman Antitrust Act에서 출발한다. 1865년 남북전쟁이 종식되고 맞이한 재건기The Reconstruction 동안 미국 북부의 산업이 급속도로 발전하면서 부의 축적과 불평등의 심화가 동시에 벌어지는 상황을 맞는다. 소수의 손에 부가 집중되어 정치 영역에서의 부패가 심각했던,

대략 1870년부터 1900년까지의 시기를 도금시대The Gilded Age라고 부른다. 정치학자 메틀러Suzanne Mettler와 리버만Robert Lieberman은 이 시기를 소득 불평등 문제와 이민 문제로 대표되는 민주주의의 위기 상황이었다고 기술하고 있다(Mettler and Lieberman 2020). 당시 미국 사회의 모순을 해결하기 위한 움직임이 정치권을 중심으로 진행되는, 1900년부터 약 10여 년간의 시기를 진보시기The Progressive Era 라고 칭한다. 이 시기에 연방정부 주도의 반독점 규제가 이루어졌을 뿐만 아니라, 엽관제spoils system와 같은 부패 행위를 뿌리 뽑기 위한 정치 개혁이 수행되었다.

도금시대와 진보시기를 배경으로 제정된 셔먼법의 제2조는 "기업에 의한 독점 행위 혹은 독점을 시도하는 행위"를 명명백백하게 중범죄로 규정하고 있다. 법안의 입안자인 셔먼John Sherman 상원의원은 경쟁을 막고 상품의 가격을 고정할 수 있는, 무소불위의 권력을 지닌 행위자가 시장에 있어서는 안 된다고 하면서 이는 미국 정치에서 왕을 받아들일 수 없는 논리와 유사하다고 주장한다. 즉 독과점의 문제를 곧 정치권력의 문제로 이해하고 있었다는 이야기다. 셔먼법을 적용하여 당시 대기업을 분할하는 데 큰 역할을 한 브랜다이즈Louis D. Brandeis 대법관의 경우에도 독점의 문제는 민주주의 문제와 맞물린다.

그가 남긴 "민주주의를 갖거나, 아니면 소수의 손에 부가 집중된 체제를 갖거나 둘 중의 하나이지, 둘 다 가질 수는 없다We may have democracy, or we may have wealth concentrated in the hands of a few, but we can't have both"는 말은 경제 현상으로서의 독과점과 정치 현상으로서의 민주주의의 연관성을 잘 보여주는 예이다.

셔먼법은 1904년 잘 알려진 기업가 모건J. P. Morgan이 소유한 철도 회사인 노던 시큐리티즈를 해체하고Northern Securities Co. v. United States, 1911년 록펠러John D. Rockefeller 소유 석유 기업 스탠더드 오일과 당시 담배 시장을 거의 독점했던 아메리칸 타바코를 해체시키는 연방대법원의 두 개의 판결Standard Oil Co. of New Jersey v. United States; United States v. American Tobacco Co.에 사용되었다. 또한 1914년 미국 정부는 공정거래위원회Federal Trade Commission, FTC를 설립하고, 셔먼법을 보완하는 클레이튼 법Clayton Antitrust Act을 제정하여 반독점 규제의 골격을 갖추게 된다. 이때의 반독점 규제 논리의 핵심은 특정 회사가 일정 정도 이상의 시장 점유율market share 혹은 시장 지배력market power을 행사해서는 안 된다는 것이었다.[1]

미국 반독점 규제 논리는 1970년대에 큰 변화를 맞는다. 1978년에 출판된 『반독점 역설The Antitrust Paradox』의 저자인 법학자 보크Robert Bork는 반독점법의 근본적인 의도가 소비자의 권익 보호 및 경제적 효율성의 확보여야 한다는 주장을 편다(Bork, 1978). 보크에 따르면 독점을 통해 상품의 가격을 고정시키거나 인상하는 행위는 규제의 대상이 되지만, 독점 혹은 과점으로 보이는 행위가 소비자에게 피해를 주지 않았다면 반독점법을 적용할 수 없다. 예를 들어 10개의 기업이 경쟁하던 시장에서 1개의 기업이 인수합병을 통해 살아남은 경우, 그 기업이 생산하는 상품의 가격이 올랐다면 소비자에게 피해를 주기 때문에 반독점법 적용이 가능하겠지만, 상품의 가격이 그대로이거나 오히려 낮아졌다면 독점이 소비자의 효용을 높였기 때문에 반독점법을 적용해서는 안 된다는 것이다.

반독점법의 목적은 경쟁을 보장하는 것이지 특정 경쟁자를 보호하는 것이 아니다. 5개의 기업이 20%씩 시장을 점유하고 있는 상황이 항상 한 개의 기업이 100%의 시장 점유율을 보이는 상황보다 반드시 상대적으로 더 경쟁적인 상황이라고 보긴 어렵다는 것이다. 보크의 입장을 따르는 법경제학 학자들은 시카고학파Chicago School를 만들어 독점의 판단 기준을 시장 점유율로부터 소비자 후생으로 바꾸는 데 기여하였다.

문제는 이러한 주장이 실제 정책에도 반영되었다는 것이다. 보크의 주장이 제기된 이후 소비자 후생에 악영향을 끼친다는 증거가 없는 한 가시적인 독점 행위 자체는 문제시 삼지 않는 방향으로 정책 기조가 바뀌었다. 1970년대 초만 하더라도 미국 법무부가 제기한 반독점 사건의 수가 연 10건 정도 되었으나 1980년대부터 그 수가 급속히 줄어 부시George W. Bush 대통령 재임 기간 동안에는 급기야 단 한 건의 사건도 제기되지 않는 상황에까지 이른다. 2010년대의 상황 역시 이러한 추세에서 벗어나지 않았다.

시카고학파의 입장은 반독점 행위를 대표하는 수직적 통합vertical integration과 약탈적 가격predatory pricing을 이해하고 해석하는 데에도 변화를 주었다. 우선 수직적 통합이란 상품을 생산하는 업종과 상품을 판매하는 업종처럼 서로 인접한 업종을 한 기업이 통합하여 운영하는 것을 말한다. 반면 동종 기업을 인수합병하여 시장 점유율을 높이는 행위는 수평적 통합horizontal integration이라고 구분해서 지칭한다.

전통적인 입장에서 보면 수직적 통합은 두 가지 이유에서 반독점 규제의 대상이다. 재화 '생산'의 영역에서 이미 독점적 지위를 확보한 기업이 재화 '판매'의 영역에까지 그 지배력을 확장하려고 하는 지렛대 효과leverage effect의 문제가 하나이다. 자신이 생산한 물품을 자신이 소유한 소매상에게만 제공하고, 다른 소매상에게는 제공하지 않거나 불리한 조건으로 제공하는 시장배제foreclosure가 또 하나의 이유이다. 하지만 시카고학파의 눈에는 수직적 통합이 거래 비용을 줄여 시장의 효율성을 높였기 때문에 반드시 반독점 규제의 대상으로 봐야 하는 것은 아니다.

한편 약탈적 가격은 경쟁 기업을 시장에서 도태시킬 목적으로 당분간 손해를 보더라도 상품 가격을 낮추는 행위인데, 전통적인 입장에서는 당연히 규제의 대상이 된다. 그러나 시카고학파는 약탈적 가격이 기업의 합리적인 행동이라고 보기 어려울 뿐만 아니라, 기업이 약탈적 가격을 채택해 입은 손해를 시장 내 독점 지위를 확보한 이후 회복했다는 증거가 있어야 반독점 규제의 대상이 된다는 주장을 편다.

보크의 논리로 무장한 시카고학파가 독과점 행위를 보는 시각의 타당성을 점검할 만한 하나의 사건이 1998년에 벌어진다. 미국 법무부가 소위 '브라우저 끼워팔기'를 이유로 마이크로소프트를 반독점법 위반으로 기소한 것이다.[2] 법무부의 기소 이유는 다음과 같다. 마이크로소프트가 개발한 인터넷 브라우저 익스플로러Explorer의 시장 점유율은 1997년까지만 해도 20% 이하였다. 당시 70%가 넘는 브라우저 시장 점유율을 보유한 회사는 넷스케이프Netscape였다. 이에 마이크로소프트는 컴퓨터 운영 프로그램인 윈도우즈Windows에 익스플로러를 끼워서 파는 공격적인 전략을 펼쳐 시장 점유율을 뒤집는 데 성공한다. 윈도우즈를 설치하는 사람들이 넷스케이프의 내비게이터Navigator를 별도로 입수해 사용하지 않고 무료로 제공되는 익스플로러를 사용했기 때문이다.

일련의 법정 공방 끝에 2001년 미국 법무부는 마이크로소프트를 분할하지 않는 선에서 합의를 본다. 시카고학파의 논리에 따르면 마이크로소프트의 끼워팔기 행위는 시장을 독점하기 위한 행위가 아니라 시장의 효율성을 높이고 소비자의 권익을 향상시키는 차원에서 이해된다. 끼워팔기 행위는 생산 및 유통 비용 및 거래 비용을 절감해서 양질의 제품 생산에 기여할 수 있다는 이유에서다. 이러한 사고의 변화 및 정책의 변화가 20세기 초의 미국 독과점 정책과 20세기 말의 정책을 가르는 하나의 기준이다.

플랫폼 기업 대상 반독점법의 논리

20세기 후반 정부에 의한 독점 규제가 실질적으로 무력화된 상황은 금융위기를 겪고 난 2010년대에 들어와서야 변화를 보인다. 시장 내의 독과점, 특히 플랫폼 시장에서의 독과점 문제에 대한 관심과 우려는 2017년에 출판된 한 영향력 있는 논문에 의해 촉발되었다고 봐도 과언이 아니다. 「아마존의 반독점 패러독스Amazon's Antitrust Paradox」라는 제목의 긴 논문은 당시 20대 후반에 불과했던 예일대학교 법학전문대학원 학생인 리나 칸Lina Khan에 의해 작성되었다. 칸은 독과점 및 경쟁 여부를 소비자 후생이라는 근시안적 관점에서 파악하는 시카고학파의 논리에 도전장을 내민다(Khan, 2017). 이 논문에서 플랫폼 기업의 독과점 문제는 앞에서 언급한 두 가지 기준인 ① 수직적 통합과 ② 약탈적 가격의 관점에서 분석되고 있다.

첫째, 플랫폼 기업은 그 성격상 수직적 통합으로 진화할 가능성이 높다. 플랫폼 경제에서 소비자와 판매자(혹은 생산자)는 온라인 플랫폼에 의해 연결된다. 중개인의 역할을 하면서 시장의 인프라를 제공하는 플랫폼이 판매자 혹은 생산자의 역할을 수행하면서 경쟁에 뛰어들게 되면, 기존의 판매자 혹은 생산자에게 불리한 상황이 연출된다. 온라인 플랫폼 기업이 소비자와 판매자를 이어주는 와중에 판매자(혹은 생산자)의 정보를 이미 모아놓은 상황이기 때문에 온라인 플랫폼 기업이 자회사를 만들어 판매와 생산에 뛰어들게 되면 공정한 경쟁이 불가능하기 때문이다.

둘째, 온라인 플랫폼 기업이 약탈적 가격 정책을 펼 인센티브가 크다는 점도 주목해야 한다. 플랫폼 기업은 일차적으로 중개인의 역할을 하기 때문에 눈앞의 이익보다는 외연의 확장이 더 중요하다. 가장 이상적인 상황은 한 온라인 플랫폼 기업이 중개 서비스를 독점하는 유일한 플랫폼이 되는 것이다. 시장 점유율에 대한 집착은 결국 약탈적 가격 책정으로 이어진다. 문제는 공급독점 상황에서의 재화의 가격이 완전경쟁 상황에서의 재화의 가격보다 높아 독점 이윤이 생긴다는 논리를 너무 기계적으로 이해하다 보니 약탈적 가격 정책의 본질을 제대로 보지 못한다는 것이다.

칸의 논리는 거대기업 아마존의 행보를 경험적으로 분석하여 뒷받침되고 있다. 아마존은 현재 세계 시장에서 가장 큰 기업 중 하나이다. 원래 온라인 서점으로 시작한 아마존은 그 영역을 꾸준히 확장시켜왔다. 아마존은 온라인 상품 판매 플랫폼일 뿐만 아니라 수백만 명에 이르는 판매자들을 위한 장터를 운영하는 플랫폼이기도 하다. 현금 사용이 필요 없는 편의점, 실물 서점도 운영할 뿐만 아니라 홀푸드 인수 이후 식료품 소매업에도 뛰어든 상황이다. 또한 아마존은 직접 상품을 제조하기도 한다. 아마존 킨들이 차지하는 전자책e-book 시장 점유율은 80%가 넘고, 알렉사Alexa를 통해 디지털 비서 시장을 장악하고 있다. 이외에도 아마존은 물류, 배송 네트워크, 패션 디자인, 영화 제작, 경매, 신용 대출 및 결제 서비스, 클라우드 컴퓨팅 서버 운영까지 간여하고 있다. 이토록 눈부시게 아마존은 성장했지만, 이윤은 거의 내지 않았다. 바로 이 부분이 아마존의 약탈적 가격 정책이 의심되는 대목이다. 이미 가격을 정할 수 있는 실질적인 독과점 위치에 있으면서도 서비스와 상품 가격을 비용보다도 낮게 책정하여 시장 점유율을 높였을 것이라는 말이다. 이런 전략을 통해 아마존은 전자상거래e-commerce 시장에서 필수적인 인프라를 제공하는 위치에 올랐다.

구체적으로 아마존의 행보는 다음과 같이 요약된다. 우선 아마존은 단기 이익을 포기하여 손실을 감수하면서도 장기적 투자를 통해 온라인 소매시장에서 지배력을 확보하였다. 하나의 예가 2005년부터 시작한 '아마존 프라임Amazon Prime' 회원제도이다. 연회비가 약 165달러인 프라임 회원제는 원래 79달러에서 시작하였다. 그런데 시작 당시 서비스 비용은 90달러 정도 되었기 때문에 사실 적자운영이었다. 프라임 회원제는 고객에게 빠른 배송을 보장해주는 서비스인데 2014년 회원 수 약 4,000만 명에서 2020년 말 약 2억 명(미국에서만 약 1억 명) 정도로 급증하였다. 약탈적 가격 정책의 또 다른 예는 전자책 운영에서 찾아볼 수 있다. 아마존은 베스트셀러 전자책을 원가 이하로 판매하여 경쟁자들의 추격을 뿌리친 바 있다.

이 정책으로 인해 생긴 적자는 간접적으로 회복되었을 것이라 추정된다. 왜냐하면 원가보다 낮은 가격의 전자책을 읽기 위해서는 아마존에서 판매하는 킨들Kindle 단말기를 구입해야 하기 때문이다. 시카고학파의 반독점 논리로만 보자면 원가 이하로 전자책을 판매하여 확보한 시장 점유율은 소비자의 후생에 영향을 미치지 않았기 때문에 독과점 행위의 결과라고 볼 수 없을 것이다. 하지만 아마존은 베스트셀러 전자책 시장에서의 손실을 다른 시장에서 회수하였다. 킨들 단말기 판매를 통해 회수하기도 했을 뿐만 아니라 베스트셀러가 아닌 다른 전자책 판매를 통해 회수하기도 했을 것이다. 아마존은 온라인 소매시장에서 확립한 지배력을 지렛대 삼아 배송 서비스와 클라우드 인프라 서비스로 수직적 통합을 수행하였다.

칸은 현재 벌어지고 있는 플랫폼 기업의 독과점 행태를 효과적으로 막기 위한 두 가지 방안을 제안한다. 하나는 플랫폼 기업의 이해충돌conflict of interests 방지에 초점을 두는 것이다. 일정 수준의 시장 점유율을 가진 플랫폼 기업이 수직적 통합을 수행하여 시장 질서를 교란시키기 전에 미리 개입하는 것을 원한다. 즉 시장 점유율이 충분히 높은 기업은 관련된 다른 업종에 자회사를 만들지 못하게 하는 정책을 말한다. 유사한 맥락에서 약탈적 가격 정책을 막기 위해 손실 회복 증명을 사후에 요구하는 것이 아니라, 사전적 추정을 기준으로 삼아야 한다고 주장한다. 즉 시장 점유율이 충분히 높은 디지털 플랫폼 기업이 원가 이하로 상품 가격을 책정한 것이 밝혀진다면 그 자체로 약탈행위로 간주하고 개입하자는 것이다.

다른 하나의 방안은 플랫폼 기업의 서비스를 공공 서비스로 규정하여 사후 규제를 하는 방법이다. 플랫폼 기업의 활동이 기본적으로 네트워크 효과를 추구하기 때문에 자연스럽게 독점 혹은 과점으로 진행될 가능성이 없는 것은 아니다. 그러나 과정이 자연스럽게 독과점이 생긴다고 해도 시장 질서 및 소비자의 권익에 해를 끼칠 가능성은 있다. 이에 실제로는 사기업이 운영하고 있더라도 공익사업으로 취급되어 국가의 규제를 받는 운송, 통신, 생활필수품목(전기, 가스, 수도 등)과 유사한 시각으로 온라인 플랫폼을 바라보자는 것이다.

온라인 플랫폼 서비스를 생활 필수 네트워크 산업으로 규정하면 일반인들이 모두 합리적인 요금으로 사용할 수 있는 길이 열릴 것이다. 구체적으로 플랫폼 기업이 상품과 서비스에 대한 차별적인 가격을 설정하는 것을 금지하는 방법이 주효할 것이다. 즉 아마존과 같은 기업이 자사 상품을 우대하지 못하게 하고 생산자 혹은 소비자의 일부를 차별하는 것을 금지한다면, 플랫폼 기업이 자연적으로 확장된다고 해도 큰 문제는 없을 것이라는 말이다.

바이든 행정부 시기 반독점 규제

칸의 2017년 논문으로 대표되는 반독점에 대한 입장에 동의하는 사람들은 20세기 초 브랜다이스 대법관의 시각을 수용했다는 의미에서 "신브랜다이즈주의자neo-Brandeisians"라고 불린다. 이들이 공유하는 아이디어는 최근 거대 플랫폼이 야기한 독과점 폐해를 시정하겠다는 미국 정부의 구체적인 계획의 근간이 된다. 우선 바이든 대통령은 취임 직후 시장 독과점 행위에 대해 강경한 태도를 보여왔던 인물들을 섭외하였다.

2021년 3월 디지털 플랫폼 기업들의 분할의 필요성을 주장해온 팀 우Tim Wu 컬럼비아대학교 법학전문대학 교수를 백악관 국가경제자문회의National Economic Council 소속 기술·경쟁 정책 특보로 임명한 것을 시작으로, 6월에는 리나 칸을 공정거래위원회 위원장으로 임명하였으며, 7월에는 법무부 반독점국Antitrust Division 국장으로 역시 플랫폼 기업에 대해 비판적 입장을 견지해온 조나단 캔터 Jonathan Kanter 변호사를 지명하였다. 이러한 인선은 바이든 행정부가 플랫폼 기업의 독과점 문제를 시카고학파의 시각과는 다른 관점에서 접근하겠다는 의지의 표명이라고 할 수 있다. 바이든 행정부는 2021년 7월 9일 '미국 경제에서 경쟁 촉진Promoting Competition in the US Economy'에 대한 행정명령executive order을 발효하기도 하였다. 이 행정명령의 핵심적인 내용이 소위 빅텍Big Tech 플랫폼 회사가 업계 내 경쟁자 제거를 목적으로 하는 '살인적 인수killer acquisitions'를 하는 행위를 제한하는 것과 지나치게 많은 양의 사용자 개인정보를 수집하는 것을 제한하는 것이다.[3]

백악관뿐만 아니라 연방의회도 플랫폼 기업의 독과점 규제에 적극적인 행보를 보이고 있다. 2020년 10월 연방하원 법제사법위원회 산하 반독점 소위원회US House Judiciary Subcommittee on Antitrust, Commercial, and Administrative Law는 「디지털 시장의 경쟁에 대한 조사Investigation of Competition in Digital Markets」라는 보고서를 통해 미국 반독점법의 전면적인 정비를 권장하는 입법정책을 제안하였다. 이에 2021년 6월 11일 민주당과 공화당 공동으로 디지털 온라인 플랫폼 기업 규제를 위한 반독점 패키지 법안인 '더욱 강력한 온라인 경제: 기회, 혁신, 선택A Stronger Online Economy: Opportunity, Innovation, and Choice'을 발의, 6월 25일 법제사법위원회를 통과시켰다.

이념 양극화가 심화된 미국에서 공화당과 민주당, 양당이 초당적으로 중요 법안을 제안해 통과시키는 일은 과거에 비해 드물다. 디지털 온라인 플랫폼 기업의 독과점 문제에 대해 양당이 비슷한 입장을 취하고 있는 것은 사실로 보이나, 자세히 살펴보면 차이도 있다. 공화당은 플랫폼 기업 문화가 상대적으로 자신의 정당에 우호적이지 않은 상황에 불만을 갖는다(Hawley, 2021). 반면 민주당은 시카고학파의 반독점 해석이 주류로 자리 잡기 이전 법들의 의도에 충실한 정책 변화를 원한다. 가령 공정거래위원회와 법무부와 같은 반독점 조사기관의 인원과 예산을 확충하고, 기업의 인수합병 승인 기준을 보다 엄격하게 하는 등과 같은 작업에 매진하고 있다(Klobuchar, 2021).

이러한 양당의 이해관계가 어느 정도 맞물려 제안된 반독점 패키

표 2-1 반독점 패키지법안(2021년)	
법안명	주요 내용
미국 온라인시장의 혁신 및 선택에 관한 법률	플랫폼 기업의 자사 제품에 대한 자기우대 행위 금지
플랫폼 독점 종식에 관한 법률	플랫폼 기업의 시장 지배력을 다른 영역까지 확장하는 행위 제한
플랫폼의 경쟁 및 기회에 관한 법률	인수합병 시 시장의 경쟁 질서를 교란하지 않는다는 입증 책임을 플랫폼 기업에 부과
경쟁 및 호환 촉진을 위한 서비스 전환 활성화 법률	플랫폼 간 데이터 이동권과 상호작용성을 보장
인수합병 신청비용 현대화에 관한 법률	공정거래위원회와 법무부 예산 확충을 위해 인수합병 신청 수수료 인상

지 법안의 주요 내용은 〈표 2-1〉에 정리되어 있다.

첫째, 미국 온라인시장의 혁신 및 선택에 관한 법률American Choice and Innovation Online Act은 플랫폼 기업이 자사 제품에 특혜를 제공하는 자기우대self-preferencing 행위를 금지한다는 내용을 담고 있다. 예를 들어 가격 설정 혹은 검색 과정에서 특정 플랫폼 기업이 자사 제품을 타사 제품보다 우대하거나, 타사 제품을 배제하는 행위를 위법 행위로 규정하고 있다. 또한 플랫폼 운영 중에 획득한, 실제 소비자 혹은 잠재적 소비자의 비공개 개인정보를 이용하여 자사 제품을 홍보하는 행위 역시 제한된다. 원안인 하원 법률안(H.R. 3816)에 대응하는 상원 법률안(S. 2992)이 2021년 10월 18일 제안되었고, 2022년 1월 상원 법률사법위원회에서 개정 논의 중인 상황이다.

둘째, 플랫폼 독점 종식에 관한 법률(Ending Platform Monopolies Act; H.R. 3825)은 플랫폼이 현재 운영하고 있는 사업에서의 시장 지배력을 다른 영역까지 확장하는 행위를 제한한다는 내용을 담고 있다. 플랫폼 기업은 단순히 상품의 거래를 매개해주는 데 그치지 않고, 직접 상품의 생산과 판매에 뛰어들 수 있다. 앞서 언급한 법률은 플랫폼 기업의 매개자 및 생산자(혹은 판매자)로서의 이중적인 역할에서 비롯된 구체적인 행위를 제한하기 위한 규제를 지향하는 것과 달리, 이 법률은 이중 역할의 가능성 자체를 배제하기 위한 법률이다. 구체적으로 이 법률에 따르면 특정 플랫폼 기업이 상품 및 서비스의 제공 또는 판매를 목적으로 플랫폼을 사용하거나, 플랫폼에 대한 접근 또는 우대를 조건으로 상품 및 서비스를 제공 또는 판매하거나, 이해충돌을 발생시키는 다른 사업을 소유하거나 수익권을 갖는 행위가 금지된다.

셋째, 플랫폼의 경쟁 및 기회에 관한 법률Platform Competition and Opportunity Act은 거대 플랫폼 기업의 인수합병을 규제하여 시장에서 건전한 경쟁을 보장해주는 것을 목적으로 한다. 이 법률은 인수합병을 주도하는 플랫폼 기업에게 인수합병 대상이 경쟁 업체가 아니고, 인수합병 결과 시장 점유율 혹은 시장 지배력이 증가되지 않음을 입증할 책임을 부과한다. 이 법률은 플랫폼 이용자의 이목을 끌기 위한 경쟁을 제한하는 인수합병 역시 규제의 대상이고, 인수합병을 통한 추가적인 데이터의 확보가 특정 플랫폼 기업의 시장 내 지배력을 강화시키는 가능성도 문제시한다. 이 법안은 원안인 하원 법률안(H.R. 3826)에 대응하는 상원 법률안(S. 3197)이 2021년 11월 법률사법위원회에 넘어가 있는 상황이다.

넷째, 경쟁 및 호환 촉진을 위한 서비스 전환 활성화 법률(Augmenting Compatibility and Competition by Enabling Service Switching Act, "ACCESS Act"; H.R. 3849)은 서로 다른 플랫폼 간 데이터 이동이 원활하게 이루어지도록 규제하는 내용을 담고 있다. 구체적으로 이 법률은 플랫폼 기업에 데이터 이동권portability과 상호작용성interoperability을 보장할 의무를 부과하여 사업자 및 플랫폼 사용자의 진입장벽과 전환비용switching cost을 낮추고자 한다. 예를 들어 페이스북 사용자가 다른 SNS로 이동하기 위해 페이스북 계정을 닫는 경우 페이스북에 남긴 데이터는 사라져야 하는데, 만약 페이스북에서 계정 탈퇴를 어렵게 만들거나 탈퇴자의 데이터를 계속 사용한다면 전환비용이 커지게 된다. 이 법안은 특정 플랫폼은 제3자가 접근할 수 있는 인터페이스를 투명하게 유지하여, 사용자가 데이터를 본인 혹은 사용자의 동의 하에 타인에게 안전하고 투명하게 전달할 수 있게 해야 하고, 경쟁 플랫폼 또는 잠재적 경쟁 플랫폼과의 호환성을 높이고 이를 유지해야 할 것을 요구하고 있다.

다섯째, 인수합병 신청비용 현대화에 관한 법률Merger Filing Fee Modernization Act은 공정거래위원회와 법무부의 예산 확충을 위해 10억 달러가 넘는 인수합병에 대해 신청 수수료를 인상하는 내용의 법안이다. 이 법안은 원래 2021년 2월 상원(S.228)에서 시작하여 이에 대응하는 하원 법률안(H.R. 3843)이 2021년 6월 입안된 상황이다.

이 법안에서 정의한 규제 대상은 몇 가지 기준에 의해 지정되어 있다. 그 기준은 미국 내 월간 실제 사용자 수가 5,000만 명 이상이거나 월간 실제 이용업체 수가 10만 개 이상이어야 한다는 것, 연간 순매출 또는 시가총액이 약 6,000억 달러 이상이어야 한다는 것, 그리고 온라인 플랫폼이어야 한다는 것이다. 이 기준을 모두 만족시키는 플랫폼의 수는 극히 적기 때문에 이 법안이 실질적으로 아마존, 알파벳, 페이스북, 애플 등을 겨냥했다고 볼 수 있다. 새롭게 재정비된 미국 연방정부 차원의 반독점 규제가 의도대로 집행될 것인지, 집행된다면 시장에 긍정적인 효과를 가져올 것인지 여부는 아직 미지수이다.

2012년 인스타그램 인수와 2014년 왓츠앱 인수의 반독점법 위반 여부를 따지는 페이스북을 상대로 한 소송에서 2021년 6월 연방법원은 일단 페이스북의 손을 들어준 상황이지만, 이미 유사한 다른 소송이 새롭게 제기되어 검토 중인 상황이다. 한때 시카고학파의 반독점 논리가 지배적이었던 시절이 가고 학계와 정부 차원에서 온라인 플랫폼 기업을 대상으로 한 반독점 논쟁은 계속 진행 중이라는 점은 시사해주는 바가 크다.

효율성의 문제를 넘어서는 민주주의의 문제

거대 플랫폼 기업들이 득세한 지금 반독점법에 대한 관심이 늘고, 상황에 걸맞게 규제를 강화하는 방향으로 논의가 진행되는 현상은 특이할 만한 일이다. 그런데 대부분의 논의는 시장을 보다 더 경쟁적으로 만들어 효율성을 확보해야 한다는 주장으로 귀결된다. 미국에서 현재 논의 중인 반독점 법안들과 소송들 역시 경제 논리에서 크게 벗어나지 않는다. 하지만 현재 디지털 온라인 플랫폼 기업이 가져오는 폐해는 "소비자로서의 개인"에게만 국한되는 것은 아니다. 민주주의를 영위하는 "시민으로서의 개인"에게도 영향을 줄 수 있다. 수요독점monopsony의 문제와 데이터 프라이버시 문제를 살펴보자.

수요독점은 재화의 수요자 수가 하나인 상황을 의미한다(Posner, 2021). 특히 노동시장에서 한 노동자가 선택할 수 있는 직장의 수가 하나밖에 없는 경우를 말한다. 이 경우 노동자는 정당한 임금 대신 낮은 가격으로 자신의 노동력을 팔 수밖에 없다. 원래 반독점법은 공급독점뿐만 아니라 수요독점에도 적용되는 내용이다. 기업이 공급독점 상황에서 재화의 가격을 올려 독점이윤을 추구하는 것과 수요독점 상황에서 노동비용을 낮추어 독점이윤을 확보하는 것은 동전의 양면이기 때문이다. 다만 수요독점 상황이 드물기 때문에 논의가 활발하지 않았을 뿐이다.

하지만 거대 플랫폼 기업들이 득세한 지금 수요독점 문제에 대한 관심이 높아지고 있다. 핵심적인 내용은 시장을 지배하는 기업이 노동시장에서 수요독점을 일으켜 노동자의 직업 선택의 자유를 제한하고, 임금 상승을 억제하여 궁극적으로 경제 불평등을 강화한다는 것이다. 플랫폼 기업의 수요독점은 대략 두 가지 예를 통해 확인된다. 하나는 시골 지역 노동시장에서 벌어지는 현상이다. 〈노마드랜드Nomadland〉와 같은 영화에서 묘사된 바와 같이, 미국의 낙후된 지역 중 일부는 일자리를 제공해주는 회사가 거대 플랫폼 기업밖에 없는 경우가 있다.

아마존 물류 창고 및 배송 센터가 한 지역의 일자리를 모두 가져가, 그 지역을 떠나지 않고는 다른 직장을 구할 수 없는 상황이 있다는 말이다. 다른 예는 노동자의 선택권과 협상력을 제한하는 거대기업 간 '스카우트 채용 금지' 담합 문제이다. 노동자가 취업할 기업의 수가 제한되면 임금 삭감 및 이직 금지와 같은 불리한 조치에 대응할 방법이 없다. 실제로 특정 업종에 종사한 노동자가 이직하는 경우, 사내 기밀 사안을 보호한다는 이유로 일정 기간 동안 동종 업종에 재취업을 하지 않겠다는 내용을 계약서에 담는 경우도 있다. 소비자로서의 개인 후생에만 초점을 맞추다 보면, 노동자로서의 개인 후생을 등한시할 수 있다는 것이 최근까지 반독점 논의가 가지고 있었던 문제이다.

데이터 프라이버시 문제도 소비자로서의 개인 후생에만 관심을 갖는다면 심각하게 여기지 않을 수 있다.[4] 하지만 민주국가 시민으로서의 기본권 관점에서 보면 이야기가 다르다. 아마존과 같은 온라인 플랫폼 기업은 자사가 보유한 고객 데이터를 적극적으로 사용하여 경쟁자를 배제함으로써 시장 지배력을 강화할 수 있다. 과거 오프라인 소매업은 실제 매출액 관련 데이터밖에는 수집하지 못하였으나, 아마존은 어떤 인구학적 특징을 갖는 소비자가 언제, 어디서, 어떤 상품을 구입했는지를 알 뿐만 아니라, 어떤 상품을 검색하였는지, 어떤 상품을 반복적으로 구매하는 경향이 있는지, 어떤 상품을 바로 구입하지 않고 장바구니에 넣어두는지 등의 데이터까지도 독점하고 있다.

플랫폼 기업들이 소비자·사용자의 데이터를 장악하고, 그것을 이용한 알고리즘을 활용하여 시장의 효율성이 높아지고 소비자의 후생도 증진되었다는 주장은 논리적으로도 타당하고, 경험적으로도 검증될 수 있다. 그러나 앞에서 언급한 바와 같이 거대 플랫폼 기업들이 생산자·판매자와 소비자를 잇는 매개자의 역할을 하다가, 점점 생산자·판매자의 역할까지도 맡는 상황이 전개되고 있다. 이러한 맥락에서 기업들이 (아무런 대가를 지불하지 않고 받은) 소비자·사용자의 개인 데이터를 적극적으로 활용한다면 소비자들이 누린 후생 증진 효과는 지속되지 않을 가능성이 농후하다. 데이터가 많을수록 알고리즘은 정교해지고, 그 알고리즘의 힘으로 소비자·사용자의 만족도는 높아지기 때문에 플랫폼 기업의 시장 점유율과 지배력은 점점 커질 것이기 때문이다.

여기서 그치는 것이 아니다. 플랫폼 기업의 데이터 독점 문제는 경제 분야뿐만 아니라 정치 분야에도 시사점을 준다. 이미 잘 알려진 바와 같이 페이스북을 위시한 여러 SNS 알고리즘은 사용자의 선호 및 취향과 관련된 데이터를 이용하여 관심과 소비를 자극할 만한 정보만을 엄선해 제공해주는 작업을 수행한다. 이처럼 플랫폼 알고리즘이 정보를 제공하는 방식은 상품의 구매와 같은 행위에서는 소비자에게 도움을 줄 수도 있다.

하지만 정치 정보의 습득과 같은 행위에서는 유권자로서의 개인에게 해가 될 가능성이 농후하다. 사용자의 정치 이념이 보수적임을 인지한 플랫폼 알고리즘은 그 성향에 맞는 정보만을 골라 제공할 것이기 때문에 사용자는 정치 현안에 대한 진보 진영의 입장을 접할 가능성이 없다. 소위 소비자 맞춤형 정보 제공은 정치 영역에서 진영 논리를 강화하여 이념 양극화를 심화시키는 경향을 강화시킬 것이다(Lee et al., 2014). 이와 관련하여 정치 영역에서 유통되는 가짜 정보 혹은 혐오 표현을 규제하는 데 플랫폼 기업이 소극적이라는 지적도 경청할 만하다. 전문가의 숙고를 거쳐 제공된 정보와 근거가 빈약한 정보를 구분하는 데 플랫폼 알고리즘이 개입하는 경우는 많지 않다.

온라인 플랫폼 알고리즘이 극단적인 입장을 강화시켜 양극화가 심화되는 것인지, 아니면 이미 다른 이유에서 양극화가 심화된 유권자들이 자발적으로 자신의 진영 논리를 강화하는 방식으로 플랫폼을 이용하는지에 대한 논쟁은 여전히 진행 중이다(Barberá et al., 2015; Dubois and Blank, 2018). 즉 플랫폼 이용과 이념 양극화 간의 인과관계는 여전히 명확하게 밝혀지지 않았다는 말이다. 하지만 디지털 온라인 플랫폼 시장의 독과점 관점에서 보면 플랫폼이 정치 영역에서의 양극화에 책임이 있다는 의견에 힘을 실어줄 수 있다. 최근 들어 도전을 받고 있기는 하지만, 적어도 1970년대 말부터 미국의 기업 운영에 있어서 독과점 규제의 기준은 시장 점유율이 아니라 소비자의 후생이었다.

맞춤형 정보를 제공하는 플랫폼 알고리즘은 소비자 후생의 관점에서 보면 효율적인 도구이다. 그렇기에 맞춤형 정보를 보다 정교하게 제공하기 위해 요구되는 빅데이터의 수집이 개인의 기본권에 미치는 부작용, 그리고 더 많은 양의 데이터를 모으기 위해 수행되었던 인수합병의 부작용은 상대적으로 간과되어왔다. 문제는 물품을 주고받는 경제 영역이 아니라, 정치 영역에서 발생한다. 정치 영역에서는 맞춤형 정보에 유권자를 노출시키는 것 대신, 보다 다양한 시각에서의 정보를 공급해주어야 균형 있는 판단과 결정이 가능하기 때문이다(Druckman et al., 2018).

미국에서의 디지털 온라인 플랫폼 기업의 반독점 문제에 대한 논의는 여러 가지 시사점을 제공해준다. 첫째, 소비자 후생 기준이 아닌, 시장 점유율 혹은 시장 지배력 기준으로 독과점 문제를 바라봐야 한다는 패러다임의 전환이 진행 중이다. 둘째, 플랫폼 기업의 독과점 문제를 소비자의 권익 차원뿐만 아니라 시민의 기본권 차원에서도 바라봐야 한다는 인식의 변화도 감지된다. 전통적으로 문제시되어왔던 공급독점 문제뿐만 아니라, 노동시장에서 수요자가 한 명에 불과한 수요독점 상황에서 피해를 입게 되는 노동자의 권익 문제가 플랫폼 기업 독과점 문제와 밀접하게 연관된다. 또한 사용자의 개인정보를 별다른 규제 없이 수집, 저장, 활용하는 관행에 대한 규범적 차원의 논의도 활발히 진행 중이다. 셋째, 경제 영역뿐만 아니라 정치 영역에서 플랫폼 기업 독과점 문제가 가져오는 폐해에 대한 관심이 늘고 있다. 소비자의 후생 증진 혹은 표현의 자유 보장이라는 이유로 묵살되는 경향이 있었던 온라인 플랫폼에 의한 양극화와 극단화 경향에 대한 우려의 목소리가 점점 커지고 있다. 이제 플랫폼 기업의 독과점 문제는 단순히 시장과 국가 간의 경제 영역에서의 주도권 싸움이 아니라, 개인의 자유와 다양성의 존중이라는 민주주의 원칙을 수호한다는 관점에서 이해될 필요가 있다.

중국의
디지털 플랫폼 기업과
국가의 관리[1]

박우

한성대학교 기초교양학부 교수. 사회학 연구자다. 중국/북중러 접경/
한반도 지역의 국가-사회(사람, 기업, 조직) 관계에 관심이 있다. 저서
로 『Chaoxianzu Entrepreneurs in Korea: Searching for
Citizenship in the Ethnic Homeland』, 역서로 『중국 동북지역
도시사 연구: 근대화와 식민지 경험』이 있다. 『팬데믹 이후 중국의 길
을 묻다: 대안적 문명과 거버넌스』『Developmental Citizenship
in China: Economic Reform, Social Governance, and
Chinese Post-Socialism』『Newcomers and Global
Migration in Contemporary South Korea』 등에 공저자로 참
여했다.

2020년 상반기부터 2021년 11월까지, 중국의 플랫폼 기업과 관련하여 가장 주목을 받았던 알리바바와 디디추싱을 사례로 국가-플랫폼 기업의 관계를 설명한다. 제기된 질문에 답하기 위해 다음의 하위 질문에 답하고 있다. 첫째, 플랫폼 기업은 성장하는 과정에 어떤 문제를 내재 또는 유발했는가? 둘째, 정부의 관리 내용은 무엇인가? 셋째, 정부 당국의 관리 주체는 누구인가? 넷째, 정부는 어떤 조치를 통해 관리했는가?

PLATFORM
IMPACT
2023

국가-플랫폼 기업 관계

1990년대 초중반, 민간 영역에서 IT 기업이 출현했다. 중국 정부는 실리콘밸리 모델을 벤치마킹하여 베이징의 중관촌中关村을 대학, IT 기업, 산학, 창업 등이 유기적으로 결합된 산업단지로 만들었다. 1990년대는 또한 창장삼각주(상하이, 항저우, 난징 등), 주장삼각주(광저우, 선전 등) 등 지역에 자본이 집중되기 시작한 시기였다. 중관촌 모델은 아니지만 이 지역에도 IT 기업들이 우후죽순처럼 출현했다. 탈사회주의 경제개혁의 흐름에 힘입어 1998년 텐센트Tencent, 1999년 알리바바Alibaba, 2000년 바이두Baidu가 중국의 핵심 경제 3블록에 있는 선전, 항저우, 베이징에 설립되었다. 미국에 기축 플랫폼 GAFA(구글, 애플, 페이스북, 아마존)가 있다면, 위의 기업들은 중국의 기축 플랫폼 대명사인 BAT를 구성하는 기업이다.

1990년대 말, 중국인들은 펭귄 이모티콘으로 상징되는 텐센트의 OICQ/QQ를 통해 먼 곳의 지인과 연락할 수 있었고 만난 적 없는 사람들과 채팅하기 시작했다. 현재 텐센트의 위챗WeChat은 문자를 주고받는 것은 물론 친목 도모나 정보 교환에 있어 필수적인 인프라가 되었다. 중국인들은 전자상거래를 이용하여 물건을 사고파는 데 익숙해졌다. 스마트폰에 설치된 결제 애플리케이션을 활용하기 시작하면서 지폐가 필요 없는 생활을 하고 있다. 도시민들은 출퇴근 피크에 터치 몇 번을 통해 택시를 부를 수 있고, 휴식 시에는 전 세계의 영상 콘텐츠를 스트리밍으로 시청하고 있다. 일상화된 음식 배달이나 택배, 퀵서비스 등은 생활의 질과 작업의 효율성을 높여주었다. 플랫폼은 중국인들의 필수 인프라가 되었다.[2]

그런데 중국 정부는 2020년부터 내로라하는 플랫폼 기업들에 대해 적극적인 관리 정책을 펼쳤다. 중국 발전의 상징이면서 중국인의 일상의 많은 부분을 책임진 플랫폼 기업인데 국가는 왜 관리를 시작하게 되었을까?

주지하다시피 중국 플랫폼 기업의 성장을 시장 원리에만 기대어 설명할 수 없다. 왜냐하면 기업은 다양한 정책, 산업, 문화 등의 상호작용을 통해 성장 가능하기 때문이다. 특히 정부가 추진했던 정책과 밀접하게 연결되어 있다. 예를 들어 정부는 1990년대부터 인터넷 보급률을 높이기 위해 공격적으로 광케이블을 설치했다. 그리고 다양한 정책을 통해 컴퓨터, 핸드폰 등의 전자, 통신 산업을 집중 육성했다. 또한 1990년대와 2000년대의 두 번의 경제위기를 극복하기 위해 중국판 뉴딜이라고 불리는 고속도로와 고속철도의 건설에 거액을 투자했다. 광케이블, 컴퓨터, 핸드폰, 고속도로, 고속철도 등 인프라는 전자상거래의 발전에 필수적 요소였다. 여기에 더해 2000년 대부터 자국 산업 보호의 명분으로 방화벽 건설에 박차를 가했다. 2010년대 중반부터 일명 방화벽 만리장성을 구축하여 중국인들이 구글, 페이스북, 트위터, 위키피디아 등의 외국 플랫폼에 접근할 수 없게 했고 이 플랫폼들의 중국 진출에도 제도적 제한을 강화했다. 그 외에도 문화적으로, 비록 플랫폼 기업을 육성하기 위한 목적은 아니었지만 정부가 강화한 애국주의와 민족주의는 기업의 성장에 도 매우 중요한 결정 요인 중 하나가 되었다. (과학)기술 민족주의는 중국인들이 자국 기술과 기업의 제품을 선호하도록 하는 데 일조했 다. 이렇게 중국 정부는 플랫폼의 출현부터 성장까지 거의 모든 단 계마다 직간접적으로 발전의 '지분'을 보유하고 있었던 것이다. 이는 필요하다고 판단하면 정부가 언제든지 기업의 운영과 작동에 개입 할 정당성과 명분을 가지고 있다는 의미다.

다른 한편, 플랫폼 기업이 시장의 특성을 파악하고 치열한 혁신 을 통해 발전한 것 역시 많은 사람이 아는 바다. 모든 사람이 사장 이 될 수 있다는 슬로건을 내건 알리바바의 타오바오는 남부 중국 사람들이 너나없이 비즈니스에 관심이 있는 지역 문화에서 배태되 었고 동시에 이런 문화를 활용했다. 플랫폼 기업들은 중국에 신용카 드 사용자가 많지 않고 시중에는 위조지폐가 많은 등의 문제를 알 리페이, 위챗페이와 같은 제3자결제와 디지털 화폐(지불수단) 개발의 필요성으로 생각했고 이런 개발 시도는 큰 성공으로 이어졌다. 플랫 폼 기업들은 중국 역시 저출산과 고령화를 경험하고 있고 도시에는 1인 가구가 증가한다는 변화를 파악했다. 나아가 이런 변화가 배달 이나 택배에 대한 수요의 증가로 이어질 수 있다는 것을 정확하게 예측했다. 플랫폼 기업들은 또한 중국에서 자가용이 상상 이상으로 급격하게 보급되면서 도시 대중교통의 발전이 지연된 현상을 발견했다. 플랫폼 기업들은 디디추싱 같은 중국판 우버를 통해 급증한 도시 인구와 부족한 대중교통 사이의 문제를 일정 부분 해결했다. 플랫폼 기업들은 또한 제조업의 성장이 둔화하면서 양산된 도시 실업 노동자들이 배달 노동이나 택배 노동 등 진입장벽이 낮은 분야에 진입할 수 있게 함으로써 도시 실업 문제 해결에도 기여했다. 또한 현재 플랫폼 기업은 20~30대 젊은 사람들에게 회사 취직이나 공무원 시험을 보는 것 못지않게 1인 방송 BJ인 왕훙网红으로 성공하는 것을 꿈꾸게 했다. 플랫폼 기업은 이렇게 사람들의 일상의 불편함을 해결하고 고용 문제를 해결하고 경제활동의 기회를 확대시켜주었다.

이런 측면에서 보면 중국의 국가-플랫폼 기업 관계는 다음과 같은 성격을 내재하고 있다. 플랫폼 기업은 중국의 사회경제 발전에 중요한 역할을 수행하고 있기에 중국 정부는 기업들의 순기능은 유지하고 대신 정부의 입장에서 문제라고 보이는 것을 중심으로 관리할 수 있다는 것이다. 이렇게 본 연구는 국가-기업 관계의 맥락과 역동적 상호작용의 궤적에 주목한다. 기존 연구들은 중국과 플랫폼 기업을 등치시켜 디지털 영역에서의 세계 패권 경쟁의 양상을 서술하는 사례로 활용하거나(다나카, 2019; 윤재웅, 2020; 최필수 외, 2020) 중국의 기업가 정신 또는 경영 신화를 보여주는 사례로 삼고 있다(클라크, 2018). 정부의 역할에 관심을 두는 연구도 있지만 관리가 본격화되기 전의 상황에 그치거나 정부의 기업에 대한 규제에 초점을 맞추고 있다(노은영·국정훈, 2021). 이 부분이 본 연구와 선행 연구의 차별점이 되겠다.

본 연구는 2020년 상반기부터 2021년 11월까지, 중국의 플랫폼 기업과 관련하여 가장 주목을 받았던 알리바바와 디디추싱을 사례로 국가-플랫폼 기업의 관계를 설명해보고자 한다. 상술한 연구 질문에 답하기 위해 본 연구는 다음의 하위 질문을 순차적으로 답할 것이다. 첫째, 플랫폼 기업은 성장하는 과정에 어떤 문제를 내재 또는 유발했는가? 둘째, 정부의 관리 내용은 무엇인가? 셋째, 정부 당국의 관리 주체는 누구인가? 넷째, 정부는 어떤 조치를 통해 관리했는가?

사용자 확보와 시장 독점 문제

플랫폼 기업은 생산자, 판매자, 소비자 관계의 거의 모든 부분을 유기적으로 연결하는 하위 플랫폼들을 통해 방대한 '생태 체계ecosystem'를 구성하고 있었다. 이 생태 체계를 통해 상품과 서비스의 교환 효율성을 제고한 덕분에 플랫폼 기업들은 빠르게 성장할 수 있었다. 먼저 사용자 수를 보도록 하자. 〈그림 3-1〉을 보면, 2014년 텐센트의 채팅 프로그램 QQ의 사용자 수는 5.8억 명이었다. 2015년은 6.4억 명, 2018년에는 7억 명으로 증가했다. 2019년과 2020년은 6.5억 명과 5.9억 명으로 감소했지만 대신 텐센트의 다른 서비스인 위챗 사용자 수가 증가했다. 2014년 위챗 사용자 수는 5억 명, 2015년은 7억 명, 2016년은 8.9억 명, 2017년은 9.9억 명, 2018년은 11억 명, 2019년은 11.6억 명, 2020년에는 12.3억 명이었다. 알리바바 사용자 규모도 선명한 상승 곡선을 보여주고 있다.

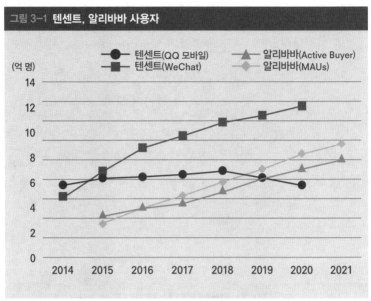

그림 3-1 텐센트, 알리바바 사용자

자료: 텐센트와 알리바바 홈페이지에서 필자 정리.

2015년 3.5억 명, 2016년 4.2억 명, 2017년 4.5억 명, 2018년 5.5억 명, 2019년 6.5억 명, 2020년 7.3억 명, 2021년은 8.1억 명이었다. 알리바바 플랫폼의 월 이용자는 같은 시기 2.9억 명, 4.1억 명, 5.1억 명, 6.2억 명, 7.2억 명, 8.5억 명, 9.3억 명으로 증가했다. 2021년 기준 텐센트와 알리바바는 중국 인구에 근접하는 국내 사용자를 보유하고 있다.

사용자(고객)의 증가는 플랫폼의 매출 증가를 동반했다. 〈그림 3-2〉를 보면, 2014년부터 2020년까지 텐센트의 연매출은 789억 위안에서 4,820.6억 위안으로 증가했다. 2015년부터 2021년까지 알리바바의 연매출은 762억 위안에서 7,172.9억 위안으로 증가했다. 두 플랫폼 기업의 매출은 7년 사이에 각각 6배와 10배 증가했다. 플랫폼 기업의 약진을 부각하기 위해 같은 시기 국유기업(중앙, 지

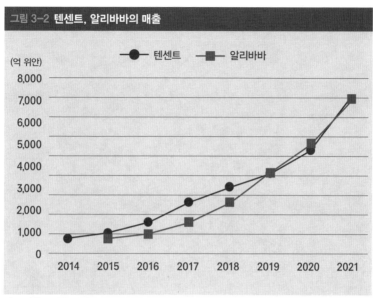

그림 3-2 텐센트, 알리바바의 매출

● 텐센트　■ 알리바바

(억 위안)

자료: 텐센트와 알리바바 홈페이지에서 필자 정리.

방)의 매출 증가율과 비교해보았다. 〈그림 3-3〉을 보면, 텐센트는
2015~2020년 사이 연평균 20% 이상의 증가율을 기록했다. 2016년
과 2017년은 48%와 56%라는 기록적 증가를 보이기도 했다. 알리
바바의 매출 역시 같은 시기 평균 30% 이상 증가했다. 2017년과
2018년에는 56%와 58%의 증가율을 기록했다. 두 플랫폼 기업의
약진과 대조적으로 중앙기업(국유기업)의 경우 2014~2020년의 증
가율은 3.1%, -7.5%, 2.0%, 12.5%, 9.8%, 6.0%, -1.9%였고 지방 국
유기업은 5.5%, 2.3%, 3.5%, 15.2%, 10.4%, 8.2%, 7.5%였다. 물론 국
유기업이 국민경제에서 차지하는 비중이 플랫폼 기업에 비해 압도
적으로 크기에 단순 비교는 어렵지만 그럼에도 플랫폼의 성장과 국
유기업의 상대적 침체는 매우 대조적이고 뚜렷한 현상으로 보였다.
2020년의 코로나19 팬데믹 하에서 텐센트와 알리바바는 모두 매출

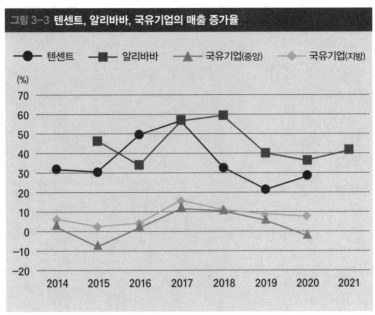

그림 3-3 **텐센트, 알리바바, 국유기업의 매출 증가율**

● 텐센트　■ 알리바바　▲ 국유기업(중앙)　◆ 국유기업(지방)

자료: 텐센트, 알리바바, 국무원국유자산관리감독위원회 홈페이지에서 필자 정리.

의 증가율이 반등한 반면 국유기업은 모두 하락세를 이어갔다.

　기업의 속성이 성장이라면, 플랫폼 기업 역시 지속적으로 자신의 플랫폼을 매개한 사용자의 규모를 확대하고 매출을 늘려야 했다. 그런데 중국의 시장은 무한대로 확대될 수 있는 것이 아니다. 제한된 시장에서의 고객 확보는 플랫폼 기업 사이의 경쟁을 내재하고 이 경쟁은 플랫폼 사이, 플랫폼과 지역 상권 사이에 시장 독점 문제를 유발하게 되었다.

　플랫폼 기업 사이의 경쟁과 독점 문제는 2010년대 초중반부터 불거졌다. 사회적 이슈가 되었던 사례 3개만 보도록 하자. 첫 번째 사례는 2014년 텐센트와 치후 사이에서 발생한 일이다. 당시 텐센트는 자사 고객들에게 텐센트 플랫폼과 경쟁사 치후360 중에 하나만 사용하라고 요구한 바 있다. 이러한 요구에 대해 치후는 텐센트가 시장 지배적 지위를 남용(선택 강요-选-)하여 고객들로 하여금 경쟁사의 플랫폼을 사용할 수 없도록 강요했다고 주장했다. 치후는 텐센트를 시장관리 당국에 고발했다. 두 번째 사례는 알리바바와 징둥 사이에서 발생한 일이다. 2015년, 알리바바 산하의 티몰도 고객 확보 차원에서 사용자들에게 자사 플랫폼과 경쟁 업체인 징둥 사이에서 하나만 선택하라고 요구했다(선택 강요). 징둥 역시 시장관리 당국에 티몰을 고발했다. 세 번째 사례는 2019년의 전자상거래기업의 집단고소이다. 이 집단고소는 징둥이 시장 지배적 지위 남용을 근거로 알리바바를 고소한 데서 시작되었다. 징둥에 이어 핀둬둬, 웨이핀후이 등 전자상거래 플랫폼들도 징둥의 편에 가세하여 알리바바를 고소하면서 일명 집단고소가 본격화되었다. 그런데 집단고소에 앞장선 징둥과 웨핀후이의 주주가 텐센트였다는 점에서 사람들은 이 집단고소를 텐센트와 알리바바의 싸움으로 보았다.

이러한 문제가 지속적으로 불거지자 당국은 플랫폼 기업의 시장 독점 문제를 본격 관리하겠다는 의지를 보여주기 시작했다. 2020년 11월 10일, 국가시장감독관리총국은 「플랫폼경제영역의반독점지침초안」(이하 「플랫폼경제지침초안」)을 공표했다. 이미 2007년에 「반독점법」이 제정되었지만 플랫폼 기업을 대상으로 한 구체적인 제도화는 이번이 처음이었다. 「플랫폼경제지침초안」이 공표되자 알리바바, 징둥, 텐센트, 샤오미, 메이퇀 등의 플랫폼들은 주가가 폭락, 약 2,000억 달러의 손실을 입었다. 12월 14일에는 알리바바, 텐센트 산하 웨원그룹, 펑차오 네트워크 등 기업이 「반독점법」에 의해 행정처벌을 받았다.

플랫폼 기업의 고객 확보 경쟁은 플랫폼 기업 사이의 독점 문제뿐만 아니라 골목상권을 파괴하는 등 시장 질서에 부정적 영향을 미치기도 했다. 코로나19 팬데믹으로 비대면 생활이 일상화되었던 2020년의 일이었다. 도시민들은 공공장소 방문과 대중시설 이용 횟수를 줄이기 위해 거주지역을 중심으로 생필품 단체구매를 시작했다. 2020년 하반기부터는 코로나19 거리두기 단계와 물리적 봉쇄도 완화되었지만 주민들은 여전히 단체구매를 이어갔다. 이러한 소비 패턴을 신규 시장이라고 판단한 플랫폼 기업들은 거액을 투자하여 단체구매시장에 뛰어들었다. 알리바바, 텐센트, 징둥, 메이퇀, 핀둬둬, 디디 등의 플랫폼들이 앞장섰다. 이들은 적자를 기록하더라도 소비자에게 보조금을 지급하는 방식으로 시장을 점령했다. 평균 한 개 플랫폼 기업이 한 개 성省에서 3,000만~4,000만 위안을 손해 보았다. 보조금이 적용되면서 채소나 육류 등의 식품 중에 한 근(500g)에 0.9위안(180원), 심지어 한 근에 0.1위안인 상품도 등장했다. 플랫폼 기업의 단체구매시장 진출은 도시민의 생활에 편의를 제공한 것은 맞지만 거대 플랫폼 기업의 등장으로 영세 자영업자와 골목상권은 큰 피해를 입게 되었다.

2020년 중반까지 주택가 인근의 채소가게, 상점 등은 코로나19로 모두 폐업을 했거나 휴업 중이었다. 도시 봉쇄가 완화되고 사람들의 일상이 회복되면서 자영업자들도 사업을 재개할 수 있을 듯 싶었지만 플랫폼 기업들이 보조금을 지급하면서까지 이 시장을 점령하면서 자영업자들은 아예 가게 문을 닫거나 장사를 그만둘 수밖에 없게 되었다. 2020년 12월 22일, 정부는 이런 상황을 묵과할 수 없다고 판단하여 단체구매시장에 뛰어든 상술한 기업들에 행정지도(명령)를 내렸다.

국무원반독점위원회는 2021년 2월 7일, 2020년에 공표한 「플랫폼경제지침초안」을 수정하여 「플랫폼경제지침」 최종안을 공개했다. 총 6장, 24조로 구성된 최종안은 플랫폼 기업의 시장 지배적 지위 남용뿐만 아니라 독점 협의(계약), 경영자의 집중, 행정권력의 남용을 통한 경쟁 배제와 제한 등의 문제를 포함했다.

2021년 3월 12일, 국가시장감독관리총국은 「반독점법」에 근거하여 인타이, 텐센트, 청두메이경메이, 쑤치엔한방, 바이두, 쑤닝, 디디, 하오웨이라이, 베이징뉴카푸 등이 인수합병 과정의 "경영자 집중" 문제에 대해 각 50만 위안의 벌금형을 내렸다. 「플랫폼경제지침」 최종안 이후 첫 실형을 받은 기업은 알리바바였다. 2020년 12월 24일에 조사가 시작되어 약 4개월 뒤인 2021년 4월 10일, 당국은 알리바바의 "선택 강요"를 문제 삼고 182.28억 위안(27.8억 달러)의 벌금형을 결정했다. 「반독점법」 제정 이래 최고 벌금액이었다. 알리바바의 벌금 직후 국가시장감독관리총국, 중앙인터넷정보판공실, 국가세무총국이 연합하여 플랫폼 기업에 대한 행정지도 회의를 개최했다. 회의에서 당국은 플랫폼 기업의 발전 추세는 매우 좋지만 리스크 역시 무시할 수 없는 수준으로 누적되었다고 했다. 당국은 특별히 플랫폼 기업들의 독점 이슈를 거론하면서 회의 개최 날을 기준으로 1개월 이내에 플랫폼 기업들이 전면적인 자기 검토를 실시할 것, 회의에서 지적한 내용과 부합하는 것이 있으면 철저하게 바로잡을 것, '합법경영서약서'를 공개하여 사회로부터 감독을 받을 것을 요구했다. 당국은 플랫폼 기업에 대한 추적 조사를 실시할 것이고 서약서를 제출한 이후에도 독점 행태가 보일 경우 법에 따라 엄중 처벌할 것이라고 했다. 이 회의에 소환되어 경고를 받은 기업은 BAT 생태 체계의 구성원이거나 BAT가 직간접적으로 참여하여 설립한 플랫폼 기업들이었다.

기술기업의 금융 서비스 문제

2016년 12월, 홍콩의 한 특강에서 마윈은 당시 유행하고 있던 핀테크Fintech를 언급하면서 알리페이는 핀테크와 대조적인 테크핀Techfin이라고 했다. 그는 핀테크는 기존 금융시스템의 자기 혁신에 불과하지만 테크핀은 과학기술을 통한 전체 업종에 대한 구조적인 변화라고 했다. 알리바바는 기회가 있을 때마다 테크핀의 정의를 설파했다. 2017년 3월, 알리바바와 앤트그룹은 중국건설은행과 협약을 체결했다. 중국건설은행장은 알리바바 및 앤트그룹이 전통적 금융에 인터넷 방식의 사유와 해결 방안을 제공해주고 있는데 이는 건설은행의 혁신과 발전을 추동하는 데 중요한 부분이 되고 있다고 했다. 이 자리에서도 앤트그룹은 자신을 테크핀 기업이라고 정의하면서 자신의 기술과 데이터로 금융기관을 조력할 것이라고 했다. 또한 테크핀으로서 앤트그룹은 서비스를 받지 못한 80%의 사람들, 즉 일반 소비자와 소기업을 위해 서비스한다고 했다. 그러면서 더욱 평등하고 호혜적이고 투명하고 개방적인 신금융을 함께 만들어갈 것이라고 강조했다.

국유은행과 플랫폼의 협력은 일종의 '동상이몽'이 아니었을까? 전통 금융의 효율성을 제고하기 위한 기술의 도입과 기술에 기반한 플랫폼 기업의 금융업 진출은 시작부터 긴장을 내재하고 있었다. 왜냐하면 핀테크든 테크핀이든 금융상품을 판매하는 것은 다를 바없었기 때문이다. 비록 앤트그룹은 자신은 테크(기술기업)이지 핀(금융기업)이 아니라고 주장했지만 앤트그룹을 금융회사로 보고 싶어하는 주류의 시각은 지속적으로 정체성을 확인하려고 했다. 그런데이러한 시각은 앤트그룹이 자초한 측면도 있었다. 은퇴 선언을 앞둔마윈은 은행이 변하지 않으면 자신의 기업이 은행을 변화시키겠다고 했는데 이 말을 두고 결국 앤트그룹은 금융업에 진출하여 기존의 제도권 은행에 도전하는 게 아니냐는 해석을 낳았던 것이다. 이말에 대해 마윈은 다시 한번 앤트그룹이 추구하는 것은 테크핀이지핀테크가 아니라고 했고 자신은 전통 금융기관, 즉 국유은행의 명을 자르려고 하는 것은 아니라고 해명하기도 했다.

테크핀에 대한 마윈의 해석을 계속 보도록 하자. 2018년 9월, 국가발전개혁위원회, 과학기술부, 공업정보화부, 국가인터넷정보판공실, 국가과학원, 국가공정원, 상하이시정부가 공동으로 '2018 세계인공지능대회'를 개최했다. 이 대회 역시 마윈의 입에 주목했다. 미래는 데이터가 생산수단, 계산이 생산력, 인터넷이 생산 관계가 될것이라고 말문을 연 마윈은 스마트(지능) 시대는 바로 이러한 변화에 토대할 것이고 나아가 거대한 사회변혁이 일어날 것이라고 했다. 이어 그는 미래의 제조업은 제조업에만 한정되지 않고 제조업과 데이터, 즉 서비스업과의 완벽한 결합의 형태가 될 것이라고 했다. 데이터 기반의 서비스업의 중요성을 역설한 후 마윈은 다시 한번 핀테크와 테크핀에 대한 자신의 생각을 말했다. "현재 세계적으로 핀테크가 유행하고 있지만 우리의 것은 테크핀이라고 부른다. 핀테크는 전통 금융을 더욱 강대하게 하지만 테크핀은 모든 사람, 필요한 사람들에게 금융 서비스를 제공한다. 디지털 시대 금융 리스크 관리는 은행에 방탄조끼를 입혀주는 방식이 아니라 데이터 기술로 리스크를 예측하고 제거하는 방식으로 한다. 나쁜 사람을 쫓아가서 붙잡는 것이 아니라 나쁜 일을 미리 예측하고 발견해야 한다. 이는 (기존의) 리스크 사상을 근본적으로 변경하는 것이고 동시에 이는 미래의 새로운 금융으로서 더 많은 사람이 수혜자가 될 수 있게 한다. IT로 20%의 사람들이 수혜를 보았다면 디지털 전환DT과 인공지능AI 시대의 데이터 기술은 80%의 사람들이 수혜를 보게 한다. 이것이 바로 이 세계의 미래가 가지고 있는 기회다.”

이런 의미에서 앤트그룹의 상장은 거대 테크핀을 출범하는 동시에 알리바바라는 “제국”적 플랫폼 생태 체계를 구축하겠다는 의도로 볼 수 있었다. 2020년 8월, 앤트그룹 IPO는 300억 달러 규모가 될 것이라고 예측되었고 상장 직전의 시가총액은 약 2,000억 달러로 추정되었다. 앤트그룹은 상장 이후 제3자결제 외에 기존의 서비스였던 소액대출, 재테크, 보험 등의 다양한 금융상품을 큰 폭으로 확대할 계획이었다. 하지만 흥미로운 것은 상장을 위해 변경된 회사명은 오히려 금융의 성격을 지우고 기술 성격을 강조하고 있었다는 점이다. 앤트그룹의 이름은 ‘저장마이소미금융서비스그룹주식유한회사浙江蚂蚁小微金融服务集团股份有限公司’였는데 상장 시에는 ‘마이과기집단주식유한회사蚂蚁科技集团股份有限公司’로 정했다. ‘저장’이라는 지명과 ‘소미금융서비스’가 삭제되고 대신 ‘과학기술’이 등장한 것이다. ‘앤트그룹이 테크핀인가, 핀테크인가’라는 질문에 대한 답으로 볼 수 있었다. 즉 앤트그룹은 테크이지 핀이 아니라는 것이었다. 하지만 금융상품을 판매하면서 기술 플랫폼이라고 주장하면 정부 당국은 그대로 받아들일까?

2020년 11월 2일, 상장을 앞둔 앤트그룹의 핵심들인 마윈, 징시엔둥井贤栋, 후샤오밍胡晓明 등은 동시에 중국인민은행, 중국은행보험감독관리위원회, 중국증권감독관리위원회, 국가외환관리국 등 금융기관에 소환되었다. 이들의 소환에 대해 여론은 다시 마윈의 입에 주목했고 그가 했던 말을 되짚어보았다. 결정적 사단은 2020년 10월 24일, 상하이에서 열린 금융포럼에서 마윈이 던진 말에서 시작되었다는 게 중론이다. 국가 부주석 왕치산이 영상으로 개회사겸 축사를 할 만큼 중요한 행사였다. 왕치산은 축사에서 실물을 떠난 금융은 무의미하다고 하면서 중국의 금융은 투기·도박과 같은 비뚤어진 길을 가면 안 되고, 금융거품이라는 자기 순환의 이상한 길도 가면 안 되고, 폰지사기와 같은 나쁜 길을 가서도 안 된다고 했다. 또한 그는 현재 중국에서 새로운 금융상품이 끊임없이 출현하면서 효율성이 제고되고 편리함도 증대되었지만 동시에 금융 리스크 역시 지속적으로 확대되고 있다고 했다. 중국은 체계적 금융 리스크가 발생하지 말아야 한다는 마지노선을 지켜야 한다고 강조했다. 왕치산은 중국의 은행과 금융 분야 관료 출신으로서 중국 사회가 안고 있는 금융 리스크를 주의 및 경고한 것이다.

하지만 바로 이어진 발표에서 마윈은 "중국에는 체계적 금융 리스크가 없다. 그 이유는 중국의 금융은 체계 자체가 없기 때문"이라고 했다. 그는 현재 중국의 금융은 '전당포 사상'이라고 폄하하고, '바젤협약'을 노인클럽이라고 하면서 좋은 혁신은 관리와 감독이 필요하지 않고 거꾸로 가장 무서운 것은 낡은 방식으로 이 혁신의 결과를 관리하고 감독하는 것이라고 했다. 마윈은 "우리는 금융에 대한 전당포 사상을 버려야 한다. 우리는 기술의 힘을 빌려, 빅데이터에 기초한 신용 체계를 구축하여 기존의 전당포 사상을 대체해야 한다. 이 신용 체계는 기존의 IT와 지인에 기초한 사회에 기반하는 것이 아니라 빅데이터에 기초해야만 신용을 재부로 만들 수 있다"고 했다. '전당포 사상'은 전통적 의미에서의 금융, 즉 저당 또는 담보가 있어야 대출할 수 있는 제도(핀테크), 디지털 금융은 빅데이터에 근거하여 개인의 신용을 평가한 후 대출해주는 제도(테크핀)로 이해되었다. 플랫폼 기업이 혁신과 발전의 최전방에 있지만 정부의 낡은 방식이 발전의 발목을 잡는다는 뜻으로 풀이되었고, 더 중요한 것은 국가 부주석의 말을 즉각 부정, 반박한 노골적인 '정치적 발언'으로 해석되었다. 그렇다면 마윈의 앤트그룹은 어떤 금융상품을 판매하였기에 국가 부주석이 축사에서까지 금융 리스크에 대해 경고했을까?

앤트그룹의 매출을 크게 견인한 것은 알리페이(제3자결제 시스템)를 통한 수수료 매출과 지에베이借呗와 화베이花呗가 개인과 소상공인에 판매한 대출 상품이었다. 앤트그룹은 자산유동화증권을 개발하여 대출과 융자를 순환적으로 반복했다. 지에베이와 화베이는 충칭에서 설립되었는데, 당시 회사의 설립을 허가한 충칭시 시장 황치판黄奇帆은 자신의 회고록에서 앤트그룹이 약 40여 회의 순환을 통해 30여 억 위안의 자본금으로 3,000여 억 위안을 대출해줬다고 했다. 앤트그룹은 자신의 자본금이 거의 없이 고액의 수익을 기록한 것이었다. 왕치산의 축사 전에 이미 중국 정부는 이런 금융상품이 리스크가 있다고 판단하여 앤트그룹의 자기자본비율을 높일 것을 요구했고, 동시에 대출 상품을 판매하려면 국유은행과 공동으로 판매할 것을 요구한 상황이었다. 이 부분이 바로 왕치산이 말한 체계적 금융 리스크의 한 부분이었다. 여기에 추가로 2010년에 개정된 '바젤협약', 즉 미국발 금융위기 이후 위험가중자산 중 자기자본의 비율 인상을 골자로 한 이 협약을 비난했으니 중국 당국이 마윈과 산하 기업의 금융 서비스에 대해 본격적인 관리의 필요성을 느끼지 않았다면 이상할 정도였다. 앤트그룹의 상장 중단이 시진핑 주석이 직접 지시한 것이라는 말이 나올 정도로 마윈의 발언은 파급력이 컸다.

마윈의 발언 1주 뒤인 2020년 10월 말, 국무원금융안정발전위원회는 금융 리스크를 방지하기 위해 기업들의 금융과학기술과 금융혁신에 대한 관리와 감독을 강화하고, 법에 근거하여 모든 금융 활동을 정부의 관리와 감독의 범위에 넣을 것이라고 했다. 같은 날, 중앙은행 산하『중국금융신문』은 가명의 전문가 이름으로 글을 게재하여 정부의 관리 및 감독의 필요성을 강조했다. 이 글에 의하면, 일부 거대 기술기업들은 금융과 관련된 심사를 받지 않고 설립되었다고 비판하면서 앤트그룹을 지목하여 은행과 유사한 예금과 대출 등의 서비스를 제공하기 위해서는 엄격한 심사, 관리, 감독을 받아야한다고 했다. 11월 2일, 중국은행보험감독위원회는 당위원회 확대회의를 개최하여 모든 금융 활동을 관리·감독의 범위에 넣겠다고 했다. 같은 날 저녁, 마윈은 당국에 소환되었다.

이튿날인 11월 3일, 중국은행보험감독위원회와 중국인민은행은「인터넷소액대출업무관리방법초안」을 공표했다. 앤트그룹의 금융상품이 관리 대상으로 지목되었다. 같은 날, 상하이증권거래소는 앤트그룹의 상하이 상장을 잠정 중단한다는 공지를 앤트그룹에 전달했다. 직후 앤트그룹은 홍콩 상장을 잠정 중단한다고 공표했다.

　12월 11일, 중공중앙정치국은 반독점 강화와 자본의 무질서한 팽창을 막을 것을 강조했고, 15일에는 중앙은행금융안정국 국장 순티엔치孙天琦가 인터넷 플랫폼의 예금상품을 '무면허 운전'과 같은 불법 금융 활동이라고 했다. 3일 뒤, 앤트그룹, 징둥, 루진 등은 선후로 예금상품을 플랫폼에서 지웠다. 중국은행보험감독위원회 주석 귀수칭郭树清이 인터넷 금융기관의 신용대출 상품이 과잉 소비를 유도함으로써 일련의 사회문제를 야기한다고 하자 앤트그룹은 즉각 젊은 층을 대상으로 한 대출 한도를 줄이면서 이성적인 소비를 할 것을 호소했다.

　그렇다면 가장 문제시되었던 화베이와 지에베이는 어떻게 되었을까? 2021년 4월 12일, 앤트그룹의 핵심들은 다시 한번 금융 당국에 소환되어 금융상품에 대한 조정 상황을 점검받고 앞으로의 관리 절차를 통보받았다. 사람들의 이목이 집중된 이슈는 단연 금융상품과 관련된 부분이었다. 당국은 화베이와 지에베이를 알리바바에서 분리한다고 했다. 6월 3일, 충칭시는 충칭마이소비금융유한회사重庆蚂蚁消费金融有限公司를 설립하여 기존 화베이와 지에베이의 서비스를 인계받았다. 이 회사는 총 80억 위안의 자본금으로 설립, 앤트그룹이 50%, 기타 6개 기업이 나머지 50%를 투자했다. 당국은 회사 설립 이후 금융상품들은 더 이상 화베이와 지이베이의 이름으로 판매되지 않을 것, 나아가 1년 뒤 이 두 회사는 시장에서 퇴출된다고 했다. 5월 말, 상하이증권거래소는 앤트그룹의 자산유동화증권 거래를 중단했다.

데이터 수집과 안보 문제

택시업계 1위인 디디추싱은 2021년 6월 10일에 미국 상장 계획을 발표했다. 디디추싱은 최근 실적이 매우 우수하고 아시아 최대의 기술투자 회사인 소프트뱅크와 중국의 기축 플랫폼인 알리바바, 텐센트 등의 투자를 받은 회사였기에 업계에서는 디디추싱의 상장이 관련 분야 플랫폼 기업의 신기록을 세울 것이라고 전망했다. 상장 계획 발표 약 3주 뒤인 6월 30일, 디디추싱은 예상보다 빨리 미국에서 상장했다.

하지만 상장 직후인 7월 2일, 국가인터넷안전심사판공실은 인터넷 안보를 이유로 디디추싱에 대한 심사를 시작한다고 공고했다. 당국은 국가의 데이터 안보 위험 방지, 국가안전 보호, 공공이익 보장 등을 위해 「국가안전법」, 「인터넷안전법」, 「인터넷안전심사방법」 등에 근거하여 심사할 것이라고 공표했다. 동시에 심사 기간에는 위험이 확대되는 것을 방지하기 위해 신규 회원 가입을 중단한다고 했다. 이틀 뒤인 7월 4일, 국가인터넷정보판공실은 디디추싱이 개인정보를 불법으로 수집했다고 하면서 「인터넷안전법」에 근거하여 디디추싱 APP을 삭제한다고 공고했다. 또한 당국은 디디추싱이 법과 규정에 근거하여 이 엄중한 불법 문제를 해결해야 한다고 했다. 디디추싱은 즉각 신규 회원 가입을 중단했고, APP을 모두 삭제, 그리고 당국의 조사에 성실히 임할 것이라고 했다. 디디추싱에 대한 관리가 개인정보, 국가안보 등과 연결되면서 이 기업이 중국에서 수집한 교통 데이터를 미국에 넘기려다가 적발된 것이 아니냐는 추측성 여론이 출현하기도 했다. 이에 대해 디디추싱은 모든 데이터는 중국의 서버에 있고 미국에 제공할 가능성이 전무하다고 했다. 나아가 유언비어를 유포하는 사람을 고소하겠다고 했다.

그렇다면 디디추싱은 어떤 측면에서 국가안보를 위협했을까? 2021년 7월 5일을 전후로 과학기술 콘텐츠를 다루는 메이저 포털과 SNS상에는 2015년 디디추싱연구원이 제작한 보고서가 (갑자기) 유통되었다. 이 보고서는 여름철 기온이 가장 높았던 날, 중국의 공안부, 감찰부, 외교부, 민정부, 사법부, 재정부, 인력자원사회보장부, 국토자원부, 환경보호부, 주택도시건설부, 교통운수부, 수리부, 농업부, 상무부, 문화부, 위생계획생육위원회, 인민은행, 심계서, 중앙기율감독위원회 등 거의 모든 중앙정부 부처 직원들의 출퇴근 시간, 각 부서에서 출발한 택시 규모, 각 부서에 도착한 택시 규모 등에 관한 데이터를 기록했다. 당시 보고서는 관영매체인 신화사新华社와 공동으로 발표된 것인 데다가 국가안보는 물론 아무런 문제 제기도 없었던 보고서였다. 하지만 국가안보의 문제가 불거진 상황에서 보고서 내용은 디디추싱이 일반인뿐만 아니라 국가 고위 공직자의 행적을 시간대, 출발지, 목적지별로 매우 상세하게 수집했다는 것을 알려주었다. 디디추싱을 이용해본 사람은 모두 알듯이 2018년 택시 기사에 의한 승객 피살 사건 이후 실명 인증부터 시작하여 사용자(기사, 고객) 정보를 매우 자세히 등록해야 했다. 2021년에 보고서를 본 사람들은 정부가 급하게 안보 이슈로 관리를 시작한 이유가 이해되었다는 분위기였다.

교통 데이터와 관련된 문제는 디디추싱이 처음 만든 게 아니었다. 2020년, 테슬라 자동차가 사용자, 도로, 교통 등의 정보를 미국에 전송한다는 문제가 제기되었다. 이 문제가 대두된 이유는 테슬라가 중국에 데이터 저장용 센터를 건설하지 않은 것에서 비롯되었다. 테슬라는 2021년 5월에 중국데이터센터가 건설되었고 중국 사용자의 정보를 모두 이 센터에 저장하고 있다고 했다. 테슬라 문제를 염두에 두고 중국의 인터넷 당국은 5월 12일에 「자동차데이터안전관리규정초안」을 공표하여 자동차가 수집한 데이터에 대한 관리를 강화한다고 했다. 이 데이터에는 ① 군사관리구역, 국방과학 등 국가 기밀기관, 현급 이상 당-정부 관공서 등 민감한 지역의 사람과 자동차 관련 데이터, ② 국가 공인 지도의 정밀측정 데이터, ③ 자동차 충전망 데이터, ④ 도로 주행 중인 차량 유형, 차량 규모 등 데이터, ⑤ 사람 얼굴, 목소리, 자동차 번호 등과 관련된 음성 및 동영상 데이터, ⑥ 국가기관에서 정한 국가안보와 공익에 영향을 주는 기타 데이터 등이 포함되었다. 인터넷 안보 당국뿐만 아니라 공업정보화부도 「스마트인터넷자동차생산기업및제품에대한지침초안」을 공표하여 데이터 안보에 대한 규정을 만들었다.

이런 상황에서 방대한 교통 데이터를 보유한 디디추싱이 3주 만에 미국에서 상장을 했으니 당국이 급하게 관리를 시작하지 않을 수가 없었던 것이다. 인터넷 안보 당국은 상장 몇 주 전에 데이터 안보 심사를 이유로 디디추싱이 미국 상장을 늦출 것을 건의했다고 한다. 디디추싱이 당국의 심사를 받았는지, 그리고 자체 심사를 했는지는 알려진 바가 없다. 상장 직후 당국의 관리는 바로 이러한 건의가 전혀 반영되지 않은 것이기 때문일 수 있다. 두 번째는, 당국이 디디추싱의 미국 상장을 늦추는 것이 아니라 아예 미국에서 상장하지 말 것을 희망하기도 했다고 한다. 미국 상장을 준비 중인 다른 기업들에 대해서도 다방면으로 설득하던 중에 디디추싱이 상장을 한 것이다. 그뿐만 아니라 상장 시점이 공산당 창당 100주년 기념행사 날인 7월 1일 직전이었다는 것이 더 문제였다. 미국과 중국이 다양한 분야에서 힘겨루기를 하는 상황에서 중국의 체면을 심각하게 구기는 일이었다. 이 일로 인해 고위층 인사들이 '격노'했다고 한다.

디디추싱은 현재 미국의 투자자들로부터 집단소송에 직면하기도 했다. 미국의 한 변호사사무소Rosen Law Firm는 디디추싱이 심각하게 왜곡된 상업 정보를 제공하여 투자자들에 손실을 입혔다고 하면서 집단소송을 추진할 계획이라고 밝혔다. 사람들의 이목이 디디추싱에 집중되었을 때 인터넷안보당국은 윈만만, 휘처방, 보스 등의 3개 업체에 대해서도 심사를 시작한다고 공표했다. 윈만만과 휘처방은 화물운송, 교통 등 분야의 플랫폼 기업이고 보스는 구인구직 플랫폼이다. 앞의 두 기업은 디디추싱과 마찬가지로 도로, 교통, 물류 등과 관련된 데이터를 보유한 것으로 보고 있고 보스는 구인 정보와 구직자의 데이터를 보유한 것으로 보고 있다.

관리의 주체와 방식들

중국 정부의 플랫폼 기업에 대한 관리의 내용은 〈표 3-1〉과 같이 정리 및 요약할 수 있다.

첫째, 플랫폼 기업은 독점 문제를 유발했고 시장관리 당국이 중심이 되어 관리했다. 2010년대 중반 이후 중국의 플랫폼 기업은 기록적으로 성장했다. 대표적 기업인 알리바바와 텐센트는 중국 인구에 비견되는 규모의 사용자를 보유했다. 거대 플랫폼 기업은 하위

표 3-1 플랫폼 기업에 대한 관리 내용			
기업 유발 문제	관리 대상 문제	관리 주체	관리 방식
사용자 확보 경쟁, 사용자의 선택을 강요(중소 플랫폼의 성장 방해); 지역 경제(소상공인) 부정적 영향	시장 독점	시장관리 당국 (국가시장감독관리총국, 국무원반독점위원회, 국가세무총국, 중앙인터넷판공실 등)	제도에 근거: 「반독점법」 「플랫폼경제영역에서의 반독점지침」 등
기술기업의 금융 서비스(국유은행과 경쟁, 금융상품 판매)	금융 리스크	금융관리 당국 (중국인민은행, 중국은행보험감독관리위원회, 중국증권감독관리위원회, 국가외환관리국, 국무원금융안정발전위원회 등)	제도에 근거: 「인터넷소액대출업무관리방법 초안」 행정권력에 근거: 기업 상장 중단 기업 구조조정(재편)
데이터 관리 (국내 수집 데이터)	데이터 안보	인터넷 관리 당국 (국가인터넷안전심사판공실, 국가인터넷정보판공실 등)	제도에 근거: 「국가안전법」,「인터넷안전법」 「인터넷안전심사방법」,「자동차데이터안전관리규정초안」, 「스마트인터넷자동차생산기업및제품에대한지침초안」 등

플랫폼을 통해 방대한 생태 체계를 구성했다. 생태 체계는 기존의 산업과 지역의 경계를 넘어선, 데이터에 기반한 온라인 상업 연결망이었다. 방대한 규모를 유지하는 동시에 지속적인 성장을 위해 플랫폼 기업들은 자신의 플랫폼을 매개한 사용자의 규모를 확대해야 했다. 하지만 제한된 시장에서의 고객 확보 경쟁은 대기업과 중소기업 사이, 그리고 플랫폼 기업과 지역 상권(자영업) 사이의 독점 문제를 유발했다. 이 문제에 대해 시장관리 당국, 구체적으로 국가시장감독관리총국, 국무원반독점위원회, 중앙인터넷정보판공실, 국가세무총국 등이 관리자로 역할을 했다. 시장관리 당국의 관리는 「반독점법」과 그 틀 내에서 제정한 반독점 지침에 근거했다.

둘째, 플랫폼 기업은 금융시장의 리스크를 유발했고 금융 관리 당국이 중심이 되어 관리했다. 플랫폼 기업들 중 금융 관련 이슈를 만든 기업은 알리바바였다. 알리바바는 기존 제도권 금융기관, 즉 국유은행이 진출하지 않은 분야에 진출하여 금융상품을 판매했다. 플랫폼 기업은 자신의 정체성을 상황적으로 기술기업과 금융기업 사이에서 변용하고 있었다. 금융시장이 국유은행 중심으로 구성된 질서라는 점을 잘 알고 있기에 플랫폼 기업은 자신을 기술기업이라고 하면서 금융상품을 판매했다. 금융 리스크를 줄이기 위해 국가의 관리가 시작되자 플랫폼 기업은 이러한 관리가 낙후된 제도에 근거한다고 비판하기 시작했다. 정부는 플랫폼 기업의 언행을 정치적인 것으로 받아들였다. 중국인민은행, 중국은행보험감독관리위원회, 중국증권감독관리위원회, 국가외환관리국, 국무원금융안정발전위원회 등 금융 당국이 동시적으로 플랫폼 기업의 금융 서비스를 관리했다. 금융 당국은 기존 금융상품 중 리스크가 있다고 판단한 것은 중단 및 취소시켰고 그동안 많은 문제를 일으켰다고 판단한 기업에 대해서는 관리가 용이하게 구조조정했다. 자료의 한계일 수도 있겠지만, 이 과정에 특이점이라면 인터넷 소액대출과 관련된 신규 정책을 제정하는 등 관계 당국의 기능적 관리도 보였지만 정치적 및 행정적 권력을 이용하여 기업가를 소환하거나 기업에 정부의 입장을 전달하거나 기업의 상장을 중단하는 등 권위주의적 방식도 부각되었다.

셋째, 플랫폼 기업은 데이터 안보 문제를 유발했고 인터넷 관리 당국이 중심이 되어 관리했다. 플랫폼 기업의 데이터 안보 문제는 교통 및 운송 관련 플랫폼 기업 디디추싱의 미국 상장(또는 진출) 과정에 발생했다. 플랫폼 기업이 수집한 데이터에는 음성, 안면, 지문, 혈액형, 행적 등을 포함한 다양한 개인정보는 물론 정부, 정당, 기업과 관련된 정보도 있다. 데이터는 인공지능이나 알고리듬의 개발에 핵심 자원이고 국가안보와 관련되는 자원으로 간주되었다. 국가인터넷안전심사판공실의 관리는 「국가안전법」, 「인터넷안전법」, 「인터넷안전심사방법」 등의 안보와 관련된 법과 정책에 근거, 국가인터넷정보판공실은 자동차 수집 데이터에 대한 지침에 근거했다.

4

플랫폼 노동의 (비)물질성: 우버 노동자의 사례

강재호

서울대학교 언론정보학과 교수. 연구 분야는 비판이론, 사회이론, 미디어 문화다. 독일 프랑크푸르트대학교 사회조사연구소 연구원, 미국 뉴욕의 뉴 스쿨, 영국 런던대학교SOAS의 교수를 역임했다. 지은 책으로 『발터 베냐민과 미디어』 등이 있다.

영국의 우버 사건을 플랫폼 노동의
비물질성 문제를 중심으로 재구성하
면서 몇 가지 사회이론적 쟁점을 도
출한다. 이를 통해 점차 확대되어가
는 플랫폼 자본주의 체제에서 보다
체계적인 비판적 플랫폼 사회이론의
구성을 제안한다.

우버와 플랫폼 노동자

2021년 2월 19일 영국 대법원은 우버Uber 회사의 항소를 기각하여 소위 우버 사건Aslam & others v. Uber의 사법적 판단이 일단락되었다. 2016년 고용심판소의 심리에서 시작된 이 재판의 원고들은 런던에서 일하는 우버의 전·현직 운전자들이다. 우버가 최저임금법상 최저임금을 지급하지 않았다는 점, 노동시간법상 유급휴가를 부여하지 않은 점에 대한 판단을 요청한 사건이다. 우버는 원고들이 자영업자이자 자신들의 프로그램을 사용하는 소비자라 주장하였다. 그러나 고용심판소는 우버 운전자들은 '노무제공자worker'라 판결하였다(Carney, 2017). 이 사건은 영국에서의 고용구조 유형 문제를 넘어, 플랫폼 자본주의에서 노동과 노동자의 성격과 지위에 대한 주요한 논쟁을 촉발하였다(Kenner, 2019). 이 논쟁은 노동자-소비자, 노동시간-여가시간, 노동공간-사적공간 등 기존의 자본-노동의 이원적 관계로는 더 이상 파악하기 어렵다는 점을 드러냈다는 점에서 그 중요성을 또한 갖고 있다. 이 글에서 나는 영국 우버 사건을 플랫폼 노동의 비물질성 문제를 중심으로 재구성하면서, 몇 가지 사회이론적 쟁점을 도출해보려 한다.

영국 긱 경제에서의 노동

우버가 운영의 핵심 플랫폼인 스마트폰 앱을 출시한 해는 2010년이다. 고용심판소의 심리가 시작된 2016년까지 단 6년 만에 런던에서만 약 3만 명, 영국 전체로는 4만 명의 우버 운전기사가 등록되었다. 이 앱에 등록한 승객은 200만 명에 이르렀다(Galloway, 2018: 323). 2017년 상반기, 우버 서비스는 81개국 581개 이상의 도시에서 이용이 가능하며, 약 200만 명이 우버 운전기사로 일하고 있다. 이는 미국 경제의 맥락에서는 델타 항공, 유나이티드 항공, 페덱스, UPS의 직원을 모두 합한 수보다 많으며, 우버 운전기사는 한 달에 5만 명 넘게 늘어가는 상황이었다. 영국의 긱 경제gig economy 규모는 급격히 성장하고 있다. 긱 경제의 긱gig은 음악 공연 이벤트와 같이 단기적인 일을 의미하는 데서 유래하였다(Woodcok and Graham, 2020: 17). 긱 경제는 '플랫폼' 경제 또는 '공유' 경제sharing economy와 비슷한 의미로 영국에서 주로 사용된다(Montgomery and Baglioni, 2020). 긱 경제 규모가 아직은 기존 2차 산업을 능가하고 있지 않지만, 이 증가 규모는 산업구조를 재편하는 방향으로 진행되고 있다.

2019년 영국의 7명 성인 중 한 명이 매달 긱 노동을 수행하고, 48%의 긱 노동자는 상시 일자리full-time job를 갖고 있다. 약 71.5%의 긱 노동자는 전체 수입의 반이 안 되는 수입을 긱 노동으로 벌고 있다. 2016년 23만, 2019년 470만 명으로 추산되는 긱 노동자는 2022년 750만 명으로 늘어날 것으로 예상된다. 2019년 영국 경제 총 GDP는 약 2조 1,700억 파운드, 그중 약 9.2%에 이르는 200억 파운드를 긱 노동자들이 공헌하였다(손동영, 2021: 74-75). 우버는 영국의 긱 경제 플랫폼 중 가장 많이 사용되는(전체의 18%) 플랫폼이다.[1] 2017년의 경우 110만에서 130만 명의 영국 노동자가 일주일에 최소 한 번 우버와 같은 플랫폼에서 일자리를 구한다고 한다. 이는 국민보건서비스National Health Service, NHS의 전체 고용인원과 비슷한 규모이기도 하다(Woodcock and Graham, 2020). 대략 경제활동인구의 4%를 차지한다는 분석이다(손동영, 2021: 74-75).

긱 경제의 특징은 노동시간 계약이 없는 영시간 계약zero-hour contract 노동이라는 점에 있다. 영국 통계청이 실시한 노동력 조사에 따르면 2019년 89만 6,000여 명의 영시간 계약 노동자가 종사하며, 이는 전체 노동인구의 2.7%에 달한다(심재진, 2020: 94). 영시간 노동이 확장되는 상황에서 2017년 영국 노총(TUC)이 조사한 결과는 이 일자리의 불안한precarious 특성을 드러냈다(심재진, 2020: 95). 73%의 응답자는 24시간 이전에 일이 제공된 적이 있으며, 51%의 응답자는 24시간 이전 통지로 자신의 일이 취소되었음을 통지받은 경험이 있다고 대답했다. 43%는 유급휴가를 얻지 못하고, 47%는 근로조건을 서면으로 받지 못했다고 응답했다. 7%만이 해고수당을 받았으며, 25%만이 영시간 노동을 선호한다고 답했다(Office for National

Statics, 2019). 영시간 계약에 기초한 주문 서비스on-demand service 노동 규모가 점차 커지자 영국의 정치권은 이에 적극적으로 개입하기 시작했다. 세 개의 보고서가 특히 중요한 논쟁을 촉발하였다.

첫 번째로, 2016년 「서부 활극 일자리: 영국 긱 경제의 자영업자」라는 제목의 필드와 포지F. Field and A. Forsey 의원들의 보고서가 발표되었다.[2] 이 보고서는 독일 오토그룹의 자회사인 택배회사 헤르메스Hermes의 영시간 계약 주문 노동을 집중적으로 분석하였다. 조사 대상인 78명의 전현직 택배기사들은 상시적 불안감을 가진 것으로 나타났다. 그 원인은 "① 실업 상태보다도 경제적으로 더 어려운 상황을 초래하는 낮은 임금, ② 가정의 위급 상황이나 질병 등을 이유로 하는 휴무 요구의 불인정, ③ 자영업 카테고리에 포괄되는 다양한 일의 영역, ④ 월급 정산 방법의 복잡성과 사측에 의한 일방적인 가변성, ⑤ 사전 고지, 항소 기회가 없는 즉각적 해고 등"으로 조사되었다(이유나, 2016: 51).[3]

두 번째로, 「서부 활극 일자리」 보고서에 대한 후속 조치로 경제, 노동 분야의 전문가들로 이뤄진 「좋은 일자리」라는 보고서가 이듬해 2017년 발간되었다.[4] 테일러 보고서라 불리는 이 보고서는 기술 발전으로 인한 유연성의 혜택을 노동시장 참가자가 공정하게 나누지 못할 뿐 아니라, '괜찮은 일자리decent job'가 주어지지 않는 문제, 영시간 근로나 파견 근로agency working와 같은 새로운 고용 형태가 영국의 보통법이나 관습법common law에도, 사회의 규범에도 잘 맞지 않기 때문에, 그로 인해 야기되는 여러 사회적 문제 등을 지적하였다(박나리·김교성, 2020: 21). 이에 대한 대안으로 보고서는 근로자 규정의 혼란스러운 해석을 막기 위해 입법을 통해 고용 지위를 규정할 것을 촉구하였다. 무엇보다 이전의 이분법인 임금근로자employee와 개인사업자self-employee 사이에 제3의 범주로, 종속 계약자dependent contractor를 제안하였다. 노무제공자worker의 개념이 추상적이고 범위가 모호하므로, 이를 주로 미국 고용노동법에서 규정하는 '종속노동자dependent worker'와 '독립계약자independent contractor'의 중간인 '독립노동자independent worker' 또는 '종속계약자'로 규정해야 한다는 주장이다(이다혜, 2020). 이 독립노동자 또는 종속계약자는 "노동자를 소비자와 연계시키는 중개자로서의 플랫폼과 일하는 종사자"로서 독립계약자로서의 사업가적 요소를 갖고 있으면서도 동시에 "사용자-근로자 관계의 특징을 갖고 있는 유형"으로 정의된다(박나리·김교성, 2020: 22-23; 이다혜, 2020).

세 번째로, 같은 해 영국 하원의 특별위원회('노동, 연금 위원회와 기업, 에너지, 노사 관계 전략위원회'BEIS)에서 테일러 보고서의 권고 내용을 상당 부분 수용한 보고서, 「현대고용의 구조」를 채택한다.[5] 이 보고서는 무엇보다 고용권법(Employment Rights Act 1996) 제230조의 개정을 제안한다. 즉 "노무제공자의 판단 기준에 대체근로의 제공 가능성을 추가하고, 근로조건에 대한 서면고지를 의무화하며, 확정근로시간을 초과한 근로에 대해선 가산된 최저임금을 적용하고, 근로 단절로 간주되는 기간을 현행 1주에서 1개월로 연장할 것을 권고"하였다(박나리·김교성, 2020: 21). 이러한 제안은 언뜻 보기에는 진일보한 제안처럼 보인다. 그러나 사실 자본과 노동 양측의 이해와 주장을 타협적으로 반영한 제안이다. 즉 영시간 노동자들은 근로시간의 유연성을 누리면서도 근로시간을 합리적으로 산정하여 국가의 최저임금을 받을 수 있는 근거를 마련하였다. 반면 자본 측은 노무제공자에게 노동법적 보호(법정생활임금, 연차유급휴가, 고용차별 금지 등)나 기업연금과 같은 사회복지제도를 보장해야 한다. 그러나 여전히 임금노동자에게 적용되는 더욱 포괄적인 보호로서의 노동법적 보호(출산 및 육아휴직, 부당해고 보호권, 해고 전 사전 통지, 정리해고 수당 등)와 사회복지제도(산재보험, 실업급여, 상병수당 등)에 대한 의무는 지지 않아도 된다. 손동영(2021: 74)의 〈표 4-1〉이 잘 보여주듯이, 노무제공자는 임금근로자에 비해 상대적으로 열악한 노동법적, 사회복지제도적 위치에 놓이게 된다.[6] 문제는 우버 운전과 같은 플랫폼 노동의 규모가 점차 증가하면서, 제한된 형태의 노동법적·사회복지제도적 보호가 사회적 보호장치의 중심 형태가 되고 있다는 사실이다. 바로 이점이 노무제공자로서의 우버 운전자 지위 확인이 장기적으로 환영할 수 없는 이유이다.

표 4-1 고용 지위별 사회적 보호 수준

고용 지위	노동법적 보호	사회복지제도를 통한 보호	
자영업자	• 산업안전 및 보건 • 기본적인 차별 금지	• 통합 급여(Univeral Creadit): 장애인 대상 실업부조(Income-based Employment and Support Allowance), 실업부조(Income-based Jobseeker's Allowance), 소득 보조, 주거급여, 아동 세액 공제, 근로세액 공제 • 신국가연금 • NHS • 연금 크레딧	누적 적용
노동자	• 법정생활임금 • 연차 유급휴가 • 고용차별 금지	• 기업연금	
임금 근로자	• 출산 및 육아휴직 • 부당해고 보호권 • 해고 전 사전 통지 • 정리해고수당	• 산재보험 • 실업급여(New-style contributory Jobseekers' Allowance) • 장애인 대상 실업급여(Contributory Employment and Support Allowance) • (사용자 부담) 상병 수당	

자료: 손동영 2021: 74

우버 노동자의 근로자성

우버 노동자 지위 문제는 우버 운전자들이 우버가 제공하는 스마트폰 앱을 통해 승객 운송 노무를 제공한다는 기술적 쟁점과 연관되어 있다. 이 앱을 통해 노동 행위가 이루어지고 노동 통제가 이루어진다는 사실에 기초하여 원고들은 자신들이 우버와 고용 관계에 있는 근로자임을 주장하기 때문이다. 원고 주장의 핵심은 다음과 같이 요약할 수 있다. "① 운전자들은 개인 면접을 보고, 안내 절차를 받으며, 앱을 제공받고 행동표준에 대한 조언이 주어진다. ② 이러한 조언을 준수하지 않으면 규정 위반에 해당한다는 경고를 받으며, 운전기사 등급과 고객 평가를 통해 운전기사는 플랫폼에서 제적당할 수 있다고 규정받는다. ③ 운전기사들은 자신의 차량을 제공하고, 면허 비용을 부담하고, 다른 기사로의 대체가 허용되지 않는다. ④ 승객 수송 전에는 승객에 대한 어떤 정보도 제공되지 않으며 교환되어서도 않게 되어 있다. 그러나 승객과의 분쟁의 책임은 운전기사에게 있다. ⑤ 운송 승락이 80%가 안 되거나 일정 시간 내 3번 연속 운송을 거부하면 앱으로부터 로그아웃 당할 수 있다. ⑥ 요금은 세계 위치 시스템에 기초하여 회사가 계산하고, 보수는 주 단위로 지급되며, 세금에 대한 책임은 운전자 자신에게 있다."(심재진, 2020: 122-123)

반면 우버는 운전기사와의 계약이 고용 관계가 아닌, 독립적인 계약자와의 계약임을 주장한다. 우버는 이 운전자들이 승객과 마찬가지로 동등한 IT 서비스의 '최종 소비자end user'로 취급한다. 그들은 '우버가 제공하는 소프트웨어 사용 허가를 내준 고객이며 우버는 그에 대한 대가로 수수료를 받을 뿐'이라는 주장이 우버 주장의 핵심이다. 우버는 자사의 플랫폼이 두 종류의 사용자, 즉 운전기사와 승객을 연결하며, 이는 빅데이터에 기반한 알고리즘의 활동임을 강조하면서 자신들이 IT 기업임을 강조한다.

그동안 영국 법원은 노무제공자 개인의 근로자성을 다음과 같은 기준, 즉 통제성control, 통합성integration, 경제적 현실성economic reality, 상호 의무성mutuality of obligation을 기반으로 판단하였다. 고용심판소는 이 기준들을 근거로 우버 운전자들이 노무 제공자임을 판결하였다.

첫째, 고용심판소는 우버가 운전기사와 어떠한 계약 관계도 없으며 자신들은 운수업자가 아닌 IT 산업자라는 주장을 받아들이지 않았다. 우버는 관련 법상 콜택시 면허사업자이며, 여러 가지 형태의 운송 상품을 팔고 있는 회사라는 점을 강조하였다(심재진, 2020: 123). 여기서 '통제권right to control'에 대한 인식이 중요한 함의를 갖는다. 영국의 관습법common law의 맥락에서 "사용자가 얼마나 많은 통제를 실제로 행사하는 지가 아니라 그렇게 할 수 있는 권한을 가지고 있는지를 기준으로"(이영주, 2021: 32) 통제권을 이해해야 한다는 점을 확인하였기 때문이다.[7]

둘째, 고용심판소는 운전자들의 수행업무는 우버 영업에 통합되었다고 보았다. 이는 2018년 미국 캘리포니아 법원의 우버 노동자의 근로자성 판단과 유사하다. 즉 우버 노동자의 근로자성은 근로자의 "모든 행위가 통제받고 있을 필요는 없으며, 해당 업무에 상당한 정도의 자유가 허용되고 있더라도 여전히 고용 관계가 존재"(이다혜, 2017, 424)한다는 인식이다.

셋째, 고용심판소는 운전기사가 로그인을 하지 않을 때에는 일을 하지도 않고, 로그인의 의무도 없으므로, '상호 의무성'이 없지만, 로그인을 통해 앱이 열린 경우에는 노무제공자 계약이 성립한다고 판단하였다(심재진, 2020: 123).

넷째, 고용심판소는 우버 운전기사들의 노동을 '측정되지 않은 노동unmeasured work'으로 규정하고 이 형태로 최저임금 미달 여부가 결정되어야 한다고 판결했다(심재진, 2020: 124).[8] 이러한 판단은 플랫폼 노동의 시간성에 대한 의미 있는 법적 해석이지만 보다 포괄적인 사회이론적 접근의 필요성을 또한 보여준다. 이 법적 판단에는 노동의 비물질성에 대한 체계적인 이해가 결여되어 있기 때문이다. 우버 운전기사들은 자신들이 '시간 노동time work'에 종사한다고 주장한 반면 고용심판소는 운전자들이 로그인을 한 순간부터 실제 노동이 이루어진 시간까지만 (로그아웃까지가 아닌) 노동으로 판단하였다.

이후 항소고용심판소도 고용심판소의 결론을 지지하였고, 대법원에서의 상고 기각으로 이 판결은 유지되었다. 이에 따르면 플랫폼 노동은 "준비시간-대기시간-휴게시간이 제거된 형태의 일거리들"일 뿐이다(김영선, 2017: 93). 이 판결은 플랫폼 노동자는 산업사회에서처럼 '시간 중심적time oriented 노동 패턴'에 기초해 '임금'을 지급받지 않고, '건수 중심적case oriented', 즉 '콜별, 케이스별, 프로젝트별'에 근거해 일거리를 수행한 대가로 '수수료'를 지급받는 노동자임을 확정한 것이다(김영선 2017: 93). 이 판결은 '일자리career' 시대는 끝나고 '일거리job'로 채워진 시대의 도래라는 진단을 법적으로 반영하는 것이기도 하다. 우버 노동자 지위에 대한 이러한 법적 논쟁은 고용노동법의 특성화된 영역을 넘어, 플랫폼 노동의 성격에 대한 보다 폭

넓은 사회이론적 논의의 필요성을 제기한다.

우버 플랫폼 노동의 쟁점

플랫폼 노동의 물질성과 비물질성

우버 운전자의 지위를 '노무제공자'라는 제3의 지위로 규정한 판결은 플랫폼 노동의 비물질성을 산업자본주의에 기반한 이론적 틀로서는 명확하게 파악하기 어려움을 보여준다. 우버 운전자의 '노동'은 승객을 '운송하는 운전'이자 동시에 우버 앱에 접속하고, GPS를 안내받고, 운전자의 신원 검토·승객 확인·요금·수수료·세금 등을 취급하는 행위가 플랫폼에서 이루어지는 '비물질 노동'을 포함한다. 우버 노동은 플랫폼 노동이 물질성과 비물질성의 교차성에서 이루어진다는 점을 증명해준다. 특히 후기 자본주의에서 노동의 비물질성 문제는 앙드레 고르스(André Gorz, 2010)와 같은 비판사회이론가들, 그리고 특히 이탈리아 자율주의 사회이론가들(Hardt and Negri, 2000; Lazzarato, 2005, 2017 and 2018; Virno, 2004 and 2008; Beradi, 2009)이 2000년대 이후 주목하고 논쟁해온 이론적 주제이다. 비물질 노동은 일반적으로는 지식, 정보, 커뮤니케이션 혹은 정서적 반응 등과 같은 비물질적 생산물들을 생산해내는 일이라고 할 수 있다(Lazzarato, 2005). 고르스는 노동의 비물질성에 기반한 지식정보사회의 도래를 선언하면서 이 후기-자본주의 사회에서는 부의 생산이 '자본-노동 관계'를 초과하게 된다는 점을 다음과 같이 강조한다.

"정보기술은 지식이자 지식 생산기술이요, 제조, 규제, 발명, 조정의 수단입니다. 그 안에서는 직접생산자와 생산수단을 만들어내는 사람들을 분리하던 사회적 분할이 사라집니다. 생산자는 더 이상 노동수단을 통해 자본에 지배받지 않습니다. 지식 생산과 물질적·비물질적 부의 생산은 혼용됩니다. 고정자본은 더 이상 분리되어 존재하지 않습니다. 생산의 주된 힘은 기계라는 자본도, 돈이라는 자본도 아닙니다. 그것은 사람들이 상상하고, 발명하고, 자신의 지식, 부의 생산과 인지능력을 함께 늘려갈 때 발휘하는 생생한 열정입니다. 이 사실을 구체적으로 실천하고 체험한 사람들 안에 고정자본은 포섭되고 내재화됩니다. 이럴 때 자기 생성이 곧 부의 생산이 되고, 부의 생산이 곧 자기 생성이 됩니다."(Gorz, 2015: 22-23)

이탈리아 자율주의 이론가들은 현재의 후기-자본주의의 특징을 인간의 인지능력, 즉 지식, 감정, 소통, 정보 등을 동력으로 하는 생산 체계로서의 '인지 자본주의'cognitive campitalism라 규정한다(Vercellone, 2007). 이 체제에서 잉여는 "노동의 착취에서 생산되지 않고 전유와 분배 사이에서, 즉 주체성들의 이질성과 조직화 방식들에 의해 생산된 부의 전유와 노동-고용에 의해 조직되고 통제되는 그것의 분배 사이에서 생산된다"고 주장한다(Lazzarato, 2017: 277). 이들의 시각에서 보면, 광범위한 탑승객 데이터를 통해 우버는 사용자들의 직장, 통근 방식, 주요 쇼핑 장소 등 소비자의 행동과 취향에 대한 정보로 가공하고, 이 정보를 활용하여 사용자와 현지 상점을 연결해주면서 이윤을 생산한다고 할 수 있다(Parker et al., 2016: 421). 비물질 노동은 상품의 '정보적' 내용과 '문화적' 내용을 생산하는 노동으로 좀 더 구체적으로 구별된다. '정보적 내용'을 생산하는 비물질 노동은 "사이버네틱스와 컴퓨터 통제(그리고 수평적 및 수직적 커뮤니케이션)를 포함하는 숙련 기술"인 반면, '문화적 내용'을 생산하는 비물질 노동은 "문화적·예술적 표준들, 유행들, 취미들, 소비 규범들, 그리고 더 전략적으로는 공공 여론 등을 정의하고 고정시키는 것에 수반되는 종류의 활동"들이라 정의된다(Lazzarato, 2005: 182). 여기서 컴퓨터의 도입과 작업 과정의 자동화로 시작된 지식정보사회로의 '거대한 변형'은 노동자들의 주체적 조건을 변형시켰다는 점이 특히 강조된다. 즉 새로운 커뮤니케이션 기술은 '지식'을 가진 노동 주체성을 요구하고, 이 지식은 대중화된다. 기존의 이분법, 즉 '구상과 실행 사이의, 노동과 창조 사이의, 작가와 청중 사의의 분리'는 이 지식정보의 노동 과정 속에서 지양되고 재형성된다는 주장이다(Lazzarato, 2005: 183).

이 맥락에서 고르스와 같은 비판사회이론의 노동론과 자율주의 이론가들의 포스트-휴머니즘적 노동론의 차이를 구별하는 것은 플랫폼 노동의 논의를 위해 중요하다. 고르스는 지식정보사회의 비물질성을 선도적으로 파악하며 고전적 마르크스주의의 노동중심성을 넘어서는 이론적 상상력을 촉발했다. 그러나 고르스는 지식정보사회에서 '임금노동과 고용이 폐지될 것'이라는 섣부른 결론을 도출한다는 점에서 중요한 이론적 결함을 갖는다. 물론 고르스의 '임금노동 종말론'은 기술 진보가 인간 노동력을 대체하여 '일의 종말The End of Work'을 가져올 것이라는 제러미 리프킨(Jeremy Rifkin, 1995) 류의 기계 자동화론에 근거한 과장된 미래학적 예측에 비해 구체적인 비판성을 담보하고 있다. 노동 또는 일의 종말이 아닌 '임금'노동의 종말을 특별히 강조한다는 점에 있어서 고르스의 정보사회론은 플랫폼 노동론에 여전히 중요한 이론적 함의를 갖고 있다. 플랫폼 노동으로서의 '우버 노동Uberwork'은 전통적인 임금노동자 고용의 종말을 상징하기 때문이다(Scholz, 2017: 13). 그러나 산업시대의 '임금노동자'들이 지식정보사회에서 '자영업자'로 전환될 것이라는 고르스의 진단에 동의하기는 어렵다. 노동의 플랫폼화는 문화 콘텐츠, 지식, 정동 서비스를 생산하는 '지식노동자' 또는 '인지노동자'를 확대재생산하고 있는 상황이 더욱 현실적인 상황으로 드러나고 있기 때문이다. '노무제공자'로서 우버 운전자는 자영업자와 임금근로자 사이의 제3의 영역이 플랫폼 사회에서 더욱 확장되고 있음을 증명하고 있다. 노동자의 '자기 기업화' 문제는 뒤에서 좀 더 구체적으로 논의할 필요성이 있다. 여기서 내가 좀 더 강조하고 싶은 점은 고르스의 지식정보사회론이 이해하는 노동의 비물질성으로는 노동이 플랫폼과 같은 '기계'에 어떻게 관계하는지를 체계적으로 분석하기 어렵다는 점이다. 지식정보사회론은 점점 더 증대하는 '삶의 기술적 형태technological forms of life'의 문제에 더욱 깊은 주의를 기울여야 한다는 말이다. 즉 정보사회에서 "자기-규제적 시스템"이 어떻게 "인간-기계 인터페이스man-machine interface를 통한 지능, 명령, 제어 및 커뮤니케이션의 기능을 통해 작동"하는지를 구체적으로 파악해야 한다는 점이다(Scott Lash, 2019). '기술적 형태'라는 생활세계 Lebenswelt를 기반으로 자본주의는 무엇보다 '기계화'machinisme로, 포스트-포디즘에 기반한 자본주의에서 새로운 주체성의 생산—그것이 '자기 기업가'이든 '근로자'이든—은 플랫폼이라는 '기계'의 개입 없이는 상상할 수 없게 되었기 때문이다.[9] 따라서 기계적 본성으로

서의 플랫폼에 대한 이해는 비물질 노동에 기반한 자본주의 이해의
필요조건이 되었다. 프랑코 '비포' 베라르디는 기계와 기계의 개입에
대해 다음과 같이 묘사한다(Beradi, 2013: 41).

"이제 기계는 우리 안에 있다. 우리는 더 이상 우리 바깥의 기계에 사
로잡히지 않는다. 그 대신 이제 '정보기계'는 사회의 신경 체계와 교차
하고, '생체기계'는 인체기관의 유전적 생성과 상호작용한다. 디지털
기술과 생명공학 기술은 강철로 된 외부의 기계를 생명정보 시대의 내
부화된 재조합 기계로 바꿔놓았다. 생명정보기계는 더 이상 우리의 몸
과 마음으로부터 분리되어 있지 않다. 기계가 더 이상 외부의 도구가
아니라 우리의 몸과 마음을 변형시키는 내부의 변형장치, 우리의 언
어·인지 능력을 증진시키는 증강장치가 됐기 때문이다."

이러한 포스트-휴머니즘의 주장은 루이스 멈포드(Mumphord,
1971)의 통찰과 같이 기계를 '사회적 형성물'로서 이해하고, 동시에
디지털 플랫폼을 '사회적 기계'로서 이해할 것을 요구하는 것이다.
이탈리아 자율주의들은 들뢰즈와 가따리의 사회적 기계론을 통해
논의를 더욱 확장시킨다. 들뢰즈와 가따리의 사회이론에서 기술적
기계란 '인간이 자연을 변화시키기 위한 도구'(Deleuze and Guattari,
1987: 406-11)라면, 사회적 기계란 '인간 주체들과 기술적 기계, 즉 사
람들과 도구들이 기능적으로 연결된 조립품assemblage'(Deleuze &
Guattari, 1987: 188)이라 할 수 있다. 이 기계론적 시각에서 보면, 인
간이란 '욕망하는 기계'로서 생물학적·사회적·기술적 부품들의 조
립들을 통해 새로운 배치물로 끊임없이 생산되고 재생산되는 과정

으로서의 존재라 할 수 있다. 이 시각에서 볼 때, 우버(그리고 구글, 페이스북, 아마존 등) 같은 초국가적 기업은 플랫폼을 매개로 주체를 생산하고 통치하는 사회적 기계라 할 수 있다. 이를 하르트와 네그리는 '제국'이라 부르는 것이다(Hardt and Negri, 2000).

사회적 기계로서의 플랫폼

우버는 플랫폼 회사, 구체적으로는 린 플랫폼lean platform 유형의 회사이다. 린 플랫폼은 '자산 소유와 비용을 최대한 축소하여 최대의 수익을 내려는 시도'라 할 수 있다(Srnicek, 2020: 56). 즉 우버는 자동차를 소유하고 있지 않으면서 운송업을 하는 회사이다. 플랫폼을 '복수 집단이 교류하는 디지털 인프라 구조'라 정의하면, 플랫폼은 단지 소비자와 생산자를 연결해주는 역할에 국한되지 않고, '소비자, 광고주, 서비스 제공자, 생산자, 공급자', 심지어 기계로서의 '물리적 객체' 등 다양한 이용자와 기술 환경을 연결하는 하나의 '기계'라 할 수 있다. 사회적 기계로서 플랫폼은 네트워크의 인프라를 설계하는 데 그 핵심적 기능이 있다.

플랫폼 회사는 "다양한 이용자 집단을 매개하는 인프라 조건을 제공하고 네트워크 효과가 유발하는 독점화 경향을 향유"하고, "교차보조 전략에 의존"하여 "상호작용의 가능성을 통제하는 핵심 아키텍처를 설계"한다는 점에서 다른 기술기업과 차별성이 있다(Srnicek, 2020: 54). 플랫폼은 소프트웨어와 하드웨어의 상호성에서 작동한다. 즉 플랫폼은 특정 소프트웨어의 소유권(구글은 20억 줄의 코드, 페이스북은 2,000만 줄의 코드를 사용), 동시에 오픈소스 자료 지배권(구글 하드의 데이터 관리 시스템)에 기초한 하드웨어(서버, 데이터

센터, 스마트폰 등)에 기반하여 작동한다(Srnicek, 2020: 54).

데이터 분석을 위한 소프트웨어라는 자산을 갖고 있으면서, 고정 자본으로서의 운전자와 자동차들은 외주로 돌린다는 점에서 우버는 전형적인 린 플랫폼의 특징을 보여준다. 데이터 추출 장치만 내부에서 유지하면서 플랫폼을 통제하여 독점 지대를 얻는 회사라 할 수 있다. 우버의 독점적 지대 창출은 플랫폼 기능의 네트워크 효과와 밀접한 관련이 있다. 네트워크 효과란 "여러 플랫폼 사용자들이 각 사용자를 위해 창출한 가치에 미치는 영향력"이라 할 수 있다 (Parker, Alstyne and Choudary, 2016: 56). 네트워크 효과는 긍정과 부정, 두 가지로 나뉜다. "긍정적인 네트워크 효과란 잘 관리되고 있는 대형 플랫폼 커뮤니티가 각 플랫폼 사용자를 위해 상당한 가치를 생산해내는 능력"인 반면, "부정적인 네트워크 효과란 형편없이 관리되는 플랫폼 커뮤니티가 각 플랫폼 사용자를 위해 창출하는 가치를 떨어뜨릴 가능성"을 의미한다(Parker Alstyne and Choudary, 2016: 56). 긍정적인 네트워크 효과가 우버의 성장을 2014년 중반 무렵부터 추동하였다고 분석된다. 즉 2009년 우버의 CEO 트래비스 칼라닉Travis Kalanick이 초기 투자금을 유치했을 때, 우버의 본거지인 샌프란시스코의 택시, 리무진 서비스 시장 규모는 1억 2,000만 달러였던 반면, 5년 후인 2014년 이 규모는 세 배로 성장하였고 여전히 성장하고 있다는 평가이다(Parker, Alsyne and Choudary, 2016: 56).

하지만 우버는 '네크워크'만을 기반으로 작동하는 인터넷 기업이 아니라는 점이 다시 한번 강조되어야 한다. 구글이나 페이스북, 트위터 등은 회사의 제품이 디지털의 형태로만 존재하는 IT 회사인 반면, 우버는 온라인과 오프라인의 결합으로 탄생한 IT 기반 '운송' 회사이다. 즉 우버는 자동차를 '소유'하지 않은 린 플랫폼 회사이지만 '자동차'라는 물리적 대상과 공존하고 작동해야만 하는 기업이다. 우버의 CEO 칼라닉은 '소프트웨어와 물질적 세계가 결합'하는 우버의 상황을 '비트와 원자bits and atoms'의 결합이라고 적절히 불렀다(Lashinsky, 2018: 45). 우버는 디지털 '비트'만으로는 작동하지 않고 물리적 '원자'를 통해 기능하는 기업임을 드러낸 내부자 진술이라고 할 수 있다. 우버는 디지털 플랫폼만을 생산하고 운영하는 '인터넷 기업'이 될 수 없다. '디지털 노하우와 물적 세계의 통합'을 추구할 수밖에 없는 플랫폼 기반 운송기업이다(Lashinsky, 2018: 197). 우버는 자동차와 같은 물리적 자산 보유를 최소화하는 운영 전략을 추구하지만, 자신들이 보유한 운송 네트워크 자체에서 (구글과 페이스북과 처럼) 이윤이 발생하지는 않는다. 이 네트워크를 통해 이윤 창출을 하기 위해 우버는 물류 네트워크를 기반으로 한 신사업을 개척할 수밖에 없었다.

플랫폼 기업은 '정보'를 생산수단으로 소유하고 이용한다. 우버 또한 정보를 생산수단으로 이용하여 사람만을 대상으로 한 운송 서비스가 아닌 (아마존과 같이) 모든 것을 운송하는 모델을 시도하고 있다. 우버에브리씽Ubereverything과 같은 자회사는 바로 우버의 플랫폼이 운송업의 도구로 활용됨을 보여준다. 이제 우버는 편의점 물품들을 배송하는 우버에센셜즈Uberessentials, 기업 대상 배달 서비스인 우버러시UberRush, 그리고 음식배달 서비스인 우버프레시UberFRESH와 우버이츠UberEATS를 설립하고 더욱 광범한 운송 서비스를 시행하고 있다(Lashinsky, 2018: 229; Galloway, 2018: 326). 이러한 시도들은 우버가 그동안 축적된 광범위한 승객 데이터를 이윤 창출을 위한 정보로 재가공하는 디지털 플랫폼 기업을 지향하나, 여전히 승객 이송과 물류 배송을 통해서만 지속성이 담보되는 운송기업의 형태라는 점을 반증한다.

플랫폼 기업으로서의 우버는 우버 운전자의 노동이 물질성과 비물질성의 이중성, 인터넷 기업과 운송기업의 이중성으로 구성되었음을 보여준다. 이 이중성의 동학은 노동 주체의 플랫폼화가 '사회적 복종'뿐만 아니라 '기계적 예속'이라는 또 하나의 이중성에서 작동함을 보여준다. 랏자라또는 사회적 복종과 기계적 예속의 이중성으로 주체화와 탈주체화를 재구성하는데, 이 접근은 플랫폼과 노동 주체의 상호작용을 더욱 체계적으로 분석할 수 있게 도와준다. 랏자라또에 따르면, '사회적 복종social subjection'은 "개체화된 주체를 생산하고 그들의 의식-재현[표상] 행위를 형성"하는 반면, 탈주체화로서의 '기계적 예속machinic enslavement'은 "개체화된 주체, [그의] 의식, 재현[표상]을 해체하며, 전개체적이고 초개체적인 층위에 영향"을 미치는 과정이다(Lazzarato, 2018, 16). '사회적 복종'과 '기계적 예속'의 장치들이 교차하는 지점에서 바로 '주체성 생산'이 일어난다. 플랫폼 자본주의는 '인간과 비인간', '인간과 기계', '조직과 기술' 등의 상호작용 과정에서 주체성을 생산하는 '거대기계megamachine' (Mumphord, 1971)라 할 수 있다. '노무제공자'로서 우버 운전자는 자신들의 '법적 주체성'을 규정하는 사회적 복종 또는 종속화와, 플랫폼의 부속품처럼 기능하는 기계적 예속화의 이중성을 보여준다고 할 수 있다. 우버 플랫폼이라는 기계는 우버 운전자라는 인간이 '노무제공자'라는 주체로서 이 기계에 행위하며 관계를 맺는 외적 대상인 동시에, 우버 운전자-우버 회사(이 기계는 또한 수없이 많은 하위 주체와 기계들로 구성되어 있다), 우버 운전자-승객, 승객-우버 회사 사이에 존재하는 하나의 '매개체'이기도 하다. 이 과정에 참여하는 인간은 '생체-정보 기계'(Beradi, 2013)로 생산되고, 해체되고, 재생산되고, 확대된다.

기업가로서의 플랫폼 노동자

우버는 무엇보다 운전자를 자영업자로 끊임없이 규정한다. 우버의 운전자들이 '자유로운 자영업자'이자 '글로벌 IT 기업의 파트너'라는 마케팅 전략을 우버는 적극적으로 시행한다. 이 마케팅은 IT 기업으로 자신들을 규정하려는 전략에 필수적이기도 하다. IT 환경에 익숙한 밀레니엄 세대들에게 우버의 운전은 "열정적으로, 그리고 업무 유연성을 만끽하며 일하는 기업가 정신의 발현"이라는 점을 적극적으로 홍보한다(Rosenblat, 2019: 141). 이 '자유로운 자영업자'라는 이미지가 완전히 새로운 것은 아니다. 앞에서 언급했듯이, 전통적인 산업자본주의의 노동자를 대체하는 새로운 정보-지식 산업의 주체로서의 '자기 기업가'는 포스트-포디즘 사회의 주체로서 주목받아 왔다. 고르스는 '기업의 직원은 기업가the enterprise's employee as entrepreneur'라는 현상이 지식정보사회 등장의 핵심으로 파악한다. 그는 '일반화된 기업가 정신self-entrepreneurship'이 노동의 미래가 되리라 예측하며 다음과 같이 주장한다. "사람들은 그들 스스로 기업이 되어야 한다. 그들은 노동력으로서 스스로 계속해서 재생산되고, 현대화되고, 확장되며 가치를 매기도록 요구하는 고정자본이 되어야 한다"(Gorz, 2010: 19-20). 이는 광범위한 사회의 디지털화와 그 맥을 같이한다.

"이는 산업의 디지털화가 '일'을 지속적인 정보 흐름의 관리로 탈바꿈하는 경향이 있기 때문이다. 운영자는 이러한 흐름의 관리에 끊임없이 '자신을 바치거나', '헌신'해야 한다. 그는 이 역할을 수행하기 위해 주체로서 자신을 스스로 생산해야 한다. 운영자 간의 소통과 협력은 작업의 본질 중에서도 핵심적인 부분이다."(Gorz, 2010: 7)

우버는 운전자들을 '자기 기업가'라는 '인적 자본'으로 지속적으로 조직화한다. 즉 끊임없이 자신의 '자유'와 '자율성'에 입각하여 자기 자신의 관계를 조정해야 하는 개인으로 호출한다. 타자가 아닌 자신과 끊임없이 경쟁하고 협상하는 자아의 형성은 포스트-포디즘의 특수한 '사회적 복종'의 양식이라 할 수 있다. 우버의 마케팅은 노동조건에 대한 협상 과정이 자신의 책임 하에 주체 자신이 자율적으로 내린 결정이라는 점을 지속적으로 강조한다.[10] 반면 '기계적 예속화'는 파편적, 표준적, 하위 개체적 주체의 활용을 통해 작동한다. 우버 운전자들이 사실상 '기업가적 자본주의 정신을 가진 자영업자'이건, 노무제공자이건, 고용노동자이건, 그 주체성을 또한 해체하는 작동이다. 즉 '분할 가능한 것'('가분체' 또는 '분인'이라 번역되는 dividual/le dividuel)으로 탈주체화시키면서 기계적 종속화는 작동한다.[11]

노동 과정의 측면에서 우버 플랫폼으로의 기계적 예속화는 '사회의 탈숙련화social deskilling'(Andrejevic, 2020)를 또한 촉진한다는 점이 강조되어야 한다. 즉 우버 운전자의 노동 과정은 자동화된 기술 코드와 지능 기계장치에 점점 의존하며 상징과 정동의 조작 및 사용 쪽으로 변해간다고 할 수 있다. 이러한 '사회의 탈숙련' 상태는 "일상의 여러 판단, 기억, 학습, 결정을 점점 더 데이터 자동화 알고리즘 기술에 광범위하게 의존하고 위임"하는 방향으로 나아가며, 기술적 예속화를 더욱 촉진한다(이광석, 2021: 45).

이 '기업가'로서의 '주체화subjectivation'는 '자본에 의한 자기 생산의 완전한 포섭the total subsumption'을 증명한다(Lazzaratto and Negri, 205: 295). 기존의 '자본-노동'의 관계는 '자본-삶'의 관계로 재배치된다. 노동과 삶(여가, 자기계발, 문화적 활동 등)의 구별은 사라진다. 사실상 이제 삶 자체가 노동이 된다. 이전의 테일러주의적 산업사회에서 노동자 집단은 '일상의 문화에 의해 발달된 실용적인 지식, 기술, 습관을 박탈당하고 철저한 노동 분업을 통해 작동'하였다. 반면 "포스트-포디즘의 노동자들은 게임, 팀 스포츠, 캠페인, 논쟁, 뮤지컬 및 연극 활동과 같은 모든 문화적 수하물을 가지고 생산과정에 들어가야 한다. 즉흥과 협력을 위한 노동자들의 활기와 능력은 이 '일' 밖의 활동들에서 개발되었기 때문이다. 포스트-포디즘적 기업이 작동하고 착취하는 것은 그들 일상의 지식이다."(Gorz, 2010: 10) 즉 "생산시간과 향유jouissance시간을 분리하는 것이 거의 불가능한 총체적 생활시간un tempes de vie global"으로 작동하기 때문에, 노동이 아닌 '삶' 자체가 자본에 포섭된다는 주장이다(Lazzaratto and Negri, 205: 295).

스스로가 스스로를 고용하고 지속적으로 자기 생산을 하는 포스트-포디즘에서 자본에 의한 삶 전체의 포섭은 점점 더 심화되고 있다. 우버 운전자의 비물질 노동은 우버 운전자의 노동시간이 재생산시간이나 생활시간과 구별되기가 점점 더 어려워짐을 보여준다. 우버 운전자의 (비)물질 노동은 하나의 '인터페이스'로서 "생산과 소비 사이의 새로운 관계의 기로"에 있다고 할 수 있다(Lazzarato, 2005: 189). 놀이와 노동의 융합으로서 '놀동playbor'의 형태는 '삶' 자체를 무한정한 노동의 작동으로 만든다는 의미이기도 하다(Scholz, 2017: 62). 그러나 우버는 사실 운전자들을 마케팅 측면에서는 '기업가'로 내세우지만, 현실 계약 관계에서는 고정자본으로서의 '소비자'로 취급한다. 이 이중성을 고르스의 '자기 기업가'론으로는 충분히 파악하기 어렵다. 우버는 사실상 운전자들을 '기업가'라기보다는 적극적인 '소비자'로 규정하면서 생산자로서의 노동자성을 탈색시킨다. 우버가 운전자를 소비자로, 무엇보다 자사 소프트웨어의 '최종 사용자'로 취급함으로써 우버는 자사의 기술을 두 종류의 최종 사용자—운전자와 승객—을 연결하는 중립적인 수단이라 지속적으로 강변한다(Rosenblat, 2019: 249-50). 이 주장을 통해 운전자와의 고용 관계를 느슨하게 만들어, 알고리즘 관리 방식과 권력을 감추는 효과를 갖는다(Rosenblat, 2019: 138). 우버는 자사의 운송 데이터에 기반하여 운전자와 승객들과 비교하여 정보 비대칭의 이점을 누리는 회사이기도 하다(Parker et al, 2016, 419). 이 지점에서 고르스의 '정치경제학적 임금노동의 폐지'론은 우버 운전자가 임금노동자와 자영업자 사이의 제3의 지위인 '노무제공자'로 규정되는 현실을 분석하기 어려워진다.

비판적 플랫폼 사회이론을 위하여

2021년 12월 9일 유럽연합 집행위원회는 '플랫폼 노동에서의 노동조건 개선을 위한 입법지침'을 발표하였다.[12] 이 지침의 핵심은 플랫폼 기업의 '사용자성' 판단 기준을 제시하여 플랫폼 노동자의 '노동자성'을 판단하도록 한다는 데 있다. 다음 다섯 가지 기준 가운데 두 가지 이상을 충족한다면 '사용자'에 해당한다. 즉 플랫폼 기업이 '사용자'가 되면 플랫폼 노동자는 '자영업자'가 아닌 '노동자'로 재분류된다. "플랫폼 노동자의 보수의 수준 또는 상한선을 설정; 전자적 수단으로 플랫폼 노동자의 업무수행 감독; 플랫폼 노동자의 근무-휴직 기간 선택의 자유, 업무를 수락하거나 거절할 자유, 업무를 제3자에게 위탁할 자유 제한; 플랫폼 노동자의 외관(유니폼 착용 등)과 서비스 제공에 대한 구체적인 규칙 설정; 플랫폼 노동자의 (독자적) 고객 확보나 제3자(경쟁 업체)를 위해 일할 수 있는 가능성 제한"(박태우, 2021: EU 2021: 34). 이 제안의 혁신성은 '고용 상태가 아니다'라는 주장의 입증 책임이 플랫폼 기업에 있다는 데 있다. 즉 우버 사건의 경우와 같이 우버 운전자들이 스스로 고용 상태임을 증명하는 부담을 지지 않고, 우버 기업이 위의 다섯 가지 기준을 근거로 고용 상태가 아님을 증명하는 책임을 지게 되었다.

또한 이 입법지침은 알고리즘이 결정하는 플랫폼 노동자의 업무 배분, 보수와 인센티브 지급 등의 정보를 노동자에게 제공하라는 결정을 포함하고 있다. 그동안 자동화된 의사결정의 수단으로 사용되었지만 영업비밀로 분류되던 알고리즘의 투명성을 높이는 조치이기도 하다. 이 지침이 유럽의회와 이사회를 통과하면 회원국들은 2년 안에 이 지체에 맞게 국내 법률을 개정해야 한다. 그러나 유럽연합을 탈퇴한 영국의 경우 이 지침의 적용을 받지 않을 뿐만 아니라 이미 내려진 우버의 판결은 이 지침이 여전히 노무제공자와 임금근로자의 차별성을 충분히 고려하지 않고 있음을 보여준다. 우버 운전자의 경우 여전히 노무자의 지위를 유지하게 된다. 즉 포괄적인 노동법적 보호와 사회복지제도가 결여되고 오직 법적 생활임금, 연차유급휴가, 고용차별 금지 등과 기업연금과 같은 사회복지제도만이 최소한으로만 보장되는 플랫폼 '노무제공자'는 확대재생산되리라 예상할 수 있다.

점차 확대되어가는 플랫폼 자본주의 체제에서 보다 체계적인 비판적 플랫폼 사회이론의 구성을 위해서는 위에서 논의한 우버 노동자의 비물질성 논쟁의 성과를 다음의 쟁점들과 결합하여 발전시킬 필요가 있다. 첫째, 데이터 통제를 통해 작동하는 데이터 통치성data-governmentality을 어떻게 구체적으로 분석할 수 있는가이다. 자동화 모니터링과, 24시간 감시 체계를 통한 데이터 추출, 그리고 개인과 집단에 대한 차별적인 프로파일링을 통한 데이터 수집이 어떻게 '데이터 식민화'(data collonialism, Couldry & Meijas, 2019)를 촉진하는지를 분석할 수 있어야 한다.

둘째, 플랫폼 노동자는 현대의 다중multitude이 개인적인 시민이나 집합적인 대중이 아닌, 개인과 집합 사이, 어떤 중간 영역에 위치하는 사회적 개인들social individuals의 연결체임을 보여준다. 산업자본주의에 근거한 노동자 주체성을 넘어, '네트워크된 다중'(networked multitude, Terranova, 2004; Virno, 2004)은 어떤 주체성으로 형성되는지 구체적인 사회문화적 맥락에서 파악해야 한다. 셋째, 우버 노동자와 같은 플랫폼 노동자들에게 노동과 삶의 구별이, 사적 공간과 공적 공간의 구별이 더 이상 타당하지 않다면, 이에 기반했던 노동의 정치학, 문화의 정치학, 정체성의 정치학을 넘어서는 플랫폼 노동의 정치학은 어떤 공동체의 가치와 연대의 형태에 기반하는지를 제시해야 한다. 이를 위해 플랫폼 자본주의의 대안으로 시도되는 플랫폼 협동조합(platform-cooporatives, Borkin, 2019; Sholz, 2016) 등과 같은 실험에 대한 논의가 요청된다.

5

플랫폼 노동을 어떻게 바라볼 것인가?

정인관

숭실대학교 정보사회학과 교수. 서울대학교 사회학과에서 학사와 석사를, 예일대학교에서 사회학 박사학위를 받았다. 디지털 불평등, 사회이동, 교육사회학, 양적연구방법론 등에 관심을 갖고 연구하고 있다.

네이버 설문조사 결과는 지난 1년간 플랫폼 노동 경험이 있는 사람 중 58.8%가 남성으로 여성의 비율보다 압도적으로 높았다. 그러나 앞으로 5년 안에 플랫폼 노동을 통해 수익을 창출할 필요가 생길 것이라는 전망에 대해 그럴 가능성이 있다고 응답한 사람은 43.1%로 지난 1년간 플랫폼 노동에 종사해본 사람의 비율(12.7%)에 비해 훨씬 높게 나타났으며 이들 중 여성의 비율 역시 47.5%로 종사경험자의 여성 비율(41.2%)보다 높았다. 이는 플랫폼상에서 남성과 여성의 임금 불평등 문제에 대해서도 보다 진지한 논의가 필요함을 보여준다.

노동하는 인간, 호모 라보란스

인간은 노동하는 존재Homo laborans이다. 아렌트Hannah Arendt에 따르면, '노동labor'이란 인간이 신체적인 생존을 위해 필요한 것을 얻기 위해 수행하는 활동으로 근대 이전에 노동은 노예의 일로 여겨졌다. 반면 스스로 노동을 할 필요가 없었던 상위계급은 사회적이고 정치적인 '행위action'를 통해 사회를 이끌어나갔다. 노동의 (비)수행을 둘러싼 이러한 역할 분담은 고대 그리스의 도시국가(폴리스)에서 직접민주정치가 작동할 수 있었던 원리를 보여준다. 이렇듯 전근대사회에서 노동의 가치는 인간을 인간답게 만드는 활동적인 삶의 행위들(비타 악티바vita activa) 중 상대적으로 낮은 위치에 자리하고 있던 것으로 보인다. 이와는 달리 오늘날 사람들은 자신이 하는 일(특히 직업)을 통해 자신의 존재를 규정하고 있으며, 인간의 일들 중

노동 이외의 활동은 취미나 여가라는 범주로 구분되곤 한다(아렌트, 2019).

노동 이외의 활동이 노동과의 대조를 통해서만 규정된다는 것은 인간 생활에 있어 노동이 지닌 중요성을 보여주는 것이라 할 수 있다. 이러한 관점의 전환은 산업화라고 하는 근대의 역동적 변화와 맞물려 있다. 마르크스Karl Marx나 케인스John Keynes를 비롯한 근대의 사상가들은 생산력의 향상을—그 궁극적인 목표의 차이에도 불구하고— 사회경제적 진보의 동력으로 보았으며 이러한 시각에서 노동의 중요성은 더욱 부각될 수밖에 없었다. 실제로 인간의 삶에서 노동이 지니는 의미와 가치가 어떠해야 하는지에 대한 당위적인 입장은 사람들마다 차이를 보일 수 있으나 오늘날의 현실 속에서 노동이 차지하는 위상에 대해서는 비교적 쉽게 합의를 이룰 수 있을 것으로 보인다(김선욱, 2006). 조금 일반화하자면 전근대사회에서 근대사회로의 이행은 그 지향점이 '노동으로부터의 자유'에서 '노동을 통한 자유'로 전환된 것이라는 시각을 통해서도 설명할 수 있을 것이다.

개인 수준에서 노동은 생존의 수단이며 자기실현의 통로로 여겨진다. 시장에서의 노동에 대한 보상을 통해 인간은 자신에게 필요한 재화나 서비스를 구매할 수 있다. 이에 더해 사람들은 물질적인 생존을 넘어 노동을 통해 사회적 성취를 이루며 심리적 만족감을 얻고 싶어 한다. 이것은 노동을 통해 '보다 나은 나better me'로 성장하고 싶은 욕구라고 할 수 있다. 서점 베스트셀러의 수위를 다투는 수많은 자기계발서들은 일상생활의 작은 습관들을 고쳐나가는 과정을 통해 더 나은 자신을 만들 것을 독려한다. 이러한 일상생활은 언뜻 노동 바깥의 삶의 영역으로 비춰지나 이런 변화가 사회적 인정과 자기실현으로 연결되는 공간은 대부분 노동이 이뤄지는 일터라고 할 수 있다. 노동은 개인에 의해 수행되는 사회적 활동이다. 공동체 수준에서 노동은 사회 성원들 사이에 연대의 기반이 되며 이는 사회적 안정의 필수적인 조건으로 여겨진다(뒤르켐, 2012).

성원들 사이의 동질성에 기반한 전통사회가 무너지고 이질적인 존재들로 구성된 근대사회에서 사람들을 하나로 묶어주는 것은 분업을 통한 타인에 대한 의존이라고 할 수 있다. 뒤르켐Emile Durkheim은 이것을 기계적 연대Mechanical solidarity에서 유기적 연대Organic solidarity로의 변화로 개념화한다. 유기적 연대는 사회 구성원 각자가 맡은 서로 다른 일을 수행하는 과정을 통해 사회적 분업의 다른 축에 존재하는 타인과 상호성을 획득하는 모습을 포착해낸다. 이러한 맥락에서 취업률(혹은 실업률)은 한 사회의 안정성을 측정하는 데 있어 중요한 지표가 된다. 충분한 노동과 그에 대한 보상이 주어지지 않는다면 이것은 '비정상적 분업'을 낳고 이는 연대에 기반한 사회적 안정의 가능성을 약화시킨다. 과거에 비해 이질화된 사회에서 개인과 사회 공동체의 직접적인 연결은 약할 수밖에 없으며, 급격한 변화와 불안정 속에서 개인들은 무규범 상태(아노미)를 경험할 수도 있다. 이러한 과정에서 직업집단은 중간적 매개체로 개인과 공동체에 새로운 질서를 제공할 수 있는 도덕적 존재로 기능할 수 있다(뒤르켐, 1998). 이는 현대사회에서 노동이 개인과 직업 공동체, 그리고 사회를 연결하는 중요한 접합점이며 보다 나은 노동조건이 더 나은 인간적 삶을 위한 필요조건임을 암시한다.

디지털화와 플랫폼 노동의 등장

4차 산업혁명과 디지털 전환, 그리고 노동의 미래

"원자(아날로그)에서 비트(디지털)"로의 전환에 기반한 디지털화digitalization가 인간 삶의 전반을 변화시킬 것이라는 네그로폰테 Nicholas Negroponte의 전망은 30여 년이 지난 이제 그 표현마저도 진부하게 느껴질 만큼 우리의 일상이 되어가고 있다(네그로폰테, 1999). 디지털의 확장은 상품의 생산과 공급, 그리고 구매의 영역을 포괄한다. 일상적인 삶 속에서 온라인을 통해 이뤄지는 소비와 소통은 경제성장과 인간관계의 변화를 설명하는 지표이자 추동하는 힘이기도 하다. 이러한 현상은 스마트폰 이용의 확산 경향에 잘 드러나 있다. 한국의 스마트폰 사용인구 비율은 2012년 1월에는 53.4%였으나 2021년 6월에는 93.4%로 급성장했다. 이러한 변화는 특히 고령자층의 스마트폰 사용 증가에 힘입은 바 큰데 2012년 1월 60대 이상에서 스마트폰 사용자의 비율이 13%에 불과했던 것에 비해 2021년 6월 해당 연령자들의 스마트폰 사용 비율은 90%에 이르는 것으로 나타났다.[1] 또한 2010년대를 거치며 디지털 기술에의 접근 및 사용과 관련된 평균적인 능력은 증가했고 사람들 사이의 격차는 감소한 것으로 나타난다(정인관, 2021). 이러한 흐름은 일상 영역에서의 디지털 전환Digital transformation과 맞물려 있다.[2]

2010년대 중반 이후 한국에서 디지털 전환에 대한 논의는 '4차 산업혁명' 담론을 중심으로 진행되고 있다. 세계경제포럼(다보스 포럼) 회장인 슈밥Klaus Schwab에 의해 주창된 '4차 산업혁명' 개념은 정보통신기술ICT: Information and Communication Technologies의 발전과 인공지능, 로봇공학, 사물인터넷, 양자 컴퓨팅, 바이오 기술 등 다양한 기술의 혁신과 융합을 핵심으로 한다(슈밥, 2016). 이러한 전환은 삶의 전반에 복합적인 영향을 줄 것으로 예상되는데 특히 노동의 미래와 관련해서 인공지능Artificial Intelligence과 로봇공학Robotics, 그리고 기계학습Machine learning의 파급력에 대한 관심이 높다. 관련 논의의 핵심은 기술 발전이 일자리의 양과 질을 어떻게 변화시킬지에 대한 것이다. 전자와 관련해서는 첨단기술의 발전에 따른 로봇의 발전과 자동화Automation의 확대가 노동수요의 감소로 이어질 것이라는 관점과 직무의 변화가 직업의 파괴로 이어지지 않기 때문에 이와 같은 우려는 과장된 것이라는 상대적으로 낙관적인 관점이 맞서고 있다(리프킨, 2005; 허재준, 2017; 이문호, 2020). 리프킨Jeremy Rifkin은 이미 1990년대에 '노동의 종말'을 이야기했고, 터섹의 경우 증발vaporization이 모바일 경제의 핵심 개념이며, 일자리도 소유도 사라질 것임을 강조하고 있다(터섹, 2019). 이와는 달리 낙관론의 경우 하나의 직업을 구성하는 다양한 직무 중 일부는 기술의 발전으로 대체될 수 있으나 특정 직업이 완전 자동화될 수 있는 경우는 극히 드물다는 점을 강조하며 '기술적 실업'의 가능성을 낮게 본다. 또한 기술발전과 맞물려 새로운 직업이 나타나며 노동시간의 점진적 감소 역시 대량실업에 대한 안전판으로 작동할 수 있음에 주목한다(허재준, 2017). 다만 한국의 경우 새롭게 나타나는 직업의 경우 주로 과학 및 정보통신 분야의 고숙련 직종에 집중되는 반면 단순노무나 매장판매 등 낮은 수준의 숙련을 요구하는 직종들은 사라질 것이라는 전망도 제기되고 있다(이문호, 2020).

디지털 전환이 가져올 노동의 양적 변화와 관련된 논의가 다수의 경우 아직 예측 수준에 머물러 있는 데 비해 질적 변화와 관련된 논의는 상대적으로 현재진행형의 모습을 띠고 있다. 노동의 질적 변화에 대한 문제 제기는 양적인 측정이 잡아내기 어려운, 동일한 직업(군)의 지위 변화를 이해하는 데 있어 도움을 준다. 특히 기술 발전이 특정한 노동에 대한 사회적 보상의 하락, 즉 해당 노동을 수행하는 사람들의 삶의 안정성 약화와 탈숙련으로 이어지고 이것이 사회 전반의 불평등 증대를 가져올 때 이는 중요한 사회문제로 다뤄질 필요가 있다. 이와 관련하여 최근 플랫폼 노동을 둘러싼 논의가 활발하게 진행되고 있다.

플랫폼 노동의 개념

디지털 플랫폼digital platform은 "복수의 집단이 교류하는 디지털 인프라 구조"로 "소비자, 광고주, 서비스 제공자, 생산자, 공급자, 심지어 물리적 객체까지 서로 다른 이용자를 만나게 하는 매개자 위치"를 차지하고 있다(서르닉, 2020). 4차 산업혁명을 촉진하며 또한 그것이 가져오는 중요한 변화를 포착하는 가치들 중 '연결'과 '공유'는 오늘날 새로운 환경에서 노동의 변화를 이해하는 데 있어 특히 중요하다. 디지털 플랫폼은 기술 발전에 따라 강화되는 사람들 사이의 온라인 연결을 재화와 서비스를 제공하는 통로로 활용한다는 점에서 이러한 가치를 발현하는 통로로 기능하고 있는 것이다(슈밥, 2016). 플랫폼 노동이란 플랫폼 기업이 중개 또는 활용하는 노동(남재욱 외, 2020), 디지털 네트워크에 의해 중개되는 노동(Pesole et al., 2018), 개인이나 조직이 대가를 지불받고 문제를 해결하거나 서비스를 제공하기 위해 다른 개인이나 조직에 접근할 수 있도록 온라인 플랫폼을 이용하는 고용 형태(Eurofound, 2018) 등으로 정의되는데, 플랫폼은 노동을 제공하고자 하는 사람과 공급받고자 하는 사람을 알고리즘을 통해 연결한다. 일자리위원회의 경우 플랫폼 노동을 ① 디지털 플랫폼을 통해 거래되는 서비스(용역) 또는 가상재화를 생산하고, ② 디지털 플랫폼을 통해 일자리를 구하며, ③ 디지털 플랫폼이 보수를 중개하고, ④ 일거리가 특정인이 아닌 다수에게 열려 있는 경우로 한정하고 있다(일자리기획단, 2019). 이러한 관점에서 물건이나 공간 등 재화의 제공은 플랫폼 경제의 일부이긴 하지만 플랫폼 노동으로 보기는 어려우며, 이 글에서도 플랫폼 노동을 디지털 플랫폼을 통해 제공되는 서비스로 제한하여 서술할 것이다.[3] 플랫폼 노동에 대한 정의의 미세한 차이에도 불구하고 이러한 노동은 고객의 필요에 따라 제공되며On-demand 고용에 대한 보상은 건별로 이뤄진다는 특성을 지닌다.

플랫폼 노동의 분류와 현황

플랫폼 노동을 분류하는 가장 일반적인 기준 중 하나는 그것을 지역 기반과 웹 기반으로 나누는 것이다. 전자의 경우 노동제공자가 온라인 플랫폼을 통해 얻은 일을 오프라인상에서 수행하나 후자의 경우 업무 역시 온라인으로 이뤄진다는 점에서 차이가 있다. 슈미트Florian Schmidt는 지역 기반·웹 기반 분류를 한 축으로, 해당 업무에 대한 서비스 제공자의 특정 여부를 다른 한 축으로 삼아 플랫폼 노동을 총 여섯 개의 범주로 나누고 있다(남재욱 외, 2020). 장지연 등의 분류는 웹 기반·지역 기반을 한 축으로 제공되는 서비스의 성격을 다른 한 축으로 놓아 교차하는 여섯 개의 범주로 플랫폼 노동을 구분하고 있다(일자리기획단, 2019). 여기에서 서비스의 성격이란 과업을 수행하는 시간 및 분업의 수준을 반영하는데 마이크로 태스크의 경우 "하루에 여러 건을 수행"할 수 있는 "매우 잘게 쪼개져 있는" 작업이며, 메조 태스크는 몇 시간에서 하루 정도의 시간이 걸리는 작업에 해당한다. 마지막으로 매크로 태스크의 경우 "여러 날"에 걸친 "전체 과업의 완수"를 한다. 마지막으로 김철식 등의 접근은 플랫폼이 노동을 통제하는 방식에 따라 다섯 개의 범주로 나누고 있다(국가인권위원회, 2019).[4]

플랫폼 노동을 어떻게 분류하는 것이 가장 적합한 방법인지에 대한 정답은 없다. 앞서 살펴본 구분들도 일정 부분 플랫폼 산업의 발전 현황을 사후적으로 반영하는 귀납적 구성물의 성격이 강하다. 오늘날 산업영역 전반에서 플랫폼의 성장이 진행되고 있는 만큼 지속적으로 현실을 반영하는 보다 다양한 분류 체계가 제시되어야 할 것으로 보인다. 플랫폼 노동에 대한 다양한 분류법들을 기반으로 실제 한국 사회에서 플랫폼에 의해 매개되는 다양한 유형의 업무에 종사하는 사람들의 분포를 파악하고 그 규모가 어떻게 변화하고 있는지 확인하는 작업은 플랫폼 노동과 관련하여 특히 정책적인 측면에서 구체적인 논의를 진행하기 위한 바탕이 되는 작업이라는 점에서 중요하다.

그렇다면 실제로 플랫폼 노동을 수행하는 사람의 수는 얼마나 될까? 플랫폼 기업의 숫자나 해당 업무에 종사하는 사람들의 수는 최근 10년 사이 크게 증가하였으나, 여전히 전체 노동인구 대비 비중은 낮은 편이다. 유럽연합EU 14개 국가들을 대상으로 한 COLLEEM 서베이(2018)와 중부 및 동부유럽 5개 국가들에 대한

ETUI 서베이(2019), 미국의 플랫폼 노동 현황을 조사한 퓨 리서치 센터Pew Research Center의 조사 결과(2016)는 전 세계적으로 경제활동인구의 10% 미만이(조사 시점 기준으로 특정 기간 이내에) 플랫폼 노동을 해본 경험이 있음을 보여준다. 그러나 조사 시점 당시 플랫폼 노동에 종사하고 있는 사람들로 대상을 한정할 경우 플랫폼 노동 취업자 비중은 유럽의 경우 2% 내외이고(영국은 3~4%), 미국의 경우 0.5~1% 정도로 추산된다.

한국의 경우도 플랫폼 노동을 한 번이라도 해본 경험이 있는 사람들과 주업이나 부업의 형태로 참여하고 있는 사람들의 비율 차이는 큰 것으로 나타난다. 한국사회학회와 네이버는 2021년 전국의 성인남녀 1,529명을 대상으로 한 〈디지털 플랫폼 사회 인식/경험 조사〉라는 온라인 설문조사를 통해 응답자들의 플랫폼 노동 경험과 플랫폼 노동에 대한 태도 및 미래 전망을 물어본 바 있다. 응답자 중 12.7%가 지난 1년간 단 한 번이라도 플랫폼 노동을 통해 수입을 창출한 적이 있다고 대답하였다.[5] 그러나 주업이나 부업의 형태로 참가하는 사람들의 비율은 이보다 훨씬 적다. 김준영 등의 연구는 플랫폼 노동에 종사하는 인구 규모를 전체 취업자 중 1.7~2%(47만 ~54만 명) 정도로 추산하고 있다(김준영 외, 2019). 고용노동부와 한국노동연구원의 조사(2020)에 따르면 협의의 플랫폼 노동 종사자는 0.92%(22만 명)로 그 수가 더 적은 것으로 나타났다. 두 조사에서 나타나는 수치상의 차이는 플랫폼 노동자의 규모를 측정하는 것이 쉽지 않을 뿐만 아니라 범위를 어떻게 규정하느냐에 대한 합의도 아직 이뤄지지 않고 있음을 보여준다.[6] 또한 일단 플랫폼 노동자로 분류된다고 해도 이들이 모두 유사한 강도로 해당 노동에 종사하는 것은 아니라는 점도 고려할 필요가 있다. 일부 참여자는 자기 수입의 대부분을 플랫폼 노동을 통해 벌어들이고 있지만, 다른 일을 주업으로 가진 상태에서 추가적인 수입을 얻기 위해 부업 형태로 플랫폼 노동을 수행하는 경우도 적지 않다. 고용노동부와 한국노동연구원 조사에서 조사 시점 당시 플랫폼 노동에 종사하고 있는 사람들만을 대상으로 했을 때 해당 업무를 주업으로 삼는 사람의 비율은 59.1%였고 40.9%는 부업으로 참여하고 있었다. 이를 오프라인 업무와 온라인 업무로 구분해서 살펴보면 주업 비율은 오프라인 참여자의 53.2%, 온라인 참여자의 37.8%로 상당한 차이를 보였다. 이러한 플랫폼 생계 의존도의 차이는 표면적으로는 동일한 일을 하고 있는 사람들 사이에서도 실제 그들이 처해 있는 경제적인 상황은 상당한 차이를 보일 수 있음을 함축한다. 이렇듯 플랫폼 노동자 내부에서 나타나는 차이들은 플랫폼 노동자를 하나의 동질적인 집단으로 보기 어렵게 만들며 이들의 법적 지위와 사회적 권리에 대한 합의를 도출하는 데 있어서도 어려움을 낳고 있다.

플랫폼 노동의 쟁점들

일부 노동의 수요와 공급을 플랫폼이 매개하는 방식이 도입된 것은 비교적 최근에 이르러서다. 2010년대를 지나며 네이버와 다음카카오를 비롯한 한국의 플랫폼 기업들은 급성장을 경험했고 이를 기반으로 차츰 사업영역을 확장해나갔다. 한국에서 플랫폼 노동을 둘러싼 논의들은 특히 2019년 시작된 '타다' 논란을 기점으로 활발

해졌고, 2020년 코로나19의 확산 이후 '배달의민족', '요기요', '쿠팡
이츠' 등 배달 플랫폼의 활성화로 인해 보다 큰 주목을 받게 되었다.
현재 플랫폼 산업 종사자의 비율은 앞에서 확인한 것처럼 전체 노
동인구에서 매우 작은 부분만을 차지하고 있으나 향후 플랫폼 영역
의 지속적인 확장 가능성과 함께 플랫폼 노동의 유형과 비중도 증
가할 것으로 예측된다. 이러한 상황 속에서 많은 사람이 주목하는
것은 플랫폼 노동에 종사하는 사람들이 마주하고 있는(혹은 마주할
수 있는) 취약성에 대한 부분이다. 이와 관련하여 오늘날 비교적 폭
넓게 논의되고 있는 쟁점들을 몇 가지를 소개하면 다음과 같다.

플랫폼 노동자: 자영업자 혹은 임금근로자?

플랫폼 노동을 둘러싼 첫 번째 쟁점은 해당 종사자들이 고용된
근로자인지, 아니면 자영업자인지에 대한 것이다. 기존의 법적인 판
단들은 업무의 전속성과 임금의 종속성을 근로자성의 판단 기준으
로 삼고 있다. 즉 어떠한 사람이 특정 회사에 소속된 노동자인지(특
정 회사를 위해서만 일하는지), 또 그곳으로부터 생활에 필요한 경제적
인 소득의 전부(혹은 대부분)를 얻는지 여부가 고용근로자와 자영업
자를 나누는 중요한 기준이 되는 것이다. 이러한 관점에서 본다면
실질적으로 고용계약이 부재하며 업무 건별piece work로 노동의 대가
를 지급받는 플랫폼 노동자를 고용된 근로자로 보기는 어렵다(윤상
우, 2021). 플랫폼 노동자는 그 비중의 차이는 있겠지만 안정적인 업
무의 확보를 위해 두 개 이상의 플랫폼을 이용하는 경우가 적지 않
기 때문이다. 2021년 실제로 한국노동사회연구소의 서울 지역 플랫
폼 노동자 대상 설문조사 결과에 따르면 이들의 플랫폼 이용 개수

는 평균 1.6개로 나타났다. 세부 직업별로 봤을 때 음식배달이나 심부름의 경우 2개, 대리운전 1.8개, 퀵서비스 1.6개 등으로 약간의 차이를 보였다(김종진 외, 2021). 이렇듯 동일한 노동자에 대해 둘 이상의 사용자가 존재하고 소득의 획득 또한 둘 이상의 플랫폼에 의해 제공되는 경우가 많기 때문에 전체적인 범주로서의 플랫폼 노동자는 흔히 고용된 근로자가 아닌 자영업자로 분류되어왔다.

플랫폼 노동자들의 자영업자 분류는 이들을 사회적 보호의 취약지대에 놓이게 한다. 한국의 경우 직장이라는 명확한 사용자에게 속해 있는 근로자가 지니는 권리는 근로기준법과 노조법을 통해 보장되어왔다. 근로기준법은 연장근무, 야간근무 및 휴일근무에 있어 근로수당의 지급을 법으로 보장하고 있다. 또한 부당한 해고로부터의 보호, 연차휴가, 퇴직금, 고용보험 및 산재보험도 근로기준법에 의해 보장된다. 이 중에서도 특히 안정된 일거리가 보장되지 않아 한동안 실질적 무직 상태에 놓일 수 있는 플랫폼 노동자들에게 고용보험(실업급여)의 적용은 절실하다. 이런 상황에서 2021년 1월 1일부터 플랫폼 배달노동자들이 고용보험을 적용받을 수 있도록 법이 개정되었지만 수급 요건이 지나치게 까다로워 실제로 혜택을 받을 수 있는 노동자는 제한적일 것이란 비판도 적지 않다.[7] 건강보험료의 경우 플랫폼 노동자는 지역가입자로 분류되어 100% 본인부담을 적용받고 있다. 배달노동자의 경우 시간에 쫓겨 배달을 하는 상황에서 교통사고를 겪는 경우가 적지 않은데 이들에 대한 산재보험의 적용은 최근 들어 조금씩 높아지고 있긴 하나 여전히 전속성의 문제를 극복하지는 못하고 있는 실정이다. 노조법은 근로자들로 하여금 노동조합을 결성할 수 있는 권리를 보장, 사측과 단체교섭 및 단체행동을 가능하게 한다. 고용된 노동자들은 노동조합이라는 집합적 대표체를 통해 자신들의 요청을 전달하고 권리를 안전하게 보장받을 수 있는 가능성을 높이는 것이다. 그러나 노동조합의 결성 또한 자영업자가 아닌 임금근로자의 권리로 사용자가 특정되고, 이에 대한 종속적인 업무를 수행하는 것이 인정될 때 가능하다.

플랫폼 노동자의 경우 업무의 종류 및 해당 업무에 종사하는 노동시간의 차이가 임금근로자에 비해 현저하다. 주업으로 플랫폼 노동을 수행하는 사람과 부업 혹은 용돈벌이로 해당 노동에 종사하는 사람 사이의 차이를 하나의 예로 들 수 있을 것이다. 이러한 내적 다양성은 이들 노동자를 하나의 집합적 대상으로 바라볼 수 있는지에 대한 이견을 낳으며, 이들에 대해 임금노동자와 동등한 법적인 보호를 적용해야 하는지에 대한 합의를 이끌어내기 어렵게 만든다. 그 결과 플랫폼 노동자의 법적인 권리를 둘러싼 쟁점은 법원의 판결을 통해 사례별로 다른 판단이 내려지곤 한다. 한국에서의 전반적인 경향은 근로기준법상 근로자로 인정되는 경우는 매우 드문 반면 노조법상 노동자로 인정되는 경우가 상대적으로 많음을 보여준다 (강수돌, 2021).[8]

플랫폼 노동자의 지위를 둘러싼 논란은 플랫폼 자체가 지닌 속성에서 기인한다. 플랫폼 기업이 스스로를 소비자와 자율적인 노동공급자를 매개하는 역할을 할 뿐이라는 주장과 플랫폼은 단순한 매개자의 역할을 넘어 노동자들을 종속시키고 통제한다는 입장의 차이를 반영하는 것이다. 이와 관련된 법적인 논의들은 플랫폼 노동이 점차 활성화되는 국가들에서 공통적으로 나타나고 있다. 프랑스의 경우 2016년 통과된 엘 콤리El Khomri 법에서 플랫폼 노동자의 사용종속성을 인정했다. 이들이 자영업자라면 서비스의 특성 및 가격을 스스로 결정해야 하는데 실제는 그렇지 않다는 것이다. 해당 법으로 인해 플랫폼은 노동자의 산재보험을 부담하고 이들의 직업 개발에 대한 책임을 지게 되었다. 또한 노동조합 설립 및 가입권, 단체교섭권 및 파업권도 부여되었다. 플랫폼 산업의 본산지라고도 할 수 있는 미국의 경우 2018년 택배회사인 다이나맥스Dynamex의 트럭 운전자들이 회사를 상대로 자신들의 지위를 독립계약자가 아닌 정규직원으로 인정해야 한다며 낸 소송에서 캘리포니아주 대법원이 노동자들의 손을 들어줬다. 이러한 판결 과정에서 법원은 ABC 테스트를 근거로 삼았는데 이는 노동자의 업무 수행과 관련하여 고용주의 실질적인 통제와 지시가 있는지(A), 노동자가 고용자의 사업범위 외의 업무를 수행하는지(B), 노동자가 고용주와 독립된 업종, 직종 또는 사업에 종사하는지(C) 여부에 대해 사용자 측이 이를 증명해야 하며 셋 중 단 하나라도 해당되지 않을 시에는 고용된 근로자로 간주한다는 것이다. 해당 판례는 이후 캘리포니아 의회에서 ABAssembly Bill 5 법의 통과로 이어졌고 2020년 1월 1일부터 운전 및 배달기사는 독립계약자가 아닌 노동법상 노동자로 인정받게 되었다. 이러한 법제화에 대해 플랫폼 업체들은 2020년 11월 대통령 선거와 함께 치러진 주민발의안 22호Proposition 22의 통과로 대응했다. 해당 발의안에 따르면 앱 기반의 배달 및 운전기사는 자영업자로 간주된다. 그러나 해당 발의안은 2021년 8월 캘리포니아 주법원에 의해 헌법에 위배된다는 판정을 받게 되어 앞으로 어떠한 변화로 이어질지는 미지수이다.

  플랫폼 노동자를 독립계약자로 봐야 한다는 시각과 임금근로자로 봐야 한다는 관점 사이에 이들에게 '제3의 지위'를 부여해야 한다는 절충적인 입장이 존재한다. 미국의 경제학자인 해리스Seth Harris와 크루거Alan Krueger는 2015년 해밀턴 프로젝트Hamilton Project 를 통해 독립노동자Independent workers라는 새로운 지위를 제시하였다. 독립노동자란 노동자를 소비자와 연계시키는 플랫폼에서 일하는 사람으로 단결권과 단체교섭권을 보장받고, 이들에 대한 연금 및 의료보험은 플랫폼이 부담하게 된다. 그러나 산재보험은 의무가 아니며 실업보험, 최저임금 및 할증임금 규제의 적용 대상은 아니다 (Harris and Krueger, 2015). 영국의 노무제공자Worker나 독일의 유사근로자Arbeitnehmerähnliche Person도 기존의 특수형태근로자에게 적용되었던 지위로 해당 국가에서도 이를 플랫폼 노동자에게 확대하려는 시도가 나타나고 있다. 한국의 경우도 더불어민주당 의원들에 의해 '플랫폼 종사자 보호 및 지원 등에 관한 법률안'이 2021년 3월 국회에 발의되었으나 1년 가까이 계류 중이다. 해당 법률 역시 플랫폼 종사자에 대해 제3의 지위를 부여하는 것으로 임금근로자의 온전한 지위를 요구하는 노동단체들은 이에 반발하고 있는 실정이다.

이처럼 플랫폼 노동자의 지위를 둘러싼 논의는 현재 진행 중이며 쉽게 합의에 다다르지 못하고 있다. 여기서 주목할 점은 특히 한국의 경우 플랫폼 노동자의 법적인 권리를 둘러싼 논의들이 주로 택배기사나 배달 라이더 등 지역 기반 노동자 문제에 집중되어 있다는 것이다. 이는 지역 기반 종사자의 비중이 유난히 높은 한국의 현실을 반영하는 것으로 볼 수 있다.[9] 택배기사가 특수고용형태 종사자(특고)의 일원임을 고려할 때, 한국에서 플랫폼 노동과 관련된 법률적인 논의는 특고 논의와 밀접하게 연결되어 있다. 그러나 한국에서도 장기적으로 웹 기반의 플랫폼 노동자의 비중이 증가할 가능성이 높다. 해당 산업의 성장 가능성과 젊은 세대에서 웹 기반 노동자 비율이 높다는 점을 고려할 때 추후 플랫폼 노동자의 법적인 지위와 관련된 논의에 있어 현재의 논의보다 포괄적인 범주의 노동에 대한 고려가 필요해 보인다(Berg el al., 2018).

플랫폼 노동자의 불안정한 지위

플랫폼 노동자의 근로자성 문제는 이들이 누리는 불안정한 지위와 밀접하게 연결되어 있다. 1970년대 이후 신자유주의의 확대가 노동자의 분화를 가져왔고 이것이 노동자 사이의 불평등을 증대시켰다는 논의는 새로운 것이 아니다. 사회학자인 칼레버그Arne Kalleberg는 미국의 사례를 분석하며 1970년대 중반 이래 2000년대까지 노동시장을 살펴봤을 때 평균적인 직업의 질job quality은 악화되었고 내부의 격차는 커져 좋은 직업good jobs과 나쁜 직업bad jobs으로의 분화 구도가 선명해져 왔음을 보여주고 있다. 이러한 현상은 노동자들에 대한 제도적인 보호가 약화된 결과로 나타났는데 이는 비자발적인 시간제part-time 노동 및 비정규직temporary 근로자의 증대, 노조가입률의 감소와 노동 과정에 대한 노동자의 통제 약화, 임금 격차의 증대 등의 모습으로 구체화되고 있다(Kalleberg, 2011). 특히 '나쁜 직업'군에 속한 사람들 중 적지 않은 수가 한시적인 노동contingent work을 통해 (직업이 아니라) 극단적으로 분절된 일거리piece work를 수행하기에 고용의 불안정으로 인해 실업 상태에 놓이는 기간이 증가하게 되면서 직업적인 경력을 쌓을 수 있는 기회도 감소하였다는 것이다. 일거리 기반 노동의 경우 노동시간의 개념도 변화하여 일거리와 다음 일거리 사이에 놓여 있는 대기시간의 경우 임금 적용의 대상이 되지 않으며 이는 전체적인 임금의 하락으로 이어질 수 있는 것이다(박수민, 2021). 이렇듯 직업의 불안정성이 가져오는 '불안정한 삶precarious lives'은 비교적 강한 노동자의 권리와 포괄적인 복지체제를 갖춘 것으로 알려진 서유럽 국가들에서도 공통적으로 나타나는 특성이다(Kalleberg, 2018).

이렇듯 신자유주의화된 노동시장에서 그 규모를 점차 키워나가고 있는 불안정한 노동자들을 스탠딩Guy Standing은 '불안정한 precarious'이란 형용사와 '프롤레타리아proletariat'를 합쳐 프레카리아트Precariat로 개념화했다. 프레카리아트는 그가 구조화한 일곱 개의 사회계급 중 실업자나 사회병리적인 집단과 더불어 가장 하층에 놓여 있으며, 고용된 정규직 근로자(노동시민)가 갖고 있는 기본적인 권리를 박탈당한 집단에 해당된다.[10] 여기에서 노동시민의 권리란 노동시장 보장, 고용 보장, 직무 보장, 근로안전 보장, 숙련기술 재생산 보장, 소득 보장, 그리고 대표권 보장 등 일곱 가지를 의미한다. 이때 이들 프레카리아트가 단순히 저임금 노동자를 의미하지 않음에 주목할 필요가 있다. 스탠딩에 따르면 프레카리아트는 특정한 순간에 버는 소득이 아니라, 긴급한 상황에 처했을 때 공동체의 도움이 부재하는 것, 기업이나 국가로부터의 수당이 결여되어 있다는 것 등에서 찾을 수 있다(스탠딩, 2014). 이들이 하는 일은 경력으로 인정받기 어려우며, 일에 바탕을 둔 정체성도 갖기 어렵다. 실업급여 등의 사회수당 결여는 노동에 대한 불안을 일상화시킨다. 마르크스Karl Marx가 부르주아와 프롤레타리아 사이에 놓여 있는 프티부르주아의 몰락이 계급의 양극화를 가져올 것이라 예상했던 것처럼 스탠딩 역시 최상위 계급인 엘리트를 제외한 중간계급들도 장기고용의 약화와 탈숙련의 결과 프레카리아트로 전락할 가능성이 낮지 않다고 본다.

칼레버그의 불안정 노동자에 대한 묘사나 스탠딩의 프레카리아트 개념은 오늘날 플랫폼 노동자의 상황을 설명하는 데도 적합해 보인다. 특히 지역 기반 종사자의 경우 플랫폼의 등장으로 인해 기존과 동일한 업무를 수행함에도 임금근로자에서 독립자영업자로 고용 관계만 변화한 경우가 많다. 이에 따라 임금근로자가 누릴 수 있는 다양한 혜택들, 예를 들어 유급휴가나 병가를 누리지 못하며 업무와 업무 사이의 대기시간도 노동으로 인정받지 못하는 것이다. 프레카리아트가 누리지 못하는 노동시민의 일곱 가지 권리 역시 플랫폼 노동자에게서 발견하기 어렵다. 안정적인 고용은 보장되지 않으며 근로 과정에서의 안전보장(대표적으로 산재보험) 역시 개인의 부담으로 남겨지는 경우가 많다. 미래 안정성에 대한 전망에 있어 전 연령대에 걸쳐 설문조사에 따르면 전 연령대에 걸쳐 전체 성인인구 대비 플랫폼 노동자의 미래 안정성 전망 수준은 낮은 것으로 나타났다(김준영 외, 2018). 플랫폼 노동자들의 취약성은 플랫폼 고용 관계의 특수성과 해당 노동에 참여하는 사람들의 사회경제적 배경의 상호작용에 의해 증폭될 수 있다. 김준영 등의 조사(2018)에 따르면 생계를 플랫폼 수입에 전적으로 의존하는 대표적인 집단은 퀵 서비스업에 종사하는 고졸 이하 20~30대 남성이었다. 사회안전망의 중추를 이루는 건강보험, 국민연금 및 고용보험의 가입 비중 역시 음식배달 및 퀵서비스에 종사하는 고졸 이하 집단에서 가장 낮게 나타났다. 이러한 사실은 한국 사회에서 플랫폼 노동의 확대가 빈곤과 불평등의 증대로 이어질 수 있는 잠재적인 가능성을 보여준다. 이와 관련하여 플랫폼 노동의 불안정성을 완화시키려는 노력들도 조금씩 나타나고 있다. 대표적으로 프랑스의 엘콤리법은 일과 일 사이의 대기시간waiting time도 노동시간으로 인정, 플랫폼 노동자들에게 임금을 지급하도록 규정하고 있다.

플랫폼 노동의 자율성 혹은 알고리즘의 통제

플랫폼 노동이 지닌 대표적인 장점으로 흔히 노동의 선택 및 수행에 있어 노동자가 높은 자율성을 지닐 수 있다는 점을 꼽곤 한다. 모바일 앱mobile application을 이용하는 노동자들의 경우 자신이 원할 때만 앱에 접속하고 원치 않을 때는 꺼놓으면 된다는 것이다. 이러한 조건은 일과 생활 사이의 균형work-life balance을 찾는 데 있어 개인의 선택 가능성을 높일 수 있다. 이는 부업으로 플랫폼에 참여하는 사람들에게도 상당한 매력으로 다가올 수 있는데 주업 외의 시간에 선택적인 참여를 통해 추가적인 소득을 획득할 수 있기 때문이다. 실제로 플랫폼 경제 종사자들을 대상으로 한 설문조사 결과에 따르면 플랫폼 노동에 참여하는 이유로 '근무시간 선택이 가능해서'와 '일과 생활의 균형'을 꼽는 경우가 많았다(남재욱 외, 2020). 물론 이러한 응답 경향은 지역 기반 노동과 웹 기반 노동 종사자에 있어 차이를 보이는데 자신의 노동이 자율적이라고 생각하는 사람들의 비율은 웹 기반 종사자들에게서 좀 더 높게 나타났다. 그렇다면 정말 플랫폼 노동은 노동자의 자율성을 보장하고 있을까?

플랫폼 노동자들이 놓여 있는 노동 참여의 내적 다양성은 이러한 질문에 대한 단정적인 답변을 어렵게 한다. 다만 역설적인 부분은 오늘날 플랫폼 노동을 둘러싼 쟁점 중 하나가 바로 노동자들의 자율성에 대한 제약이라는 점이다. 이러한 지적은 특히 배달이나 운송업 등 지역 기반 노동과 관련하여 두드러진다. 구체적으로 플랫폼이 서비스 수요자와 공급자의 정보를 독점, 이러한 정보의 비대칭성을 이용하여 노동자의 행동을 실질적으로 통제한다는 것이다. 이러한 현상을 '라이더 유니언' 위원장인 박정훈은 배달노동자들의 사례를 기반으로 '비통제의 통제' 혹은 '마음에 대한 지휘'라고 부른다. 즉 얼마나 수익성 높은 일거리가 자신에게 배분될지에 대한 불안과 불확실성은 라이더들로 하여금 플랫폼이 배정한 콜을 거부하기 어렵게 한다는 것이다(박정훈, 2020). 실제로 라이더가 지정된 배달을 거부하거나 자주 접속하지 않을 경우 추후 좋지 않은 일거리를 배정받거나 플랫폼 이용의 제한을 겪는 경우도 빈번하다.

이제는 일상화된 평점 시스템 역시 노동자들에게는 큰 부담이다. 평점이 나쁜 소비자들에 의해 악용될 가능성에 더해 이러한 평점이 정확히 어떻게 구축되고, 또 향후 자신의 노동에 어떠한 영향을 미칠지에 대한 명확한 기준이 제공되지 않는 상황은 플랫폼 노동자들로 하여금 플랫폼이 제안하는 것을 최대한 따르게 만든다. 플랫폼 업체가 라이더의 위치정보를 파악하고 이들의 이동경로를 규제하는 사례도 빈번하다. 이러한 상황은 플랫폼 기업이 단순히 매개자의 역할을 넘어 노동자들을 실질적으로 지휘 및 통제한다는 주장을 뒷받침하는 것으로 보인다(로젠블랏, 2019; 강혜인 허완주, 2021). 이에 대해 플랫폼 기업들은 플랫폼상에서 일거리의 분배는 불편부당한 알고리즘에 의해 수행된다는 점을 강조한다. 그러나 알고리즘 역시 사람에 의해 구축되는 것이기에 플랫폼 업체의 의도를 반영할 수 있다.

또한 노동의 배분과 보상에 있어 노동자의 특성에 근거한 편향성을 지닐 가능성도 존재한다(이호영, 2021). 이러한 상황에서 플랫폼상의 정보 비대칭성을 완화하여 노동 과정과 관련된 알고리즘의 투명성을 높여야 한다는 지적이 나온다. 문제는 알고리즘이 기업의 재산으로 간주되어 공개를 강제하기 어렵다는 점이다. 이와 관련하여 최근 스페인의 법 개정은 주목할 만하다. 2020년 9월 스페인 대법원은 배달 플랫폼인 글로보Globo의 라이더들을 노동법상 근로자로 인정하였다. 이러한 판결에 근거하여 스페인 정부는 2021년 5월 노동법을 개정, 배달 플랫폼 노동자를 임금근로자로 간주하는 라이더 법을 도입하였다. 해당 법 개정에서 특별히 주목할 만한 부분은 플랫폼 노동자의 대표인 노조에게 알고리즘에 접근할 수 있는 권한을 부여한 것이다. 이러한 권한은 모든 플랫폼에 적용된다(Todoli-Signes, 2021). 스페인의 사례는 유럽연합의 다른 국가들에도 영향을 줄 것으로 보이며 추후 한국에서도 쟁점이 될 것으로 보인다.

단체행동의 어려움

플랫폼 노동자는 대부분 법적으로 자영업자의 지위에 놓여 있다. 임금근로자가 누리는 기본적인 권리는 재판을 통해 건별로 예외가 인정될 경우에 한해 부여받고 있는 것이다. 전통적으로 노동자들의 단체행동은 개인이 해결하기 어려운 문제에 집합적으로 대응하기 위한 도구로 활용되어왔다. 앞서 언급한 플랫폼 노동자의 근로자성, 생계 불안정, 그리고 노동 통제의 문제 역시 개인적인 차원에서 해결책을 모색하기 어려운 것이 현실이다. 이에 플랫폼 노동자들에 대해서도 더디기는 하지만 법적인 판결을 통해 노동조합을 설립할 수 있는 권리가 조금씩 확대되고 있는 추세이다. 이에 맞춰 플랫폼 노동자들이 조직화를 통해 사회경제적 보호 방안을 적극적으로 모색해야 한다는 주장도 커지고 있다(이승협·윤상우, 2021). 그럼에도 기존의 임금근로자들과 비교했을 때 플랫폼 노동자들이 단체행동을 통해 집단의 권리를 보장받기란 쉽지 않아 보인다. 그 이유로는 우선 한국 노동조합의 구조가 플랫폼의 특성과 만났을 때 가질 수밖에 없는 취약성을 들 수 있다. 한국의 노동조합은 산업이 아닌 기업별 노동조합을 기반으로 발전해왔다(이승협·윤상우, 2021). 같은 기업에 근무하는 직원들의 경우 회사라고 하는 업무 공간을 통한 직간접적 상호작용이 가능하며 직급별로 유사한 수익을 비롯한 동질성을 공유한다. 이러한 동질성은 '우리'에 대한 의식을 가져오며 당면한 문제를 함께 해결해야 한다는 태도를 형성하기 쉽게 한다.

이와 달리 플랫폼 노동자의 경우 같은 플랫폼을 매개로 활동한다고 해도 그들을 물리적으로 마주할 수 있는 공간이 부재한다. 이는 자신의 동료가 누구인지, 스스로 문제라고 생각하는 것에 대해 다른 사람들도 문제라고 생각하고 있는지 등에 대한 판단의 불명확성으로 이어진다. 플랫폼 노동의 계절성과 빈번한 이직 역시 업체를 기반으로 한 단체행동의 형성과 장기지속을 어렵게 하는 요인이 된다(박정훈, 2020). 해당 업체와 얼마나 오랫동안 일을 할지 알 수 없는 상황에서 함께 투쟁하고 장기적인 변화를 도모하기란 쉽지 않다. 앞서 언급했던 것처럼 노동자별 노동투입의 이질성 또한 자신들의 처우에 대한 기대의 차이로 연결되기 쉽다. 경쟁적으로 주어지는 일을 붙잡아야 하는 크라우드 노동의 특성 역시 같은 회사, 그리고 업무에 종사하는 사람들을 동료가 아닌 경쟁자로 보게 만든다. 예를 들어 일부 배달노동자들이 업체에 항의해 일을 거부할 경우 플랫폼 회사는 파업에 참여하지 않는 노동자들에게 높은 배달 수수료를 제공함으로써 파업의 효과를 반감시킬 수 있다. 이러한 상황에서 특히 배달노동자들의 경우 업체가 아닌 지역을 기반으로 연결을 확대해야 한다는 주장도 나오고 있다(박정훈, 2020).

플랫폼 노동자의 탈숙련과 재숙련 문제

한국에서 플랫폼 노동을 둘러싼 기존의 논의들은 현장 기반 업무에 집중되어왔다. 이에 비해 웹 기반 노동에 대한 논의는 활발하지 않은데 이는 크게 두 가지 이유 때문인 것으로 보인다. 첫째, 플랫폼 노동자 중 웹 기반 노동자의 비중이 현장 기반 노동자의 비중보다 낮기 때문이다. 언론이나 일상생활을 통해 드러나는 플랫폼 노동의 가시성 역시 현장 기반 노동이 훨씬 높다고 할 수 있다. 둘째, 웹 기반 노동의 경우 타이핑이나 서베이와 같은 단순작업 종사자(마이크로 태스킹)도 있지만 프리랜서 전문 직종에 해당하는 직업군에 의한 창의적 작업의 경우 독립적 자영업으로 받아들여질 수 있는 여지가 크다(이승협·윤상우, 2021). 이러한 맥락에서 특히 임금노동자 성격 여부를 둘러싼 최근의 논의들도 주로 현장 기반 노동을 중심으로 이뤄지고 있는 것이다.

이렇듯 지역 기반 노동에 대한 집중된 관심이 플랫폼 노동자의 숙련 및 재숙련 문제에 대한 논의의 부족으로 이어진 것으로 보인다. 지역 기반 노동은 대개 반복되는 노동의 과정에서 새로운 지식의 습득을 요구하지 않는 경우가 많기 때문이다. 웹 기반 노동은 지역적 제약이 없고 개인의 스케줄에 맞춰 일할 수 있다는 점에서 장기적인 성장 가능성이 크다. 실제로 웹 기반 종사자의 경우 상대적으로 고등교육을 받은 젊은 층 비중이 높고 향후에도 해당 업무를 지속하고자 하는 사람도 많은 것으로 알려져 있다. 그럼에도 노동자 스스로 해당 직업을 통한 개인의 장기적 발전 가능성을 높게 보지 않는 것은 문제라고 할 수 있다. 이는 일정 부분 현재 제공되는 웹 기반 노동이 단순 작업 혹은 저숙련 업무에 집중되어 있음을 반영 한다(ILO, 2018). 그러나 향후 웹 기반 플랫폼의 성장은 보다 높은 수 준의 숙련을 요구하는 작업 비율의 증대로 나타날 가능성이 크며, 이러한 변화에 대응하기 위한 지속적인 재숙련relearn의 필요성도 커 질 것으로 보인다. 웹 기반 노동의 대표적인 사례인 코딩 작업이나 디지털 콘텐츠 생산의 경우 기술의 발전에 따라 새로운 프로그램에 대한 습득의 필요성이 지속적으로 요구된다. 이와 관련하여 누가, 어떤 방식으로 이들의 교육을 책임질 것인가에 대한 논의가 필요하 다. 한국의 경우 노동자에 대한 (재)교육은 정규직 임금노동자를 중 심으로 제도적인 틀이 맞춰져 있는 실정이다(허재준, 2017). 플랫폼 노동자의 모호한 법적 지위가 숙련 개발의 가능성도 낮출 수 있는 것이다. 이러한 문제를 넘어서기 위해 플랫폼 노동자의 지속적인 교 육 기회와 관련하여 정부와 플랫폼 기업의 역할을 보다 명확히 할 필요가 있다. 이는 보다 일반적인 차원에서 오늘날 4차 산업혁명을 노동의 종말이나 직업의 소멸이 아닌 직무 이동으로 바라보고 그 틀 안에서 국가, 학교 그리고 기업의 역할을 조정하는 작업의 일환 으로도 이해할 수 있을 것이다. 프랑스의 경우 2016년 제정된 「노동 과 사회적 대화의 현대화 그리고 직업적 경로의 보장에 관한 법」을 통해 플랫폼 노동자의 권리를 보장하면서 직업교육의 기회 제공을 명시화한 바 있다. 기업 수준에서도 영국의 배달 플랫폼인 딜리버루

Deliveroo는 자사 플랫폼을 통해 일감을 얻는 12개국 3만 5,000명의 라이더들에게 기술교육 등의 복리후생을 제공할 것이라 밝혔다(장희은·김유휘, 2020).

한국의 플랫폼 노동, 그리고 미래

플랫폼 노동자의 규모에 있어 미국은 웹 기반과 지역 기반 종사자 규모가 비슷하며 유럽연합의 경우 웹 기반형 노동의 비중이 더 큰 편이다. 이에 비해 한국의 경우 전체 플랫폼 노동 종사자 중 지역 기반 노동의 비중이 훨씬 크며 특히 40~50대 이상의 남성이 다수를 차지하는 것으로 알려져 있다. 지역 기반 플랫폼 종사자의 경우 특고에 대한 처우의 맥락과 유사한 지점에 놓여 있다 보니 플랫폼 노동의 문제가 주로 전통적 노동 문제의 틀 안에서 논의되는 경향이 있다. 또한 웹 기반 노동의 적은 비중으로 인해 해당 문제에 대한 사회적 논의도 찾아보기 어렵다.

그러나 앞에서 이야기한 것처럼 웹 기반 노동의 경우 종사자 중 청년의 비중이 높으며, 앞으로 해당 분야의 성장에 따라 이에 종사하는 사람들도 많아질 것으로 예상된다. 특히 고등교육을 받은 젊은 세대의 증가와 전문직(변호사, 의사, 교육전문가 등)의 증가 및 내적 분화는 향후 이들의 (웹 기반) 플랫폼 참여와 플랫폼 의존도의 증대로 이어질 것으로 보인다. 플랫폼이 공급자와 소비자 사이의 정보 비대칭성이 심하고 이 둘을 연결하는 과정에서 부가가치의 창출이 가능할 때 발전할 수 있다는 점을 고려할 때 장기적으로 플랫폼 산업이 채산성이 높은 전문직 분야로 확대될 것이라 예상해볼 수 있다. 전체 플랫폼 종사자 규모에서 이들이 차지하는 비중의 증대는 플랫폼 노동을 둘러싼 새로운 논의들을 가져올 것이다. 이러한 과정에서 특히 전문직들의 경우 오프라인을 기반으로 하는 조직과 온라인 플랫폼 사이의 갈등이 커질 것이다. 최근 대한변호사협회와 온라인 플랫폼 업체인 로톡Lawtalk 사이의 법적 소송이 일례가 될 수 있을 것이다.

한국에서 플랫폼 노동을 둘러싼 논의들은 앞으로 더욱 복잡한 양상을 띠게 될 것으로 보인다. 내적 이질성의 증대는 '플랫폼 노동자'의 개념을 더욱 복잡하게 만들 것이며, 이들을 하나의 범주, 동일한 법과 제도로 묶는 것을 더욱 어렵게 할 가능성이 크다. 또한 변화하는 기술적·제도적·경제적 환경 속에서 플랫폼 바깥에서 노동자들이 누렸던 권리들이 과연 당연한 것인지에 대한 질문도 제기될 수 있다. 즉 플랫폼에서 촉발된 변화가 기존의 노동시장에 영향을 끼칠 수도 있는 것이다. 여기에서 고려해야 할 중요한 것은 소비자들이 플랫폼의 발달로 인해 무엇인가를 누리고 있다는 점이다. 이런 상황에서 도덕적 감수성에 기반한 당위론적 주장이 사회적 설득력을 얻기란 점차 어려워질 수 있다. 물론 이는 앞으로 플랫폼 노동에 종사하는 사람들의 비중이 증가함에 따라 변화할 수 있다. 즉 플랫폼 노동의 문제를 '자기화'하는 사람의 비중이 커질수록 해당 문제에 대한 사회적 논의와 노동자의 상황에 대한 공감이 더욱 활발해질 것이라 기대할 수 있는 것이다. 실제로 2021년 한국사회학회와 네이버가 실시한 '플랫폼 사회인식 경험조사 설문'에 따르면, 응답자 중 지난 1년간 플랫폼 노동(장보기, 음식배달, 온라인 업무, 가사도움, 대리운전, 지식이나 기술 전달)을 통해 한 번이라도 수입을 창출한 경험이 있는 사람은 전체 응답자 중 12.7%였다. 그러나 응답자가 앞으로 5년 내에 웹사이트나 모바일 앱(플랫폼)을 통해 일을 찾고 수익을 창출할 가능성에 대해서는 43.1%가 그럴 가능성이 '있다'고 답했다. 특히 20대의 경우 다른 연령대에 비해 가장 높은 60%가 '있다'고 응답했다. 물론 세부적인 정보(예를 들어 플랫폼 노동 참여를 주업으로 할지 여부 등)가 없는 상태에서 명확한 결론을 내리기는 어렵지만, 이러한 경향은 앞으로 플랫폼 노동과 관련된 사회적 논의가 확대될 것임을 암시한다.

플랫폼 노동이 전통적인 노동이 지닌 문제점을 그대로 답습할 가능성에 대해서도 추가적인 관심과 논의가 필요하다. 예를 들어 성별에 따른 임금 불평등의 경우 플랫폼 노동에서도 나타나고 있는데 여성들의 경우 남성들에 비해 평균적으로 2/3의 소득을 제공받는 것으로 알려져 있다. 네이버 설문조사 결과는 지난 1년간 플랫폼 노동 경험이 있는 사람 중 58.8%가 남성으로 여성의 비율보다 압도적으로 높았다. 그러나 앞으로 5년 안에 플랫폼 노동을 통해 수익을 창출할 필요가 생길 것이라는 전망에 대해 그럴 가능성이 있다고 응답한 사람은 43.1%로 지난 1년간 플랫폼 노동에 종사해본 사람의 비율(12.7%)에 비해 훨씬 높게 나타났으며 이들 중 여성의 비율 역시 47.5%로 종사경험자의 여성 비율(41.2%)보다 높았다. 이는 플랫폼상에서 남성과 여성의 임금 불평등 문제에 대해서도 보다 진지한 논의가 필요함을 보여준다고 하겠다.

6

플랫폼 위에 선 개인: 디지털 세계의 새로운 개인성

임동균

서울대학교 사회학과 교수. 서울대학교 사회학과를 졸업하고 하버드대학교에서 사회학 박사를 마쳤다. 주요 연구 분야는 사회심리학이며 민주주의가 뿌리내릴 수 있는 사회심리적 토대와 메커니즘을 연구하고 있다. 주요 저서로는 『플랫폼 사회가 온다: 디지털 플랫폼의 도전과 사회질서의 재편』『서울의 미래세대』『공정한 사회의 길을 묻다』 등이 있다.

인간이 가지는 개인성 혹은 주체성, 자아의 모습은 역사적으로, 환경에 따라 변화하는데, 소셜 미디어를 비롯한 디지털 세계와 디지털 플랫폼이 압도적인 퀄리아(감각질)를 뿜어내면서, 모바일 기기 등을 통해 그것에 지속적으로 노출된 개인들은 새로운 형태의 개인성을 가지게 된다는 것이다. 규범이나 전통, 당위성, 위계와 권위 등이 해체되는 현대사회에서 현재 중심적인 퀄리아에 기반한 감각에 뿌리를 강하게 둔 개인성을 가진 주체들은, 끊임없이 작은 쾌락들을 추구하고 디지털 세계에 몰두하게 된다. 그러나 감각적 체험이 중심성을 가지게 되는 개인성과 일상적 삶의 양식은, 새로운 위험과 함정들을 파생시킨다.

디지털 세계의 새로운 삶

디지털 세계가 확장되고 새로운 감각적 질서가 개인들의 감각과 문화에 깊숙이 침투하면서, 그러한 세계가 경제나 기술의 영역을 넘어서 사람들의 개인성과 자아의 모습 그 자체에 변화를 주는 것은 아닌가 하는 질문을 낳는다. 디지털 세계는 다양한 특징들을 가지고 있지만 그중 중요한 것 가운데 하나는 그것을 경험하는 사람들을 시각적으로 압도하거나 유혹한다는 것이다. 인간은 형이상학적 사고의 능력을 부여받았지만, 기본적으로 감각을 통해 세계와 접촉할 수밖에 없는데, 그중에서도 시각은 절대적인 힘을 가지고 있다. 미국의 예술가 로버트 커밍Robert Cumming이 말하듯, 시각은 감각들 중 주권을 가지고 있는 감각이다. 시각을 통해 인간은 가장 직접적인 쾌락과 쾌감을 얻을 수 있다.

생각해보면 과거에는 시각적 즐거움을 충족시켜줄 수 있는 원천이 제한적이었다. 종교 건축물이나, 그림의 제한적 유통과 소비만이 시각적으로 심미적 충족을 줄 수 있는 것이었다. 반면 20세기의 매스미디어 발전과 소비사회를 거쳐 현재의 온라인 공간에서는 시각적 자극과 쾌감을 주는 것들이 편재해 있다. 시각을 중심으로 한 감각적 자극은 끊임없이 디지털 세계의 개인들에게 무언가의 메시지를 내고, 유혹하고, 자신을 표현하게끔 유도한다. 일상 속에 침투한 것을 넘어 현대인들의 신체 일부분이 된 이러한 새로운 미디어는 어떻게 개인들을 바꾸고, 더 나아가 사회를 바꿀 것인가?

이 글에서는 보다 강렬한 감각적 자극, 보다 강한 신호와 의미들을 발산하는 디지털 세계의 감각적 환경에서 개인들이 그것으로부터 어떠한 영향을 받고, 그것이 가지는 사회적 함의는 무엇인지 살펴보고자 한다. 이 글의 핵심적인 아이디어를 먼저 제시하자면 다음과 같다. 인간이 가지는 개인성 혹은 주체성, 자아의 모습은 역사적으로, 환경에 따라 변화하는데, 소셜 미디어를 비롯한 디지털 세계와 디지털 플랫폼이 압도적인 퀄리아qualia(감각질)를 뿜어내면서, 모바일 기기 등을 통해 그것에 지속적으로 노출된 개인들은 새로운 형태의 개인성을 가지게 된다는 것이다. 규범, 전통, 당위성, 위계와 권위가 해체되는 현대사회에서 현재 중심적인 퀄리아에 기반한 감각에 뿌리를 강하게 둔 개인성을 가진 주체들은, 끊임없이 작은 쾌락들을 추구하고 디지털 세계에 몰두하게 된다. 그러나 감각적 체험이 중심성을 가지게 되는 개인성과 일상적 삶의 양식은 새로운 위험과 함정들을 파생시킨다.

디지털 세계의 새로운 자아와 개인성

자아는 사회적 구성물이다. 자신의 의식이 깨어 있다는 감각, 즉 의식을 가진 주체로서 깨어 있고 관찰을 하며 가지는 순수한 느낌은 전의식pre-conscious적 수준에서 원초적 자아를 구성하지만 (Damasio, 2010), 그 이상의 단계에서 구성되는 개인의 의식과 자아는 수없이 많은 사회적 상호작용과 학습, 외부 환경으로부터의 영향을 통해 만들어진다. 그중 자아를 구성하는 중요한 구성 요소로 작동하는 자기 자신의 정체성과 기억, 전기autobiography는 사회적으로 거시적 질서로 작동하는 여러 가지 힘들과, 순간순간 미시적 상호작용 속에서 문화적으로 창발되는 기호의 해석을 통해 만들어지는데, 그러한 다층적이고 복잡한 구조와 문화의 그물망 속에서 개인들의 자아는 역사적 산물로 구성이 된다.

따라서 심리학자 비고츠키Vygotsky의 책 제목인 '사회 안의 마음Mind in Society'처럼, 개인의 자아와 마음이 사회에 있다고 표현할 수 있지만, 그것을 뒤집어서 '사회가 마음속에 있다Society in the Self' (Hermans, 2010)고 표현할 수도 있다. 자아의 속성상 개인의 자아가 그러한 사회적 성격을 가지고 있다면 개인의 자아를 구성하는 내용들 또한 역사적 조건에 따라 계속 변해왔을 가능성이 크다. 개인이 특히 자기가 살아온 생애 과정을 통해, 경험을 통해, 사회적 위치를 통해, 그리고 미래에 대한 전망을 통해 자신의 전기적 자아 autobiographical self를 구성한다는 것을 생각하면, 개인들이 자신들의 생애 전기를 펼치는 데 있어 어떠한 사회적 조건 속에 놓여 있는가가 중요한 영향을 미침을 알 수 있다.

그동안 많은 연구들은 실제로 개인의 자아가 형성되어 있는 방식이 역사적 과정을 통해 변해왔음을 지적해왔다. 허만스와 허만스-코놉카(Hermans and Hermans-Konopka, 2010)는 전통적 자아는 우주의 질서와 의미 있는, 위계적인 방식으로 연결되어 있음에 의해 정의되며, 근대적 자아는 자율성, 개인주의, 그리고 내적으로 통일된 자아와 그와 명확히 구분된 외부로서 정의될 수 있다고 하였다. 포스트근대적 자아는 근대적 자아와 반대의 모습을 보이는데, 차이, 다양성, 국지적 지식, 파편화 등으로 묘사될 수 있음을 주장하였다.

포스트근대적 자아가 등장하는 맥락은 포스트모더니즘이 학문적 사조이자 문화적 조류로서 등장한 20세기 후반부터라고 할 수 있다. 여러 학자들이 이야기했듯, 근대라고 하는 것이 기존의 모든 고체적인 것들을 녹아내리게 하는 어떠한 힘을 가졌다고 한다면, 포스트근대는 그러한 힘들 자체도 해체시켜버리는 과정이었다고 할 수 있다. 즉 근대가 기존의 전통적인 것들을 무너뜨리는 동안 새로운 근대적인 산업적·문화적 구조물을 대신 지어 올렸다고 한다면, 포스트근대는 그러한 무언가를 지어 올리는 힘 자체를 무력화시키는 힘으로 작동했다고 할 수 있다.

다시 말해 모든 것은 상대화될 수 있고, 인간의 삶에 단단한 구조를 제공하고자 하는 것들은 모두 해체의 대상이 될 수 있다. 그러한 해체의 힘, 파편화의 힘, 그리고 자본의 강력한 잠재적 힘 외에는 어떠한 힘도 용납되지 않는다. 그러한 힘들을 만들어내는 사회적인, 정치경제적 함수가 있다고 한다면, 거기에는 강력한 세계화의 물결과 상품화 정도의 심화, 그리고 그로 인한 개인성의 변화가 있다고 할 수 있다.

이러한 흐름 속에서 개인들이 자신의 전기biography를 만들어내는 방식이 이전과 달라질 수밖에 없음은 분명하다. 하워드(Howard, 2007)는 그러한 새로운 전기 작성 작업의 등장을 제시한 세 명의 주요 학자들의 관점을 정리하였다. 먼저 영국의 사회학자 앤서니 기든스Anthony Giddens는 2차 근대 시기 근대화의 특징으로서 개인들이 자신만의 궤적적trajectory 전기를 꾸려가야 함을 지적하였다. 즉 이제는 전통적 사회규범이 개인들의 전기를 더 이상 확실하고 강제적 방식으로 규정해서 제공하지 않기 때문에, 개개인들 스스로가 자신의 전기를 의미 있는 방식으로 만들어가야 하는 과제를 가지게 된 것이다. 독일의 사회학자 울리히 백Ulrich Beck은 실험적 전기라는 개념으로 그러한 새로운 시대상을 묘사하였다. 삶을 어떻게 살아야 할지에 대한 어떤 결정적인 대본이 주어져 있지 않은 상황에서 개인들은 이러저러한 방식으로, 각자 상황에 맞추어 실험적 방법으로 자신들의 전기를 작성해나가야 한다. 폴란드의 사회학자 지그문트 바우만Zygmunt Bauman은 처분 가능한disposable 전기와 같은 개념을 제시하였다. 기든스의 궤적적 전기가, 개인들의 생애 과정을 관통하는 어떤 일관된 이야기와 궤적이 있는 것처럼 묘사한다면, 바우만은 그러한 연속성이나 일관성이 더 이상 기본적으로 주어졌거나 요청되는 조건이 아니라고 본다. 개인들은 이전의 생애 과정에서 지속시킨 전기적 과정에서 벗어나 기존의 전기를 처분하고, 끊임없이 새로운 전기적 전망을 가지고 살아가는 것을 택하거나 그러한 환경 속에서 살아가게 된다.

디지털 세계, 온라인 플랫폼 공간에서는 이와 같은 자아의 관리,

전기의 작성이 더욱 쉽게 가능해지고, 때에 따라 자기 전시를 위해 필요한 전략으로 요청된다. 플랫폼 서비스, 특히 소셜 미디어는 사용자들이 그것을 통해 자아를 탐색하고 웹 공간에서 자유를 느끼도록 해주면서, 디지털 초연결성은 자아를 대상화하고, 양화하고 quantifying, 생산하고, 규율하는 속성을 가진다(Brubaker, 2020). 개인의 정체성이나 자아 이미지가 이렇게 극도로 편집 가능해지고, 특히 문화적 신호들, 감각적 이미지와 사회적 의미가 담긴 기표들과 연결되어 전시가 가능해지면서, 디지털 세계의 개인성은 그 자체로 고정된 본질을 가지기보다는 사회문화적 상징질서 내에서의 감각적 기표로 부유하게 되고, 그 감각적 기표는 개인 본인에게 디지털 세계에서의 실천과 관련된 문화적 행위유도성cultural affordance을 지니게 된다.

'감각의 제국'으로서의 디지털 세계

디지털 세계는 감정 유도의 공간이다. 그런데 이것이 유혹적인 이유는 감정이 개인적이고 주관적이기만 한 것이 아니라 사회적이고 상호 주관적인 것이기 때문이다. 즉 디지털 플랫폼 공간은 하나의 감정적 공간인데, 이는 많은 경우 상호작용에 기반한 공간이다.

흔히 디지털 공간은 사람들끼리 실제로 만나고 일상적 대면이 이루어지는 공간과는 달리 인간적인 측면이 결여되어 있을 것으로 생각된다. 그런데 오히려 온라인 공간이 어떤 측면에서는 더욱더 '인간적'인 속성을 강하게 가지고 있는데, 특히 온라인에서의 집단적 상호작용은 감정으로 충만하다. 유튜브 댓글들의 경우 온갖 종류의 감탄사, 의태어, 감정을 드러내는 부사와 형용사들이 우리의 일상적 대화에서보다 훨씬 더 많이 사용되는 것으로 나타난다. 즉 온라인에 들어가서 사람들의 반응이나 댓글들을 보는 순간 훨씬 더 감정적으로 충전된 상호작용의 장에 들어가게 되는 것이다. 〈그림 6-1〉에 나오는, 퓨 리서치 센터Pew Research Center에서 분석하여 내놓은 보고서 결과에서도 페이스북Facebook에 올라오는 포스팅이 비판적이고 분노를 표출하는 것일수록 '좋아요'나 댓글, 공유의 횟수가 더 높은 것으로 나타난다. 사람들은 감정을 자극하는 것에 더 적극적으로 반응하고, 그러한 감정을 욕구한다.

소셜 미디어 플랫폼들이 제공하는 기본적인 상호작용의 인터페이스 또한 감정적 반응을 통해 상호작용이 이루어지도록 유도하는 측면이 강하다. 인스타그램, 페이스북, 트위터, 틱톡, 유튜브 등 거의 대부분 소셜 미디어들에서 사람들이 올린 게시물에 긍정적인 반응을 표시할 수 있도록 하는 것이 대표적인 예이다. 그뿐 아니라 상품이나 서비스를 판매하는 플랫폼 서비스들에서도 별점을 매기거나

그림 6-1 포스팅의 비판적 속성에 따른 반응의 정도

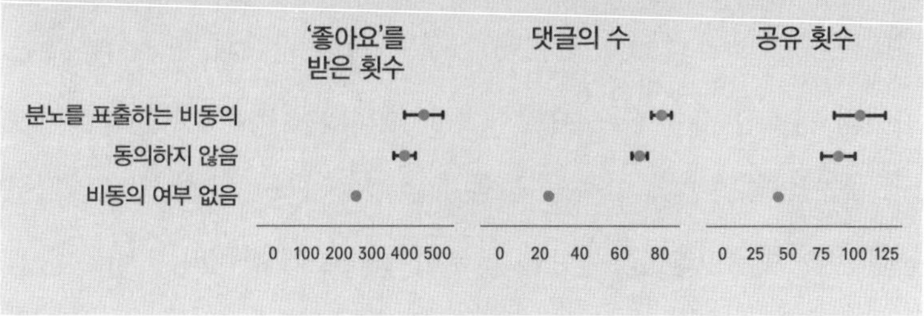

자료: https://www.pewresearch.org/politics/2017/02/23/how-the-public-reacted-on-facebook/

자신이 좋아하는 정도를 점수로 표현하게끔 되어 있는데 그것 또한 기본적으로 대상에 대한 자신의 감정을 표현하는 것이다. 이 때문에 소셜 미디어를 비롯해 플랫폼 공간에서 제시하는, 감정 표현과 교환을 위한 인터페이스는 개인이 모바일 기기를 통해 접속하는 순간 즉각적인 감정 논리emotionology(Harre, 1986)의 형식을 제공한다고 할 수 있다. 즉 디지털 플랫폼은 미디어스케이프mediascape로서 감각적 조성sensual modulations의 기능을 수행한다. 소셜 미디어가 사람들로 하여금 접속할 때마다 모종의 기대를 가지게끔 하고, 새로운 소식이나 친구들로부터 긍정적 반응이 왔음을 기대하게끔 하는 강화 학습을 통해 도파민에 중독되게끔 하는 디자인을 가지고 설계되어 있다.[1]

이것을 플랫폼이 가진 감각의 '제국'적 속성으로 표현하고자 한다. 제국이 어떤 힘을 가진 중심이 다른 영역까지 그 통치권을 발휘하여 지배를 하고 패권적 지위를 가지는 것이라고 했을 때 플랫폼 공간을 지배하는 중심적 질서는 바로 감각이고 감정이라 할 수 있다. 어떤 두 사람 간의 미시적 수준에서 감정적 교환부터 인터넷 공간을 지배하는 정동과 집합적 지향성까지, 다층적 수준에서 감정과 감각의 작동은 ① 플랫폼을 통해 생성되고 이용되는 정치적 정동, ② 자본이 침투할 수 있는 상업적 기회, ③ 유행과 취향을 만들어내는 문화적 흐름을 모두 만들어낸다. 특히 감각의 우월적 지위는 현대의 미학적 자본주의, 감성적 자본주의의 강화와 궤를 같이하는데, 개인들의 취향에 맞춘 세분화된 시장을 만들고, 상품의 진정성을 요구하며, 소비자들이 상품을 소비하는 것이 아니라 의미와 감각을 소비하도록 한다. 커피가 기존의 '물질적' 상품으로서의 커피로부터 맛과 향을 음미하고 그것으로부터 특별한 시간을 가지게끔 하는 '체험 경제'로서의 상품으로 변화하는 것이 그 예이다(Murphy and de Lad Fuente, 2014).

이러한 감각의 제국으로서의 플랫폼이 더 강력한 힘을 가질 수 있는 것은 현대인들의 신체의 연장선상에서 체화된 인지, 연장된 인지extended cognition로서 스마트폰, 노트북, 태블릿 등의 모바일 기기들이 작동하기 때문이다. 손끝에서 언제든지 작동할 수 있는 이러한 기기들이 사용자들에게 끊임없이 제공하는 작은 기술적 놀라움은 일상적 시간의 틈새를 끊임없이 채우고 도파민을 보상으로 제공한다.

'쿼리아'가 지배하는 디지털 세계, 그 안에서의 개인들

이러한 감각의 제국으로서 디지털 세계는 감정으로 충만한 세계인데, 이 세계를 분석하기 위해서는 감정보다는 감각에 초점을 맞추는 것이 더 적확하다고 보인다. 감정에 대한 사회학적 연구들은 많지만(김왕배, 2019), '감각'에 대한 연구는 상대적으로 적다. 여기서 필자는 감정에 대한 사회학적 연구들 뒤에 남은 이 감각이라는 개념에 주목하고자 한다.

모든 당위와 중심성들, 전통과 규범들이 가지고 있던 무게감이 하나씩 자리를 상실하고, 불안의 시대에 자기보호self-care에 대한 감각이 강화된 채 살고 있는 사람들에게 남게 되는 것은 무엇인가? 필자가 보기에는 기존의 모든 '중심성'을 가진 것들이 해체되고 결국 가장 끝까지 남게 되는 것은 인간이 가지는 현상학적 체험 중 가장 기본적인 단위이자 본질적인 것인 감각적 느낌, 감각적 체험, 그리고 감각적 판단이라고 생각된다. 즉 현상 체험의 가장 근본적이고 단단한 기본 단위로서의 퀄리아(감각질)가 더욱 분명하게 남아 그 어떤 사회적 규범, 이데올로기, 가치보다 인간의 개인성에 큰 영향을 미치게 된다.

퀄리아란 무엇인가? 쉽게 정의 내리기 힘든 이 개념은, 예를 들어 우리가 붉은색인 무엇인가를 볼 때 느끼는 그 붉음의 느낌, 어떤 소리를 들을 때 느껴지는 느낌, 어떤 대상이 그것을 마주하는 사람에게 주는, 결코 객관화해서 표현할 수 없는 1인칭적 느낌이다. 퀄리아라는 손에 쉽게 잡히지 않는 이 개념은 1980년대부터 많은 철학자, 뇌과학자, 인공지능학자, 인류학자들에게 논쟁적인 개념으로 다루어져 왔다. 인간이 경험하는, 물질세계로 환원할 수 없는 주관적 체험의 가장 근본적인 부분이 바로 감각의 질質, 즉 퀄리아라고 할 수 있다. 개인들이 세상을 바라보면서 느끼는 퀄리아는 그 개인이 가지는 자아의 감각과 긴밀하게 연결되어 있다(Ramachandran and Hirstein, 1997).

디지털 플랫폼의 세계를 바탕으로 감각은 새로운 질서, 패권적 힘을 가진 그 무엇이 될 것이라 생각된다. 퀄리아는 인간 체험의 가장 근본적 단위에 가깝기 때문에 가장 1인칭적인, 단단하고 직접적인 의미를 지니고, 모바일 기기와 인터넷에 연결된 개인의 개인성은 그것들이 지속적으로 뿜어내는 퀄리아의 힘에 직접적으로 영향을 받거나 종속된다.

디지털 세계에서 감각, 퀄리아의 중요성이 강화되는 것은 크게 세

가지 메커니즘에 의해서라고 생각할 수 있다. ① 도덕적 반응과 감정적 반응을 유도하는 플랫폼의 자체적 인터페이스와 모듈레이션, ② 끊임없는 불확실성 속에서 살아가야 하는 개인들이 추구하기 시작하는 스스로에 대한 보호 감각, 그리고 ③ 인터넷·IT·모바일·스크린의 폭발적 발전과 편재로 인한 시각적 혹은 공감각적 이미지에의 지속적 노출이 그것이다. 물론 이러한 퀄리아들은 상품화의 대상이 되어 감각적 만족을 제공해주는 상품과 서비스로서 자본주의 하에서 살아가는 소비자들의 소비 욕구를 충족시켜주는 대상이 된다. 시각적 퀄리아의 수용자들, 소비자들은 시각적 기호들에 유혹되고, 거기에 동기를 부여받아 어떤 문화적 행위을 자연스럽게 하게 된다. 디지털 세계가 소비자들에게 제공하는 퀄리아의 발산 속에는 그러한 퀄리아를 보다 효과적이고 조작적으로 표현하고 전달하기 위한 속성기표qualisign들이 가득하다. 예를 들어 한국을 연구하는 인류학자인 하크네스(Harkness, 2013)는 예를 들어 한국의 소주 광고에서 소주의 느낌을, 즉 퀄리아를 전달하기 위해 '부드러움'이라는 속성기표가 사용됨을 보여주었다. 상품으로 둘러싸인 세상은 그러한 속성기표들의 세상이고 그와 같은 기표들은 디지털 화면에서 더욱 강한 시각적 유혹을 소비자들에게 펼친다.

퀄리아의 중요한 특징은 퀄리아를 체험하고 있는 사람들의 주의를 집중시킨다는 것이다. 퀄리아가 사람으로 하여금 그것을 느끼고 있는 현재에 집중하게끔 하는 것은 퀄리아의 기능적 속성이라고 할 수 있다. 카나이와 츠기야(Kanai and Tsuchiya, 2012)가 리차드 그레고리Richard Gregory의 이론을 바탕으로 소개하듯, 퀄리아는 지각이라는 것이 '바로 여기 지금here and now'이라는, 현재 순간을 강조한다. 즉 퀄리아의 유도성과 자극에 집중하며 퀄리아의 현재성과 강렬한 감각적 느낌에 압도된 개인은, 현재에 집중하고 바로 이 순간 체험하고 있는 쾌락에 몰두하게 된다. 이러한 퀄리아의 기능적 성격은, 생존을 해야 하는 개체로서의 인간이 자신을 둘러싼, 눈앞에 보이는 현재의 환경에 집중해야 하는 경우가 많으므로 발달했다고 보인다. 인간의 성찰적 의식이나 상상력은, 눈앞에 보이는 즉각적 환경에 주의를 기울이지 않고 다른 가상적 상황을 머릿속에서 떠올리면서 시뮬레이션을 해보도록 하는 기능을 수행하기에 퀄리아와 상반되는 기능을 가진 것이라 할 수 있다.

따라서 퀄리아에 압도되는 감각의 제국에 살고 있는 개인은, 퀄리아의 생생한, 부인할 수 없는 감각적 힘 그 자체에 지각하는 존재로서의 개인성과 주관성을 양도하게 된다. 퀄리아에 대한 비교적 중요한 선구적 연구를 한 뇌신경과학자인 라마찬드란과 허스틴(Ramachandran and Hirstein, 1997)이 제시한 퀄리아의 네 가지 기능적 특성 중 그 첫 번째가 바로 취소할 수 없는, 변경할 수 없다는 속성('irrevocable')이다. 눈앞의 붉은색이 주는 그 붉음의 느낌, 독특한 느낌의 네온사인을 볼 때의 느낌, 독일어나 프랑스어를 소리로 들었을 때 받는 그 음성적 느낌과 같은 느낌은, 특히 좁은 의미의 퀄리아narrow qualia들은, 마치 더 이상 분해할 수 없는 물질세계의 최소 단위처럼 인간 의식과 체험의 근본 단위로서 주체의 현상학적 체험을 구성한다. 라마찬드란과 허스틴이 언급한 퀄리아의 다른 특징으로는 그것이 인간의 주의·집중attention과 관련되어 있다는 것이다. 결국 디지털 플랫폼 세계의 인간이 주의를 기울이는 것은 모두 퀄리아를 뿜고 있는 것들이다. 현재의 디지털 플랫폼 경제는 결국 관심

경제attention economy로서, 개인들이 자신의 시간을 어디에 써서 무엇을 보고, 클릭하고, 구매하고, 얼마 동안 쳐다보는지 자체가 자원이 되는 단계로 넘어갔고, 거대 플랫폼 기업들 모두가 그러한 인간의 관심을 가져오기 위한 치열한 경쟁을 하고 있다. 그러한 경쟁은 결국 누가, 어떤 기업이 더욱 강력하고 인간의 집중을 끊임없이 가져오는 힘을 가진 퀄리아를 뽑아낼 것인가의 게임이다. 그러한 게임, 경연장이 감각의 제국이고, 다른 모든 전통적 힘들이 그 의미를 상실한 제국의 시민들은 감각적인 힘을 가진 디지털 세계에 자신을 몰입시키게 된다.

디지털 세계의 무감각성, 무장소성

온라인 플랫폼에 기반한 상호작용이나 소비가 표면적으로는 얼마나 관계적이고 사회적인 모습으로 나타나건 간에, 그것은 본질적으로 개인적이고 사적인 미디어스케이프mediascape이다. 스마트폰의 작은 화면이나 컴퓨터 스크린을 통해 보이는 이미지와 텍스트, 타인이라는 기호들의 조합은 매우 제한된 종류와 방식으로 그것의 수용자에게 감각적 자극을 전달한다. 신체적으로는 '혼자'인 상태에서, 감각적으로는 주로 스마트폰과 같은 한 가지 대상물에 집중하는 '제한적 시각'에 의존하면서, 그리고 작은 크기의 유리 화면을 문지르는 '제한적 촉각'에만 기반한 감각적 경험이다.

앞서 디지털 플랫폼의 세계를 감각의 제국이라 표현했지만, 사실상 그 제국은 본질적으로 감각 없는senseless 감각의 세계라 할 수 있다. 감각이 상실된 감각이라는 개념은 바니니, 와스쿨, 가초크 (Vannini, Waskul, and Gottschalk, 2012)가 강조하는 것으로서, 하이퍼근대 사회의 소비주의가 개인들에게 제공하는 감각의 특성이다.

본래 인간이 가지는 경험은 많은 경우 몸에 기반한 '체험體驗'으로서, 어떠한 독특한 의미를 지닌 시공간에서 타인들과의 교류와 접촉, 오감으로 받아들이게 되는 총체적인 인상, 감정, 느낌, 기분, 공감 등의 패키지로 이루어진다. 그러한 체험을 통해 남게 된 기억은 개인의 기억과 자아를 구성하면서 의미와 진정성 있는 체험을 개인의 자아와 개인성, 정체성에 남기게 된다. 그러나 손에 들린 작은 스크린을 통해 들어오는 시청각 이미지와 디지털 신호들은, 그것이 어느 정도로 강렬하건 간에 위와 같은 체험이 아닌, 매우 제한된 형식으로 이루어지는, 감각적 신호들의 소비로 그치는 경우가 많다. 이러한 의미에서 하이퍼모더니즘을 이야기 했던 바후스-미셸Barus-Michel 이나 오베르Aubert와 같은 학자들은 현대 소비주의 문화에서는 날 것 그대로의 감각이나 센세이션이 진정한 의미에서의 감각을 통한 체험sense-making을 대체해버린다고 비판한다(Vannini, Waskul, and Gottschalk, 2012: 157). 즉 감각으로 충만한 디지털 세계이지만, 진정한 인간적인 체험을 종합적으로 구성하는 복합적인 감각적 경험은 없는 공간이다.

장소감이라는 측면에서도, 감각적 자극을 폭발적으로 쏟아내는 온라인 공간은 장소 상실의 공간으로 남는다. 존 버거가 말하듯이, 인간이 가장 원초적으로 알고 싶어 하는 것, 그것은 자신이 현재 어디에 있는가이다. 눈을 떴는데 자신이 어딘지 모르는 곳에서 눈을 떴다고 상상해보자. 그 순간 개인이 느끼는 당혹감은 다른 그 어떤 생각이나 본능을 압도한다. 눈을 통해 보이는 것은 언어 이전에 먼저 다가오는데, 자신이 어디에 위치해 있는가에 대한 감각 또한 그러한 감각적 우선성을 가진다(Berger, 1972). 광활한 세계 속에서 개인은 자신의 위치와 뿌리를 찾는 근본적인 욕구를 가지고 있는 것이다. 디지털 세계의 무장소성은 끊임없는 감각적 자극, 퀄리아의 쏟아짐 속에서 잠시 빠져나온 개인에게, 공허와 위치 없음, 뿌리 없음의 느낌을 주게 된다. 감각의 제국의 시민들은 역설적이게도 무감각성과 무장소성의 '감각 없음' 상태에 놓인다. 개인성과 자아를 구성하는 원초적인 재료이자 구성 요소가 개인이 느끼고, 수용하고, 내재화하는 감각적 입력임을 생각하면, 이러한 무감각성은 디지털 세계의 개인성에 느끼지 못하나 존재하는 침묵의 공간을 남겨놓을 것이라 생각할 수 있다.

감각의 제국 속 개인들의 전략과 혼돈

이렇게 온라인 공간이 역설적으로 무감각성과 무장소성의 공간이라 해서, 거기에서 개인들이 아무런 위치 감각을 느끼지 못하는 것은 아니다. 온라인 공간은 온라인 속 가상의 일반화된 타자들을 지향하는 자아들을 만들어낸다. 그러한 공간은 정체성의 공간으로서 기능을 수행하고, 그렇게 온라인 세계에 던져진 개인은 타인들을 이미지로서 소비하면서 동시에 자신의 정체성의 상대적 위치를 가늠하게 된다. 운동감각이라는 것이 인간의 신체 전체와, 그리고 각 부위가, 상대적으로 어디에 어떤 상태에 있는 것인지를 파악하는 것이라고 할 때, 퀄리아의 디지털 세계에 있는 개인은 그 안에서 질적으로 자신의 위치를 느끼는 자기수용감각을 가질 것으로 볼 수 있다. 그리고 이러한 과정은 중립적이고 기계적으로 진행되는 것이 아니라, 장field 및 상징적 경계에 대한 연구들이 보여주듯이 매우 전략적으로 일어나는 과정일 것으로 추정할 수 있다.

그러한 전략적 움직임은 상대적 구별 짓기의 논리에 따라 이루어질 수도 있고, 아니면 피상적 구별 짓기가 아닌, 자신의 진정성을 온라인상에서 표출하는 방식으로 이루어지기도 한다. 그런데 그러한 진정성이 만약 진정하다면 온라인에서 전시되는 진정성들은 왜 다 어느 정도 천편일률적인가라는 질문을 던지지 않을 수 없다. 현대사회 개인주의 양식 중 하나인 표현적 개인주의expressive individualism는 개인으로 하여금 자신의 정체성과 진정성을 드러내기를 요구하나, 그것은 늘 디지털 세계에서 측정 가능한 소시오미터sociometer가 되어 나의 위치와 가치를 드러낸다. 즉 나의 진정성이 얼마나 많은 '좋아요'를 받는지, 얼마나 자주 공유되는지 수치화되어 나타나고 전시된다. 진정성마저 상품화되어 유통되는 온라인 공간의 흐름을 잘 읽는 사람들은 트렌드를 잘 읽는 사람들로 주목을 받는다. 감각성이 사회성sensuality as sociality이라 했을 때(Vannini, Waskul, Gottschalk, 2012), 감각적 질서에 대한 해독력이 높은 사람들은 새로운 문해력 혹은 감각적 리터러시를 가진 자본가들이 된다. 진정한 개성(혹은 주체성)을 가진 것은 자본뿐이고, 개인들은 진정한 의미에서 그러한 개성을 가지지 못한 채 종속되어 있다는 오래전 진단(Marx and Engels, 1848)이 떠오르게 되는 지점이다.

물론 현대를 살아가는 개인들이 모두 이렇게 감각의 자본가가 되거나 전략적 구별 짓기에 분투하고 있지는 않다. 대부분의 개인들은 혼란스러운 상태에 있다. 대화적 자아이론을 제시한 후버트 허만스Hubert Hermans의 관점을 가지고 해석을 시도할 수 있는데, 핵심은 대화적 자아를 가진 개인들은 끊임없이 혼란스러운 내적 대화 중에 있다는 것이다. 자아 내부에는 다양한, 서로 상충하는 사회적 힘들이 작동하고 있다(Hermans, 2018). 개인의 내부는 그러한 다양한 사회적·경제적·문화적·정치적·전기적 힘들이 서로 경쟁하는 대화의 경기장이고 사회의 갖가지 힘들이 자아의 내부에서 내적 대화로서 상충하는 상태에 있다. 디지털 세계에서 감각적 정체성을 찾고자 하는 개인들은 그러한 거시적 힘들 사이의 충돌과 갈등으로 인해 내적 갈등과 혼란을 일으키며 정착하지 못한 채 표류하게 되고, 다만 지금, 현재 강렬한 퀄리아를 뿜어내는 디지털 세계에 몰입하게 될 뿐이다.

불행한 쾌락의 세계가 되지 않기 위해서는?

디지털 세계의 시민들이 보이는 전형적인 습관과 행동 양식이 있다. 모바일 디바이스가 신체의 일부가 되고, 그것이 작은 화면에서 쏟아내는 퀄리아를 계속 소비하는 것이다. 그 퀄리아의 생생한 현재성에 사로잡힌 사람들은 대면 만남에서도 강박적으로 스마트폰에 손을 뻗고, 서로를 앞에 두고도 고개를 숙이고 화면만을 응시한다. 그리고 디지털 세계 안에 있는 타인들을 만난다. MIT의 셰리 터클Sherry Turkle이 표현한 대로 '함께 홀로Alone Together' 있는 새로운 사회의 풍경이다. 그러한 습관들, 인간적 교감의 단절은 개인의 심리적 상태에 어떠한 영향을 누적적으로 남기게 되는가?

한국사회학회와 네이버가 2021년에 진행한 〈디지털 플랫폼 사회 인식/경험 조사〉에서는 한국인들의 SNS 사용 습관과 그것이 낳는 심리적 상태를 설문을 통해 간접적으로 살펴보고자 하였다. 이 조사는 전국의 성인 남녀 1,529명을 대상으로 실시된 온라인 설문조사로서, 사람들의 SNS 사용과 관련된 습관과 감정적 경험에 대해 물어보는 일련의 문항들을 포함하였다. 〈표 6-1〉은 해당 문항들에 대한 응답 분포를 보여준다. 각 항목은 SNS 사용에 어떠한 방식으

표 6-1 SNS 사용 습관과 경험					(단위: %)
	(1) 전혀 그렇지 않다	(2) 비교적 그렇지 않다	(3) 비교적 그렇다	(4) 매우 그렇다	긍정 응답 합계 (3+4)
원할 때 SNS 사용을 그만두는 것이 어려움	32.9	36.5	25.0	5.7	30.7
사람들과 시간을 보내는 것보다 SNS 사용을 더 선호	32.5	39.8	23.3	4.4	27.7
SNS에 접근할 수 없을 때, 자주 초조함, 짜증, 불만을 느낌	47.3	35.4	15.1	2.3	17.4
행복한 기분이 느껴지지 않아 SNS를 하는 경우가 많음	41.7	38.3	16.9	3.2	20.1
SNS를 하느라 잠을 늦게 자는 경우가 자주 있음	35.4	32.1	25.4	7.1	32.5
SNS를 하고 나면 기분이 좋아지는 경우가 자주 있음	22.9	41.9	31.6	3.7	35.3
SNS를 하고 나면 기분이 안 좋아지는 경우가 자주 있음	32.1	50.1	15.4	2.5	17.8
다른 사람과 대화할 때 휴대폰으로 SNS를 확인하고 싶은 욕구를 참아야 할 때가 자주 있음	42.9	38.9	15.8	2.4	18.2

로든 집착을 하거나, 중독과 비슷한 증상을 보이거나, SNS로 인해 감정적으로 부정적 정서를 느끼는 사람들의 비율이 어느 정도인지를 보여준다. 표에서 가장 우측에 있는 '긍정 응답 합계' 열을 보면 각 항목들에 대해 어느 정도 수긍하는 사람들의 비율이 나타난다.

표에 나타난 결과를 보면 우리나라 사람 중 약 1/3 정도는 SNS로 인해 무시할 수 없는 영향을 받고 있음을 알 수 있다. 특히 분석 대상이 되는 연령대의 기준을 낮추면 낮출수록, '긍정 응답 합계'의 크기가 상당히 커진다. 예를 들어 20대의 경우, 작게는 2%에서 크게는 15% 이상 그 비율이 증가한다. 각 항목들 모두 중요한 의미를 가지고 있지만 '사람들(친구나 가족 등)과 시간을 보내는 것보다 SNS 사용을 더 선호'하는 비율이 1/3에 육박한다는 점은 한국인들의 SNS이나 스마트폰 사용이 대인관계를 상당 부분 대체하고 있음을 엿보이게 한다. 다른 흥미로운 점으로, SNS 사용으로 인해 부정적인 정서를 느낀다는 사람들도 있지만, SNS를 사용하고 나서 기분이 좋아진다고 하는 사람들이 그보다 많은 35%에 달한다.

전반적으로 '긍정 응답 합계'에 나오는 수치들이 무시할 수 없을 정도로 높게 나온다고 평가할 수 있는데, 응답자에 SNS 비사용자 혹은 소극적 사용자들까지 포함된 것이고, 80대까지 포함하는 전 연령대를 합쳐 나온 수치임을 고려할 때, SNS를 적극적으로 사용하는 젊은 층의 경우 SNS의 심리적·행위적 파급효과는 상당할 것임을 짐작할 수 있다.

위의 분석과 함께 절대적 SNS 사용 시간 자체가 가지고 있는 심리적 효과는 어떠한지를 살펴보고자 하였다. 먼저, 사람들이 SNS를 몰입하여 하게 되는 심리 중 하나로 여겨지는 'FOMOfear of missing out', 즉 남들에 비해 혼자 뒤처지거나 남들이 아는 것을 자신만 모르는 것에 대한 두려움이 어느 정도인지를 측정하였다. 이를 위해 기존 연구(Roberts and David, 2020)를 따라, ① 나는 내 주변 사람들이 나만 모르는 좋은 것들을 누리면서 사는지 신경 쓸 때가 있다, ② 내 주변 사람들이 주고받는 정보나 농담을 나도 다 알고 있는 것이 중요하다, ③ 친구들이나 지인들이 서로 만나는 기회를 나만 놓치게 되면 신경이 쓰인다, 그리고 ④ 나는 내 주변 사람들이 무엇을 하며 사는지 계속 확인하려 한다와 같은 문항들에 대한 응답자들의 응답을 (요인분석 기법을 사용해) 개인들의 점수로 만들었다. 〈그림 6-2〉는 SNS 사용 시간(주말 기준, 로그 변환)이 긴 사람들일수록 FOMO의 정도가 높음을 보여준다.

또 다른 일련의 회귀분석 결과, 이러한 FOMO와 같은 걱정 및

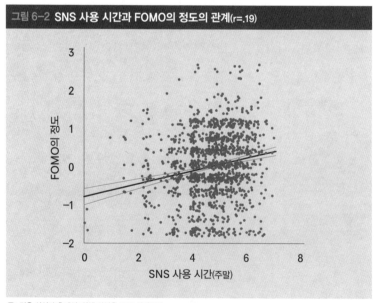

그림 6-2 **SNS 사용 시간과 FOMO의 정도의 관계**(r=.19)

주: 검은 실선이 추세선, 회색 실선은 95% 신뢰구간.

두려움이 높은 사람들일수록 ① SNS 사용 시간이 길고, ② SNS 사용을 그만두기 어려우며, ③ 행복하지 않아 SNS를 하게 되는 경우가 많고, ④ SNS를 하고 나면 기분이 좋아지는 경우가 자주 있으며, ⑤ SNS를 하고 나면 기분이 안 좋아지는 경우가 자주 있음이 드러났다. 즉 쾌락을 얻기 위해 SNS를 하지만 그로 인해 기분이 좋아지기도 하고 나빠지기도 하는 혼돈과 딜레마에 빠지게 된다. 연령과 SNS 사용 시간 등을 통제해도 이 효과는 매우 유의한 것으로 나타났다($p < .001$).

디지털 세계의 시민들이 느끼는 이러한 불안, 불만, 불행은 어떻게 설명해야 할까? 삶의 질과 행복에 대한 연구자인 빈호벤(Veenhoven, 2012)은 사람들이 살면서 느끼는 만족감을 네 가지 종류로 나누어 제시한다(〈표 6-2〉). 이 네 가지 종류의 만족감은 ① 전체 혹은 부분: 인생 전체에 관한 것인가, 아니면 인생의 부분들에 대한 것인가, 그리고 ② 지속적 혹은 일시적: 잠깐 지나가는 종류의 만족감인가, 시간에 따라 지속되는 만족감인가라는 두 가지 차원에 의해 구성된다.

디지털 기기에 의해 경험하고 지속적으로 유혹을 받는, 퀼리아적 체험에 종속되는 개인들은 이러한 서로 다른 만족감 중 어떠한 것을 느낄 것인가? 〈표 6-2〉의 구분을 바탕을 살펴보면, 디지털 기기

표 6-2 네 가지 종류의 만족(satisfaction)		
	일시적	지속적
삶의 부분	쾌락	영역적 만족
삶 전체	최고의 경험	행복

를 사용하고 있을 때 느끼는 모종의 만족감은 지속적이라기보다는 일시적인 체험에 가깝고, 인간이 경험할 수 있는 어떤 종합적인 체험이라기보다는 부분적 영역에 있어서의 만족일 것이기 때문에 '쾌락'에 가까운 만족이라고 할 수 있을 것이다.

문제는 언제든 접속 가능한 모바일 기기와 SNS와 스트리밍 사이트들이 주는 쾌락이 비록 일시적이기는 하지만, 항시적으로 접속이 가능하기 때문에 지속적인 수준으로 개인들이 그 쾌락에 접속할 수 있다는 것이다. 즉 '일시적' 쾌락을 '지속적'으로 추구하면서, (〈표 6-2〉에 제시되는) 행복이나 최고의 경험이 가져다줄 수 있는 총체적이고 종합적인integrated 만족을 오히려 느낄 수 없게 되는 것이다.

물론 여기서 판단은 어떤 가정을 가지느냐에 따라 달라질 수 있다. 행복은 물론이고 별다른 쾌락의 원천을 가지고 있지 못한 개인들에게는 이러한 온라인 세계가 주는 쾌락이 있는 것이 전혀 없는 것보다는 나을 것이다. 그러나 이러한 쾌락들의 지속적 제공은, 그리고 그것이 낳을 삶의 양식과 대면 상호작용의 변질은 잠재적으로 인간들의 삶을 더욱 풍요롭게 해줄 수 있는 경험과 행복의 기회들을 박탈할 우려가 있다. 이러한 사회의 개인들은 늘 작은 쾌락을 느끼지만, 행복하지는 않은 존재들이 될 것이다. 그렇지만 동시에 디지털 세계로의 몰입이 주는 긍정적인 측면들을 무조건 폄하하기란 어렵다.

따라서 이러한 새로운 세상을 어떻게 평가할 수 있을 것인가는 분명치 않다. 한편으로는 강렬한 퀄리아의 세계에 늘 접속되어 있는 개인들이 얻는 심미적 만족감, 감각의 소비를 통한 심리적 테라피, 감각적인 자기 전시를 통한 만족감, 유행을 따라가는 것을 통해 얻는 만족감과 정체성, 편리함 등이 있을 것이다. 그것들을 결코 부정할 수 없을 것이다. 디지털 세계는 감각적인 쾌락과 만족을 주는 강력한 유혹의 공간이고, 그것이 뿜어내는 퀼리아는 인간의 주의집중을 끌어당기는 그 무엇보다 강력한 힘을 가지고 있다. 다만 앞서 감각적 세계에서의 개인들의 혼란에 대해 언급했듯이, 그러한 세계에서 살고 있는 현대인들이 과연 안온하고 자기 만족적 상태에서 살아갈 수 있을지에 대해서는 회의적인 시선을 던지지 않을 수 없다.

감각의 제국이라고 하는 이 강력하고 견고한 제국적 질서의 밑바탕에는, 마치 안정적인 거시적 세계의 밑바탕에 확률적으로 요동치는 양자세계가 있는 것처럼, 만족과 불안 사이에서 끊임없이 불안하게 진동하고 있는 개인들의 심리적 상태와 내적 대화의 자아가 놓여 있음을 짐작할 수 있다. 현대사회의 거시적 힘들은 개인 내부 안에 지속적인 자기 의심, 자기 만족, 자기 칭찬, 자기 비하, 자기 치유, 자기를 몰아붙이기 등의 혼란 속에서 어지러운 자기와의 대화를 지속하게끔 한다(Hermans, 2018). 그 어지러운, 하지만 견고하게 구축된 감각의 제국에서 개인들은 그것을 정체성의 공간으로 삼고 자기 자신을 위치 지어야 한다.

지금까지 서술한 내용들이 전반적으로 디지털 세계, 플랫폼 사회를 부정적으로만 묘사한 것일 수도 있다. 보다 긍정적인 해석과 전망 또한 불가능한 것은 아니다. 예를 들어 정치적 영역에 있어서는 개인들의 정치적 삶에 있어 긍정적인 효과를 낳을 수 있다는 기대도 해볼 수 있다. 온라인 세계에서 활발하게 펼쳐지는 정치적 담론들이 건설적이고 협력적인 방식으로 펼쳐질 수 있다면, 민주정치의 발전에 반드시 필요한 공화주의적 시민 열정의 감정적 채널로서 이 디지털 세계가 의미 있는 역할을 할 수 있다. 많은 사회변혁과 사회운동들이 온라인을 통해 확산되고 촉진되었던 사례들을 생각할 때, 정치적 측면에 있어서의 새로운 가능성이 디지털 세계를 통해 만들어질 수 있을 것이다. 시민사회의 영역에 있어서도, 새로운 연대의 점접들과 상상력의 감정적 자원이 온라인을 통해 만들어질 수도 있다. 새로운 생활정치, 사적 영역의 정치적 감수성과 감각적 질서의 재구축이 새로운 퀼리아를 기대하는 온라인 공간의 욕망과 맞아떨어질 수 있다. 한국의 시민사회가 과거처럼 거대 조직이나 중앙조직을 거점으로 하는 '시민 없는 시민사회'의 모습이 아니라, 사람들의 일상 영역에 미시적으로 침투한 모습과 실천으로, 다양성과 작은 조직들이 다양하게 연결된 모습으로 진화해야 할 필요성이 있고 그러한 경향 또한 지난 여러 해 동안 나타났다. 디지털 세계와 플랫폼은 그러한 진화에 있어서 필요한 감각적 자원, 감정적 동학의 원천이 될 수 있다. 물론 이러한 장밋빛 그림이 아닌, 보다 부정적인 (동시에 더 가능성이 높은) 결과를 마주하게 될 수도 있다. 온라인이 가진 감정 유도의 힘이 정치적 양극화를 심화시키고, 반민주주의적 정서와 당파적 편향, 그리고 집단 간 혐오를 만드는 등 사회적 균열과 정치적 부족주의를 심화시키고 있다는 징후는 이미 나타나고 있다.

결국 감각의 제국으로서의 플랫폼과 디지털 세계가 우리 사회와 개인들에 총체적으로 미칠 영향은 이중적이고 불확실하다. 인공지능의 사용이 윤리와 관련된 문제들을 불러일으키면서 여러 사회적 과제들을 던져주듯이, 온라인 플랫폼을 어떻게 사회적 공공선에 더욱 기여하는 방식으로 존재하게 할 것인가에 대한 보다 근본적이고 미래지향적인 협력적 구상과 도전들이 필요한 시점이라고 생각된다.

아울러 이 새로운 디지털 세계에서 우리들의 자아, 개인성, 주체성
은 어떠한 구조적 변화를 경험하고 있을지에 대한 성찰적 숙고가 반
드시 필요하다.

7

이은주

서울대학교 언론정보학과 교수. 스탠퍼드대학교에서 언론학 박사 학위를 받았다. 캘리포니아대학교 데이비스캠퍼스 교수, Human Communication Research의 편집위원장을 역임했다. 국제 커뮤니케이션학회 석학회원Fellow으로 국제 커뮤니케이션 학회 차기 회장에 선출됐다.

팬데믹 시기
회상적 소셜 플랫폼 이용과
마음 건강 지키기

이종은

미국 오하이오 주립대학교 커뮤니케이션학과School of Communication 부교
수Roselyn J. Lee-Won. 2009년 스탠퍼드대학교에서 언론학 박사학위를 받
았다. 인간-컴퓨터 상호작용 및 미디어 심리학 등을 연구하고 있다.

전대미문의 세계적 보건 위기 상황 속에서 지금 우리는 인류를 대상으로 한 다양한 현장 실험의 한복판에 놓여 있다고 할 수 있다. 이러한 상황에서 사회과학자의 중요한 역할은 팬데믹으로 인해 발생하거나 증폭 또는 가속화되는 다기다양한 사회적 변화와 그에 대한 사람들의 대응 양상을 체계적·과학적으로 촘촘하게 기록하고, 분석하며 적절하게 해석하는 일이다.

팬데믹 시기 마음 건강의 문제

2020년 초 시작된 코로나19 팬데믹이 어느덧 2년 가까이 장기화되면서 한국 사회 전반에서 팬데믹에 대한 피로감이 높아지고 한국인의 마음 건강이 위협받고 있다. 서울대학교 보건대학원 유명순 교수팀이 성인남녀 1,016명을 대상으로 2021년 1월 실시한 〈코로나19 인식조사〉에 따르면, 코로나19에 대한 걱정과 스트레스가 마음 건강에 나쁜 영향을 미쳤다고 답한 사람은 응답자의 84.6%였다. 응답자들의 우울증 지수는 7.91점으로 2020년 6월 6.75점보다 높아졌고, 극심한 스트레스를 호소해 즉시 치료가 필요한 사람도 2020년 6월 16%에 비해 두 배 이상 증가한 36.8%에 달했다(한국경제, 2021). 한국언론진흥재단(2021a)이 실시한 설문조사에서도 응답자의 78.0%가 코로나19 확산 전과 비교해 일상에서 '걱정 또는 스트레스'를 더 많이 느끼고, '불안 또는 두려움'(65.4%), '짜증 또는 화'(60.8%), '분노 또는 혐오'(59.5%) 역시 코로나19 이전보다 많이 느낀다고 응답, 우리 사회가 우울함의 단계인 '코로나 블루'를 넘어 분노 단계인 '코로나 레드'로 넘어가고 있음을 시사했다. 보다 최근 경희대학교 정신건강의학과 백종우 교수팀이 실시한 설문조사에서도 조사 대상 2,164명 중 28%에 달하는 사람들이 우울 위험군에 속했는데 이는 코로나19 확산 이전과 비교할 때 7배나 증가한 수치였다(동아일보, 2021). 특히 여성이 남성보다, 저소득층이 다른 소득층보다 우울 위험군 비율이 높은 것으로 나타나 취약계층이 팬데믹으로 인한 불확실성의 부정적 영향에 더 직접적으로 노출되어 있음을 보여주었다.

2021년 11월, 높은 백신 접종률과 함께 서서히 팬데믹 이전의 일상을 회복하기 위해 '위드 코로나'로 정책을 전환한 이후, 확진자 수 및 중증환자 수가 연일 최대치를 기록하고 오미크론 변이까지 가세하면서 12월에는 다시금 강력한 사회적 거리두기 강화 조치를 시행하게 되었다. 이처럼 삶의 모든 측면에서 일상성을 회복하는 과정은 점진적으로, 진퇴를 반복하면서 이루어질 것이고, 어떤 변화들은 코로나19 이후에도 지속되거나 심지어 강화될 가능성이 있다. 특히 사회적 거리두기로 인해 일과 학업, 놀이와 쇼핑, 사교적 활동 등 대부분의 일상적 활동이 비대면으로 이루어지게 됨에 따라 사람들이 다양한 플랫폼에 의존하는 정도는 유례없이 높아졌는데, 이는 팬데믹 이전에 이미 진행 중이었던 플랫폼 중심 사회로의 전환을 가속화하고 있다. 특히 사회적 거리두기가 장기화됨에 따라 대면 상호작용을 통한 다른 사람들과의 연결 기회가 줄어든 상황에서 소셜 네트워크 플랫폼(이하 소셜 플랫폼)에 대한 의존도 역시 높아지고 있음은 주지의 사실이다(한국언론진흥재단, 2021b).

본 연구는 코로나 팬데믹 시기 사람들이 마음 건강을 유지하는 데 소셜 플랫폼 이용이 어떤 역할을 할 수 있는지에 주목한다. 일상적 대면 접촉이 현저하게 위축된 상황에서 소셜 플랫폼이 대안적 소통 채널로 널리 활용되는 것은 쉽게 예상할 수 있다. 하지만 본 연구에서는 소셜 플랫폼이 타인과의 연결이라는 익히 알려진 기능 외에, 이용자의 과거 경험을 담아두는 기억의 저장고repository 역할을 한다는 점에 초점을 맞춘다. 구체적으로 회상적nostalgic 미디어 이용이 이용자의 심리적 안녕감에 미치는 영향을 검증한 선행 연구에 근거하여, 본 연구는 코로나19 팬데믹 상황에서 소셜 플랫폼의 회상적 이용이 이용자들의 마음 건강에 어떤 영향을 주는지 그 가능성을 탐색하고자 한다. 이를 위해 2021년 〈디지털 플랫폼 사회인식 조사〉 데이터를 분석함으로써 회상적 소셜 플랫폼 이용과 마음 건강의 관계를 실증적으로 검증하고 그 결과 및 함의를 논의한다.

소셜 플랫폼 이용과 마음 건강

세계보건기구(World Health Organization, WHO, 2018)에 따르면, 마음 건강mental health은 "개인이 자신의 능력을 발휘하고, 통상적 삶의 스트레스를 잘 견디며, 생산적으로 활동하고, 본인이 속한 공동체에 기여할 수 있는 긍정적 상태well-being"로 정의된다. 즉 인지적 차원에서 본인의 삶에 대체로 만족하고 우울, 불안 등 부정적 감정은 덜 느끼는 반면, 행복이나 기쁨 등 긍정적 감정은 자주 경험한다면 마음이 건강한 것으로 볼 수 있다(Schemer, Masur, Geiß, Müler, and Schäer, 2021). 마음 건강은 특히 소셜 플랫폼 이용의 예측 요인 혹은 소셜 플랫폼 이용의 결과로 주로 연구되어왔는데, 본 연구에서 주목하는바 소셜 플랫폼 이용이 이용자의 마음 건강에 미치는 영향에 관해서는 최근 폭발적으로 연구가 수행되어왔다. 일례로 발켄버그(Valkenburg, 2022)는 지금까지 300편 이상의 연구가 소셜 플랫폼 이용이 마음 건강에 미치는 영향을 다루었고 2019년 1월부터 2021년 8월의 기간에만도 9편의 메타분석 연구를 포함, 총 27편의 리뷰가 출판되었음을 언급하고 있다.

하지만 소셜 플랫폼 이용이 마음 건강에 미치는 영향에 관한 선행 연구들은 상반되는 결론을 내리고 있다. 먼저 소셜 플랫폼 이용의 부정적 영향을 경고하는 연구들에 따르면, 소셜 플랫폼 이용은 ① 보다 깊이 있는 양질의 대면 상호작용에 할애하는 시간을 감소시키고time displacement, ② 과시적이고 미화된 다른 사람들의 포스팅에 노출시킴으로써 상향적 사회적 비교upward social comparison를 촉진할 뿐 아니라, ③ 사이버 왕따, 성희롱 등의 피해자가 될 가능성을 높이고, ④ 다른 작업과의 멀티태스킹에 따르는 스트레스 및 이로 인한 수면의 질적·양적 하락을 초래하기 때문에 전체적으로 마음 건강에 부정적 영향을 미친다고 주장한다(Appel, Marker, and Gnambs, 2020의 리뷰 참고). 반면 소셜 플랫폼 이용의 긍정적 영향을 주장하는 연구들은 ① 소셜 플랫폼을 통해 정보적·정서적 지지의 원천인 사회 자본social capital을 축적·유지할 수 있고, ② 본인의 포스팅에 대한 다른 사람들의 긍정적인 반응을 받을 기회를 제공하며, ③ 즉흥적으로 발생하는 대면 상호작용과 달리 정제된 자기표현이 가능하다는 점에서 마음 건강에 긍정적 영향을 준다고 설명한다(Appel et al., 2020). 이외에도 소셜 플랫폼에서는 주로 긍정적 정서가 공유되기 때문에 긍정적 감정전이emotion contagion가 발생할 수 있고(Lin and Utz, 2015), 심지어 다른 사람과의 상향적 비교를 통해서도 사람들이 영감inspiration을 얻는다는 점(Meier, Gilbert, Börner, and Possler, 2020)에서 마음 건강을 증진시키는 효과를 기대할 수 있음을 주장하기도 한다.

이처럼 상반된 결론들은 소셜 플랫폼 이용이 마음 건강에 미치는 효과를 논의함에 있어 보다 구체적 이용 동기와 이용 방식, 오프라인 대인관계의 속성 등을 함께 고려할 필요를 제기한다. 실제로 관련 연구들을 검토한 결과, 주로 소셜 플랫폼 이용 시간 혹은 빈도로 측정되는 '일반적' 소셜 미디어 이용general social media use은 마음 건강 관련 변수들에 일관된 영향을 미치지 않는 반면, 네트워크 크기 혹은 문제적 소셜 미디어 이용problematic social media use과 같은 구체적 소셜 미디어 이용 변수들은 상대적으로 일관된 결과를 보여줬다(Valkenburg, 2022).

특히 사회적 이동과 교류가 유례없이 제한된 코로나19 팬데믹 상황은 소셜 플랫폼 이용 동기 및 방식뿐 아니라, 소셜 플랫폼 이용이 마음 건강에 미치는 영향에도 변화를 가져올 수 있다. 실제로 드루인 등(Drouin, McDaniel, Pater, and Toscos, 2020)의 연구를 보면, 부모와 10대 자녀 모두에게서 사회적 거리두기가 시행된 후 소셜 플랫폼 이용이 증가했지만, 특히 (부모가 판단하기에) 불안감anxiety이 높은 자녀들은 다른 사람과의 연결을 위해 소셜 플랫폼을 더 이용하게 되는 경우가 많았고, 부모들의 경우 불안감 수준이 높을수록 사회적 지지social support 및 정보 추구information seeking를 위한 소셜 플랫폼 이용이 증가했다. 팬데믹으로 인한 자가격리 기간 중 소셜 플랫폼을 통한 사회적 비교가 마음 건강에 어떤 영향을 주는지를 검증한 패널 서베이 연구에서는(Ruggieri, Ingoglia, Bonfanti, and Coco, 2021) 소셜 미디어에서 다른 사람들이 자가격리 상황을 어떻게 경험하고 있는가를 비교함으로써 사람들의 불안감, 스트레스, 외로움 등 심리적 괴로움이 줄어드는 효과가 있음을 보이기도 했다.

이처럼 선행 연구들은 소셜 플랫폼이 개인 간 일상적 상호작용을 돕기도 하지만, 동시에 위기 상황에서 중요한 정보가 교환되고, 사회적 지지를 나누는 창구로 작용한다는 점에 착안하여 소셜 플랫폼 이용과 이용자의 마음 건강 관계를 검증했다. 하지만 대인관계 유지 및 사회적 상호작용, 정보 습득 등의 통상적 소셜 플랫폼 이용 외에 본 연구는 그간 상대적으로 간과되어온 회상적nostalgic 소셜 플랫폼 이용에 초점을 맞춘다. 지금까지 회상적 미디어 이용은 주로 대중매체, 특히 엔터테인먼트 미디어 이용 맥락에서 논의되어왔지만, 예컨대 페이스북은 이용자의 생일, 기념일 등을 알려주거나 몇 해 전 오늘on-this-date의 포스팅을 적극적으로 소환함으로써 이용자들의 추억을 현재에 되살리는 역할을 한다(Humphreys, 2020). 본 연구는 소셜 플랫폼이 외부 세계와 개인을 연결할 뿐 아니라, 시간을 거슬러 과거의 나와 현재의 나를 연결시켜줄 수 있음에 착안하여 외부 활동이 현격히 제한된 코로나19 상황에서 소셜 플랫폼의 회상적 이용이 이용자들의 마음 건강 유지에 어떤 함의를 가지는지 실증적으로 확인하고자 한다.

회상적 미디어 이용과 마음 건강

감정 상태로서의 회상nostalgia은 17세기부터 20세기 후반까지는 심리적 질병psychological illness의 일종으로 비정상적이고 부정적인 심리 상태로 인식되었으나(McCann, 1941), 2000년대에 들어오며 마음 건강을 유지·향상시키는 중요한 심리적 자원resource으로 재평가되고 있다(Routledge, Wildschut, Sedikides, and Juhl, 2013). 즉 현재의 삶에서 외로움loneliness이나 무의미함meaninglessness 등 심리적 위협을 느낄 때 사람들은 과거를 회상함으로써 당장의 심리적 위협으로부터 야기되는 부정적 감정이나 생각들을 누그러뜨릴 수 있다는 것이다(Routledge et al., 2013; Wildschut, Sedikies, Arndt, and Routledge, 2006).

이처럼 회상이 당면한 심리적 어려움을 완화시키고 이겨내는 일종의 대응 기제coping mechanism로 작동한다는 것에 착안, 미디어 엔터테인먼트 연구자들은 회상적 미디어 이용의 효과를 탐구했다. 이들은 주로 회상적 미디어 이용을 "어린 시절에 유행하고 본인도 즐겼던 엔터테인먼트 미디어(드라마, 영화, 음악 등)를 소비하는 행위"(Wulf, Bonus, and Rieger, 2019: 798)로 개념화하고, 그러한 미디어 이용이 심리적 안녕감에 미치는 영향을 규명하고자 했다. 일례로 〈스타워즈〉나 〈라이언 킹〉처럼 어린 시절을 생각나게 하는 영화를 본 실험 참여자들은 해당 영화의 최신 리메이크 작품들을 시청한 참여자들에 비해 높은 수준의 자아 존중감을 느낀 것으로 나타났다(Watts, Bonus, and Wing, 2020). 코로나19 팬데믹이 시작된 2020년에 실시한 다른 연구에서 이들은 실험 참여자들로 하여금 팬데믹과 관련하여 위협을 느끼게 하는 동영상과 그렇지 않은 동영상 중 하나를 무작위로 시청하게 한 뒤, 어린 시절을 생각나게 하는 〈토이 스토리〉 동영상과 또는 같은 장르(가족용 만화영화)인 2020년작 〈온워드: 단 하루의 기적〉 동영상 중 하나를 보게 했다. 그 결과 팬데믹 위협을 느끼게 한 동영상을 시청한 참여자 중 〈토이 스토리〉를 시청한 참여자들은 〈온워드〉를 시청한 참여자들보다 더 큰 위안solace을 느꼈다고 답했다(Bonus, Wing, and Watts, 2022).

비슷한 맥락에서 팬데믹 초기(2020년 4~5월) 서베이 데이터를 근간으로 한 연구(Wulf, Breuer, and Schmitt, 2021)는 고립에 대한 두려움이 클수록 사람들이 과거를 회상하게 만드는 미디어 콘텐츠를 자주 이용하고, 그 결과 현실의 어려움을 잊고자 하는 역기능적 dysfunctional 현실도피("나는 내 삶의 어려운 점들을 잊고자 노력한다")와 순기능적functional 현실도피("나는 나 자신을 좀 더 잘 이해하고자 노력한다")를 경험함을 보고한 바 있다. 연구자들은 도피적 미디어 이용이 비록 문제의 근원을 해결해주는 것은 아닐지라도 "기분 전환, 안녕감 증진, 자신감 증가, 활력 회복, 여유 찾기(relaxation; p. 4)" 등의 결과를 유발할 수 있음을 강조했다.

팬데믹 이전 연구이기는 하나 보너스 등(Bonus, Peebles, Mares, and Sarmiento, 2018)은 포켓몬 고 게임을 하는 것이 이용자들로 하여금 어릴 적 행복한 기억에 빠져들게 만들고, 이러한 심리적 경험은 회복탄력성resilience을 증진시킨다는 것을 발견하기도 했다. 사실 이러한 회상적 미디어 이용의 긍정적 효과는 자기 자신의 기억을 되살리는 것뿐 아니라 타인의 기억을 공유하는 경우에도 발생했는데, 블로그 네트워크상에서 모르는 사람들의 회상적 기억(어렸을 적 사진이나 예전에 사랑했던 사람에게 남긴 짧은 글귀)을 접하는 경우, 사람들이 노스탤지어를 더 강하게 느낄 뿐 아니라 긍정적 정서와 삶 만족도 역시 향상되는 것으로 나타났다(Cox, Kersten, Routledge, Brown, and Van Enkevort, 2015).

회상적 소셜 플랫폼 이용과 마음 건강: 자아 연속성의 매개 역할

어린 시절을 생각나게 하는 회상적 엔터테인먼트 미디어 이용이 자아 존중감을 높이고, 마음 건강을 위협하는 팬데믹 상황에서 위안을 준다면 회상적 소셜 플랫폼 이용도 이와 마찬가지로 긍정적 영향을 미칠 수 있을까? 만일 그렇다면 긍정적 영향은 어떤 심리적 기제를 통해 설명할 수 있을까?

회상적 미디어 이용의 긍정적 효과는 주로 자아연속성self-continuity 개념을 중심으로 이해된다. 자아연속성은 자신의 과거와 현재가 연결되어 있다는 느낌으로 정의되는데(Davis, 1979; Sedikides, Wildschut, Gaertner, Routledge, and Arndt, 2008; Vignoles, 2011), 세디키데스 등(Sedikides et al., 2016)은 회상을 통해 과거의 자신과 현재의 자신이 연결되어 있음을 인지할 때, 사람들이 활력과 생동감subjective vitality을 느낀다는 결과를 보고한 바 있다. 구체적으로 단지 과거의 자신의 모습을 기억하는 경우에 비해(낮은 자아연속성 조건), 과거의 자신과 현재 자신의 모습 간에 유사성을 확인하는 경우(높은 자아연속성 조건) 실험 참여자들은 주관적 생동감을 더 강하게 느꼈는데, 과거의 이벤트를 회상하는 경험은 일시적으로 자아연속성을 고양시킴으로써 사람들에게 활력을 불어넣는 것으로 나타났다.

마찬가지로 밴 틸버그 등(Van Tilburg, Sedikides, Wildschut, and Vingerhoets, 2019)은 참여자들이 현재에도 여전히 변함없는 본인의 과거 모습을 떠올리는 경우(높은 자아연속성 조건), 과거에만 해당되는 자신의 모습을 생각하는 경우(낮은 자아연속성 조건)에 비해 삶의 의미meaning in life를 더 강하게 느끼고, 회상적 미디어 이용은 자아연속성을 고양시킴으로써 사람들로 하여금 삶의 의미를 느끼게 한다는 것을 확인했다.

보고 싶은 사람들을 만나기 어렵고, 가고 싶은 장소를 마음껏 방문하기 어려워진 상황에서 소셜 플랫폼은 이용자들에게 있어 팬데믹 이전의 즐거웠던 순간, 행복했던 경험들을 다시 만날 수 있는 기억의 저장고 역할을 한다. 즉 소셜 플랫폼은 이용자들이 팬데믹으로 인해 만날 수 없게 된 사람들, 팬데믹으로 인해 금지된 활동들, 그리고 팬데믹 이전의 (대체로) 평안하고 행복했던 기억들을 떠올릴 수 있게 도와준다(최근 중장년층 페이스북 이용자들 사이에서 유행했던 '나의 20대 사진 소환하기' 역시 이 맥락에서 이해할 수 있겠다). 앞서 살펴본 바에 따르면, 다수의 대중을 상대로 만들어지고 집단적으로 소비된 과거의 미디어 생산물을 접하는 것(Bonus et al., 2022; Watts et al., 2020)이나 생면부지 타인의 회상적 포스팅을 보는 것(Cox et al., 2015)에 비해 소셜 플랫폼에 저장된 포스팅들은 다른 누구의 것도 아닌 지극히 개인적 경험을 담고 있다는 점에서, 과거의 자신과 현재의 자신 간 연속성을 확인시키는 계기로 작용할 가능성이 더 높다. 그렇다면 회상적 소셜 플랫폼 이용에 따라 고양된 자아연속성이 팬데믹 상황에서 우울감을 낮추고 삶의 만족도를 높여 마음 건

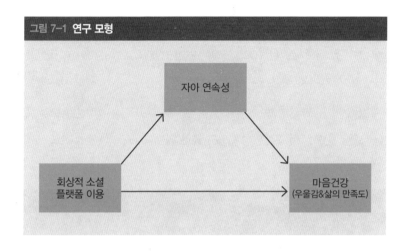

그림 7-1 연구 모형

자아 연속성

회상적 소셜
플랫폼 이용

마음건강
(우울감&삶의 만족도)

가설1 회상적 소셜 플랫폼 이용이 증가할수록 자아연속성도 높아질 것이다.

가설2 회상적 소셜 플랫폼 이용은 자아연속성을 매개로 우울감과 부적인 관계를 나타낼 것이다.

가설3 회상적 소셜 플랫폼 이용은 자아연속성을 매개로 삶의 만족도와 정적인 관계를 나타낼 것이다.

강을 유지하는 데 도움을 줄 것이라 예상할 수 있다.

종합하면 본 연구에서 검증하고자 연구 모형은 〈그림 7-1〉과 같다.

연구 방법 및 결과

이상의 가설을 검증하기 위해 2021년 10월 전국의 만 18세 이상 성인 남녀 1,569명을 대상으로 온라인 설문조사를 실시했다. 응답자 연령 평균은 47.09세(SD = 15.00)로, 전체 응답자 중 남성 응답자는 779명(49.65%), 여성 응답자는 790명(50.4%)이었다. 이 중 659명

(42,0%)은 대학교 이상의 학위를 소지하였고, 대다수(1,020명, 65,0%)의 월평균 세대 소득은 500만 원 미만이었다(〈표 7-1〉 참조). 가설을 검증하기 위해 헤이즈(Hayes, 2018)의 PROCESS 모델 4를 이용했는데, 인구학적 변인들(연령, 성별, 학력 및 세대별 소득)과 개인차individual difference 변수로서 회고 성향(nostalgia proneness; "나는 과거에 대해

표 7-1 **참여자 인구통계 특성**			
구분		빈도(N = 1569)	비율(%)
성별	남자	779	49.6
	여자	790	50.4
연령	평균	만 47.09세 (만 18~86세; SD = 15.00)	
	만 18~29세	277	17.7
	만 30~39세	241	15.4
	만 40~49세	291	18.5
	만 50~59세	304	19.4
	만 60세 이상	456	29.1
학력	고졸 이하	910	58.0
	전문대(2~3년제)	160	10.2
	대학교(4년제 이상)	415	26.4
	석사	61	3.9
	박사	23	1.5
월평균 소득	500만 원 미만	1,020	65.0
	500만~1,000만 원 미만	426	27.3
	1,000만~1,500만 원 미만	41	2.6
	1,500만~2,000만 원 미만	5	0.3
	2,000만 원 이상	16	1.0
	모르겠음	60	3.8

애틋한 그리움을 느낀다"; M = 3.21, SD = 1.02)은 통제하였다.

회상적 소셜 플랫폼 이용은 최근 6개월간 이용한 모든 SNS 서비스(들)에서 다음 네 가지 활동을 얼마나 자주 했는지 5점 리커트 척도(1 = "전혀 하지 않았다", 5 = "매우 자주 했다")에 응답하도록 했다. "코로나19 팬데믹으로 인해 만나기 어려운 사람들의 모습이 담긴 사진이나 동영상을 찾아보았다", "코로나19 팬데믹 이전(2019년 또는 그 이전)에 했던 활동, 모임에 대한 포스팅(사진 혹은 동영상 포함)을 게시하거나 공유했다", "코로나19 팬데믹 이전(2019년 또는 그 이전)에 방문했던 장소에 대한 포스팅(사진 혹은 동영상 포함)을 게시하거나 공유했다", "코로나19 팬데믹 이전(2019년 또는 그 이전)에 있었던 행사나 여행했던 장소를 담은 사진이나 동영상을 찾아보았다"(Cronbach α = .87; M = 2.54, SD = .86). 자아연속성(Sedikides, Wildschut, Routledge, and Arndt, 2015)은 총 세 문항("나의 삶에는 연속성이 있다", "나는 나의 과거와 연결되어 있다고 느낀다", "나의 자아를 구성하고 있는 중요한 요소들은 시간이 흘러도 안정적으로 유지된다"; Cronbach α = .78)을 이용하여 5점 리커트 척도에 동의 정도를 표시하게 하였다(1 = "전혀 동의하지 않는다", 5 = "매우 동의한다"; M = 3.53,

표 7-2 이변량 상관 분석 결과

	1	2	3	4	M(SD)
1. 회상적 이용	–				2.54(.86)
2. 자아연속성	.121**	–			3.53(.71)
3. 우울감	.063*	−.234**	–		2.01(.96)
4. 삶 만족도	.163**	.429**	−.487**	–	5.76(2.15)

*p < .05, **p < .01; 회상적 이용, 자아연속성(1~5점); 우울감(0~4점); 삶의 만족도(0~10점).

SD = .71). 우울감은 단일문항("지난 1주일간 귀하는 얼마나 우울감을 느끼셨습니까?")에 대해 5점 척도(0 = "전혀 우울하지 않았다", 4 = "매우 우울했다"; M = 2.01, SD = .96)로 측정하였고(Kohut, Berkman, Evans, and Cornoni-Huntley, 1993; Lefèvre et al., 2012), 삶의 만족도는 "귀하의 현재 상황과 삶의 전반적인 측면들을 고려할 때 귀하의 삶에 얼마나 만족하십니까?"에 대해 11점 척도(0 = "전혀 만족하지 않는다", 10 = "전적으로 만족한다"; M = 5.76, SD = 2.15)로 응답하게 했다(Cheung and Lucas, 2014).

매개 모형 검증 결과, 〈가설 1〉에서 예측한 대로 회상적 소셜 플랫폼 이용은 자아연속성과 정적인 관계를 보였다(b = 0.063, p = .002, 95% CI [0.023, 0.103]). 자아연속성은 우울감과 부적인 관계를 가졌으며(b = -0.339, p < .001, 95% CI [-0.404, -0.273]), 〈가설 2〉에서 예측한대로 회상적 소셜 플랫폼 이용과 우울감의 부적인 관계를 유의하게 매개했다(간접효과 = -0.021, bootstrap SE = 0.008, 95% bootstrap CI [-0.038, -0.006]). 반면, 회상적 소셜 플랫폼이 우울감에 미치는 직접 효과는 정적으로 유의한 것으로 나타났다(b = 0.102, p = .002, 95% CI [0.049, 0.155]).

한편 자아연속성은 삶의 만족도와 정적인 관계를 나타냈으며(b = 1.197, p < .001, 95% CI [1.060, 1.334]), 〈가설 3〉에서 예측한 대로 회상적 소셜 플랫폼 이용과 삶의 만족도를 유의하게 매개했다(간접 효과 = 0.076, bootstrap SE = 0.027, 95% bootstrap CI [0.022, 0.130]). 동시에, 회상적 소셜 플랫폼이 삶의 만족도에 미치는 직접 효과 또한 통계적으로 유의했다(b = 0.264, p < .001, 95% CI [0.153, 0.374]). 이상의 매개 분석 결과는 〈그림 7-2〉로 요약된다.

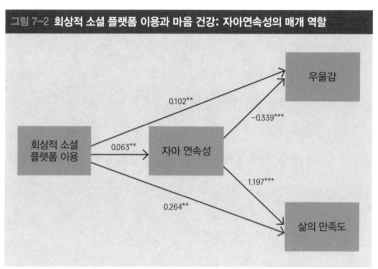

그림 7-2 **회상적 소셜 플랫폼 이용과 마음 건강: 자아연속성의 매개 역할**

우울감

0.102**

−0.339***

회상적 소셜
플랫폼 이용

0.063**

자아 연속성

1.197***

0.264**

삶의 만족도

** p < .01, *** p < .001

표 7-3 **회상적 소셜 플랫폼 이용이 자아연속성 및 마음 건강에 미치는 영향**

	b	SE	t	p	LLCI	ULCI
회상적 이용 → 자아연속성	0.063	.020	3.099	.002	.023	.103
자아연속성 → 우울감	−0.339	.033	−10.151	< .001	−.404	−.273
자아연속성 → 삶의 만족도	1.197	.070	17.160	< .001	1.060	1.334
회상적 이용 → 우울감	0.102	.027	3.792	.002	.049	.155
회상적 이용 → 삶의 만족도	0.264	.056	4.685	< .001	.153	.374
회상적 이용 → 자아연속성 → 우울감	−0.021	.008	−	−	−.038	−.006
회상적 이용 → 자아연속성 → 삶의 만족도	0.076	.027	−	−	.022	.130

팬데믹 시기 소셜 플랫폼 이용과 마음 건강 지키기

이미 코로나19 팬데믹 이전에도 소셜 플랫폼 이용이 마음 건강
에 미치는 영향에 관한 다수의 연구가 이루어졌다. 하지만 전지구

적 보건위기 상황에서 마음 건강에 대한 우려와 관심이 그 어느 때보다 높아지면서 비대면 소통 채널, 그중에서도 소셜 플랫폼의 역할에 대한 검증 역시 사회적·학문적으로 더욱 중요해졌다. 선행 연구들이 보고한 바, 소셜 플랫폼 이용이 마음 건강에 미치는 효과는 다양한 양상을 띠고 있지만, 적어도 대중들의 시각에서 볼 때 그동안 부정적인 영향이 상대적으로 부각되었다. 일례로 상향적 사회 비교upward social comparison를 중심으로 페이스북 이용 시간이 늘어날수록 타인이 자신보다 더 행복하고 나은 삶을 살고 있다고 믿는다거나(Chou and Edge, 2012), 인스타그램의 사용 강도가 높을수록 타인들의 화려한 포스팅에 노출되며 우울감을 더 심하게 느낀다거나(Lup, Trub, and Rosenthal, 2015), 다른 사람들을 끊임없이 의식하고 친구들의 동향을 살피는 타인지향적other-oriented 페이스북 이용이 오히려 (본인이 지각하는) 사회적 지지 수준을 낮춘다는(Lee and Cho, 2018) 결과들이 대표적이다.

하지만 모든 사람이 자택 격리되는 락다운lockdown 상황에서 다른 사람들의 포스팅을 관찰하는 경우, 오히려 불안감이나 스트레스 등이 줄어드는 효과가 있다는 결과는(Ruggieri et al., 2021) 유사한 미디어 이용행위일지라도 팬데믹 상황에서 다른 의미를 가질 수 있음을 시사한다. 즉 누구도 피해갈 수 없는 위기 상황에서 다른 이용자들의 메시지를 보면서 사람들은 그들과의 차이difference보다는 유사점similarity에 주목하게 되고, 이를 통해 어려운 시기를 함께 버텨 나가고 있는 동시대인들과 교감을 나누는 것으로 해석할 수 있다. 마찬가지로 본 연구는 소셜 플랫폼에 저장된 포스팅에 담긴 팬데믹 이전의 기억들을 찾아보고 공유하는 행위를 통해 이용자들이 과거 정상적인 삶을 영위하던 자신과 현재의 자신 간에 연속성을 새삼 깨닫게 되고, 이를 통해 삶을 긍정적으로 바라보는 회복탄력성 resilience이 높아짐을 실증적으로 확인했다.

동시에 소셜 플랫폼의 회상적 이용이 자아연속성을 통하지 않고도 마음 건강 변인들에 직접 효과를 미쳤을 뿐 아니라, 더 중요하게는 우울감과 삶의 만족도에 각기 상반되는 방향으로 작용했다는 점은 주목할 만하다. 구체적으로 소셜 플랫폼에서 코로나 이전의 즐거웠던 기억들을 되새기고 이를 지인들과 공유하는 경험을 많이 할수록 삶의 만족도가 높아지는 한편, 우울감 역시 증가하는 경향을 보인 것이다. 먼저 이러한 결과는 마음 건강을 구성하는 하위 개념이 상호 연관되어 있지만, 거울의 양면과 같은, 따라서 하나로 통합될 수 있는 개념이 아님을 시사한다. 즉 행복감, 삶 만족도, 긍정적 정서와 같은 '긍정적 상태well-being'와 우울감, 불안감, 부정적 정서를 포함한 '부정적 상태ill-being'를 상호 독립적인 차원으로 간주해야 함을 강조한 기존의 주장(예: Meier and Reinecke, 2020; Valkenburg, 2022)을 뒷받침한다. 다음으로 해당 결과는 과거의 행복하고 즐거웠던 경험을 되새기는 것이 본인의 삶을 총체적으로 평가하는 데는 긍정적 영향을 미치지만("내 인생 그렇게 나쁘지 않았어"), 현재의 정서적 상태를 보다 직접적으로 반영하는 우울감의 경우 행복한 과거를 떠올리는 것이 암울한 현실에 대한 비관적 자각을 더 두드러지게 만들기 때문(대조 지각perceptual contrast)으로 해석할 수 있다. 만일 우울감이 현재적 자아의 상황에 더 민감하게 반응하는 변인이라면, 그럼에도 불구하고 소셜 플랫폼의 회상적 이용이 '과거의 행복했던 나'와 '현재의 괴롭고 힘든 나' 사이의 연속성을 깨닫게 해주는 경우에는 우울감을 낮추는 긍정적 결과를 가져온다는 결과(매개 효과)는 그래서 더욱 주목할 만하다. "그때는 좋았지"가 괴로운 작금의 현실을 외면하는 도피성 반응이 아니라, 당면한 어려움을 견디는 에너지로 전환될 수 있음을 알려주기 때문이다.

본 연구의 한계와 향후 연구를 위한 제언

본 연구에서는 전국 규모 서베이를 통해 회상적 소셜 플랫폼 이용이 이용자들의 마음 건강, 특히 삶의 만족도에 긍정적 영향을 줄 수 있음을 보였다. 하지만 회상적 소셜 플랫폼 이용이 장기간 지속될 경우에도 여전히 마음 건강에 도움을 주는가에 대해서는 본 연구의 데이터만으로 답하기 어렵다. 회상적 소셜 플랫폼 이용을 통해 단기적·일시적으로 삶 만족도를 높이더라도 팬데믹으로 인한 어려움이 장기간 지속되면서 미래에 대한 암울한 전망이 지배적으로 되면 회상적 미디어 이용이 현실도피escapism와 같은 부정적 결과를 낳을 가능성을 배제하기 어렵다(Wulf et al., 2021). 따라서 후속 연구에서는 중장기 패널 데이터를 활용함으로써 횡단cross-sectional 연구가 검증하지 못하는 회상적 소셜 플랫폼 이용의 누적 효과를 확인하는 것이 바람직하겠다.

이와 관련된 다른 한계점은 인과관계의 모호성이다. 본 연구에서는 소셜 플랫폼의 회상적 이용을 원인으로 보고, 소셜 플랫폼을 통해 과거 경험을 소환하는 행위가 팬데믹 시기 마음 건강을 유지하는 데 어떤 함의를 가지는지를 확인하고자 했다. 하지만 엄밀히 말해 우울감이 높은 사람들이 현실의 불안을 떨치기 위해 소셜 플랫폼에서 예전의 기억을 회상하고 되새겼을 수도 있고, 그래서 앞서 논의한 정적 상관관계(직접 효과)가 발생했을 수 있다(역인과관계 reverse causality). 이러한 해석상의 모호함을 해소하고, 본 연구에서 관찰된 회상적 소셜 미디어 이용의 효과가 얼마나 견고한 것인가를 확인하기 위해서는 패널 데이터를 활용한 엄밀한 검증이 요구된다.

본 연구는 회상적 엔터테인먼트 미디어 이용 연구의 연장선상에서 회상적 소셜 플랫폼 이용에 집중하였으나, 팬데믹 상황에서 세계적으로 소셜 플랫폼 이용은 증가한 것으로 보인다(Statista, 2021). 그렇다면 소셜 플랫폼 이용의 다른 형태, 예컨대 정보적 이용은 어떤 결과를 가져왔는지를 확인해볼 필요가 있다. 팬데믹 상황이 장기화되면서 확진자 수, 사망자 수로 점철된 부정적인 정보를 접하는 것이 마음 건강에 부정적 영향을 미칠 수 있기 때문이다. 실제로 소셜 플랫폼에 국한한 것은 아니지만, 최근 네덜란드에서 수행한 서베이 연구는 코로나 관련 뉴스가 자신들의 감정이나 자기효능감에 부정적 영향을 준다는 것을 의식할수록 사람들이 뉴스를 회피하는 경향이 높아지고, (자기보고식으로 측정하긴 했으나) 뉴스 회피가 마음 건강에 긍정적 영향을 준다는 점을 밝힌 바 있다(De Bruin, de Haan, Vliegenthart, Kruikemeier, and Boukes, 2021). 사람들이 불확실성이 높은 상황에서 정보를 획득하기 위해 소셜 플랫폼을 이용하는 경우가 많고(Drouin et al., 2020), 특히 전통적 뉴스 미디어에 대한 신뢰가 낮은 경우 소셜 미디어를 통한 뉴스 소비가 증가한다는 점(Stromback, Tsfati, Boomgaarden, Damstra, Lindgren, Vliegenthart, and Lindholm, 2020)을 고려할 때, 과연 소셜 플랫폼의 정보적(혹은 다른 목적의) 이용이 이용자들의 마음 건강에 어떤 영향을 미치는지, 이러한 효과는 어떤 심리적 기제를 통해 설명할 수 있는지 등을 지속적으로 고민해야 할 것이다.

같은 맥락에서 마음 건강 역시 다차원적으로 측정해볼 만하다. 본 연구에서는 본인의 삶에 대한 총체적·인지적 평가로서 삶 만족도와 부정적 정서인 우울감 두 변인에 초점을 맞추었으나 분노, 두려움 등 부정적 감정이나 행복감, 기쁨 등 긍정적 감정 역시 코로나 시기 사람들의 마음 건강 상태를 반영하는 주요한 지표이다. 또한 마음 건강의 하위 차원을 구성하는 변인들과 더불어 자존감self-esteem처럼 마음 건강에 영향을 미치지만 마음 건강 자체와는 구별되는 위험-회복 요인risk-resilience factor들을 동시에 고려함으로써 소셜 플랫폼 이용과 마음 건강의 관계에 대한 보다 심층적인 이해가 가능할 것이다.

관련하여 본 연구에서는 회상적 소셜 플랫폼 이용 효과를 설명하는 심리적 기제로 자아연속성만을 고려했으나 다른 인지적·심리적 변수가 매개 역할을 할 가능성도 존재한다. 특히 기존 연구에서 사회적 연결감social connectedness을 자아연속성과 함께 마음 건강을 증진시키는 요인으로 고려했다는 점(Sedikides et al., 2016)을 감안할 때, 다른 사람들과의 유대관계 및 사회적 지지를 확인함으로써 경험하는 외부와의 연결감이 회상적 소셜 플랫폼 이용 효과를 설명하는 데 얼마나 독자적으로 기여할 수 있는지 확인할 필요가 있겠다.

마지막으로 통제 변인 혹은 조절 변인으로서 소셜 플랫폼 이용자의 다양한 삶의 조건, 오프라인 사회적 관계, 친애 성향affiliative tendency을 비롯한 성격 요인과 자아 개념 등을 고려하는 것이 바람직하다. 발켄버그 등(Valkenburg, Beyens, Pouwels, val Driel, and Kejisers, 2021)의 연구에서 강조하듯, 개인별로 소셜 플랫폼의 수동적 이용(브라우징)이 질투나 영감inspiration, 혹은 즐거움을 유발하는 정도에는 차이가 있고, 이러한 차이가 바로 소셜 미디어 이용의 효과를 좌우하기 때문이다. 나아가 개인 수준의 변인뿐 아니라 사회적 맥락으로서 팬데믹 상황 자체도 중요한 변수로 간주할 필요가 있다. 예컨대 사회적 거리두기로 인한 대면 접촉 제한에 따라 소셜 플랫폼 이용이 가지는 함의는 달라질 수 있기 때문이다. 다소 거창하게 말하자면, 전대미문의 세계적 보건 위기 상황 속에서 지금 우리는 인류를 대상으로 한 다양한 현장 실험field experiment의 한복판에 놓여 있다고 할 수 있는데, 이러한 상황에서 사회과학자의 중요한 역할은 팬데믹으로 인해 발생하거나 증폭 또는 가속화되는 다기다양한 사회적 변화와 그에 대한 사람들의 대응 양상을 체계적·과학적으로 촘촘하게 기록하고, 분석하며 적절하게 해석하는 일일 것이다.

8

이원재

카이스트 문화기술대학원 교수. 연세대학교 사회학과에서 학사와 석사
를, 시카고대학교 사회학과에서 소셜네트워크 분석과 사회교환이론에
기반을 둔 경제 현상 연구로 박사학위를 받았다. 시카고대학교 경영대
학원과 서울대학교 사회발전연구소에서 연구원으로 일했으며, 카이스
트 문화기술대학원에서는 예술, 역사, 대중음악, 문학, SNS 데이터 분
석을 통해 지위와 성과, 권력과 구조 변동에 대한 사회학적 메커니즘을
연구하고 있다. 또한 카이스트의 공학자, 자연과학자들과 함께 다양한
데이터 기반 융합 연구도 수행하고 있다.

뉴스포털 플랫폼은 사회 갈등을 부추겼는가?

양지성

카이스트 문화기술대학원 소셜컴퓨팅랩 연구원. 성균관대학교 문헌정보학/데이터사이언스 학사, 카이스트에서 CT 공학석사를 받았다. 머신러닝 기반 자연어 분석을 통해 대중의 기술 수용성에 대한 사회심리학적 요인들을 연구하고 있다.

만약 뉴스포털의 기사들이 독자의 갈등적 반응을 유도했다면 이는 뉴스포털 플랫폼 자체의 특성으로부터 기인한 것인가, 아니면 외부 갈등을 반영한 것인가? 기존 언론사들 사이에서 뚜렷이 발견되고 있는 이념적-정치적 지향성들은 뉴스포털의 플랫폼 갈등 기사들을 통해 강화되는가, 아니면 약화되는가? 이에 대한 경험적 확인은 소위 플랫폼 갈등이라는 것이, 기술 혁신 자체 때문에 벌어지는 것인지, 아니면 이미 존재하는 사회적 과정의 반영일 뿐인지에 대한 독자들의 판단에 일정한 기준선을 제시해줄 것이다.

언론의 디지털 플랫폼화

　'플랫폼'이란, 내용에 상관없이 결합이 가능한 모든 요소가 주어진 규칙에 따라 한곳에 모여 만드는 생산과 소비의 장을 가리킨다. 이 요소들이 디지털의 형식을 가질 때, 플랫폼은 더 쉽게 만들어진다. 한국의 뉴스포털은 플랫폼이라는 개념이 소개되기 훨씬 전부터 플랫폼으로 기능해왔다. 배달되는 유가 종이신문이나, 정해진 시간의 공중파 뉴스를 통해서만 접하던 세상 소식이 훨씬 다양하고 많은 매체를 통해 손가락 하나의 거리로 전해지고 있다. 디지털화된 언론의 변화는 같은 기간 우리 사회 전체의 구조적 변화와 연동돼왔다.

　인터넷이 국내에 정착해온 약 20년의 시간 동안, 뉴스포털을 통한 언론의 디지털 플랫폼화는 지속적인 분석과 성찰의 대상이었다.

학계에서는 포털뉴스 편집의 미디어로서 기능, 저널리즘 위기와의 관계, 언론 주체로서의 영향력 확대와 이에 대한 공적 규제 등의 관점에서 논의를 이어왔다. 이 가운데 뉴스포털에 대한 정부 혹은 자율 규제에 대한 논의가 늘어왔다는 점이 특기할 만하다(최홍규·최민음·김정환, 2018). 왜냐하면 이 같은 학문적 논의들이 뉴스포털에 대한 정치권의 실제 요구와 궤를 같이했기 때문이다.

국내의 한 지배적 뉴스포털사가 2017년 이후 지속적으로 자신의 자율성을 축소해온 것은 국회 청문회를 비롯한 여러 경로의 정치권 요구와 무관치 않다. 편집권을 개별 언론사에게 주는 것으로 시작하여, AI 알고리듬에 기사 배치를 일임하고, 실시간 검색과 랭킹 뉴스를 폐지했다.

그러나 이 같은 조치들이 뉴스포털의 부정적 효과에 대한 객관적인 평가나 증거에 의해 이루어졌다고 보기 어렵다. 오히려 이는 영화 〈위플래시Whiplash〉의 앤드류가 보여줬던 '전략적 복종'에 가깝다(Lindebaum and Courpasson, 2017). 왜냐하면 뉴스포털의 알고리듬에 대한 객관적 검증은 근본적으로 불가능하기 때문이다. 오늘날 AI 연구자들의 최대 목표 중 하나는 '설명이 가능한' AI를 만드는 것이다(Lum and Chowdhury, 2021. 2. 26). 알고리듬 기반 디지털 플랫폼 기업이 감당해야 하는 설명과 해명의 비용은 이처럼 정치적이면서도 기술적이다. 고발에 대한 반박의 비용보다 복종의 비용이 싸다면, 뉴스포털의 자발적 후퇴는 나름 합리적인 선택이었다고 할 수 있다.

이 같은 복잡한 사정에도 불구하고 뉴스포털의 부작용에 대한 일반적 평가들을 객관적으로 검토하는 것은 필요한 일이다. 뉴스포털은 미디어적 성격 외에도 오늘날 우리 사회에서 플랫폼 산업이 만들어내고 있는 변화와 직간접적으로 결부되어 있기 때문이다.

플랫폼 산업은 기존의 산업 체계와 고용 시장 전반에 심대한 전환을 요구하고 있다. 이 전환의 비용을 둘러싼 이해 당사자들의 갈등은 플랫폼의 기술적 특성으로부터 충분히 예측할 수 있다. 따라서 플랫폼의 기술적 핵심을 이해하고, 이에 불가피하게 수반되는 이해 충돌을 숙의와 타협을 통해 해결하는 건 과거의 모든 역사적 전환들과 마찬가지로 우리가 감내해야 할 과정이다.

그러나 플랫폼이 만들어내는 갈등 또는 플랫폼을 둘러싼 이해 당사자들 사이의 갈등은 외부에 기원을 둔 여타 사회적 갈등들과 뒤섞여 나타난다. 이 뒤섞인 갈등들이 플랫폼 자체를 관통할 때 만들어내는 복잡성을 우리는 뉴스포털을 통해 전달되는 언론 기사들과 이에 대한 반응들을 통해 간접적으로 확인할 수 있다. 나아가 뉴스포털의 기사들 또한 플랫폼 갈등에 대해 보도하고 평가함으로써 이 복잡함을 배가시킨다. 이 과정에서 본래의 갈등 원인이 탈각되고, 갈등 자체가 과잉에 이르는 경우를 우리는 쉽게 찾아볼 수 있다. 플랫폼에 내재한 갈등, 외부에 상존하는 갈등, 플랫폼으로서의 뉴스포털이 보도하는 갈등과 이로 인한 이차적 갈등에 이르기까지의 복잡한 과정을 간단히 정리할 수 있는 이론을 우리는 가지지 못했다.

따라서 우리는 플랫폼 갈등의 복잡한 문제를, 뉴스포털의 플랫폼 갈등기사라는 좁은 경험적 지평에서 조명하기로 한다. 플랫폼으로서 뉴스포털에 대한 비판적 평가들은 크게 이념적-정치적 편향성, 시장 독점적 성격과 이로 인한 기존 언론사에 대한 우위, 그리고 클릭 수 기반 보상 체계로 인한 갈등과 선정적 기사의 유도(안재승, 2021. 11. 29) 등으로 나누어볼 수 있다.

우리는 이 가운데 뉴스포털이 독자의 갈등적 반응을 유도하는가를 경험적으로 검증해보고자 한다. 이를 위해 플랫폼 산업, 나아가 4차 산업혁명이 초래하는 갈등에 대한 언론보도들만을 분석할 것이다. 2016년 이후, 네이버 뉴스포털에 등재된, '4차 산업혁명'과 '갈등'을 제목 또는 본문에 포함한 모든 기사를 수집하고, 여기서 댓글의 갈등적 양상이 심했던 기사들을 따로 추려냈다. 그리고 먼저 수집한 2016년 이후의 4차 산업혁명 갈등을 다룬 기사 전체와, 이 가운데 독자의 갈등 반응이 심했던 기사들에서 각기 별도의 토픽들을 추출하여 분석했다.

이를 통해 플랫폼 갈등에 대해 우리가 내리고자 하는 경험적 평가는 다음의 질문과 일맥상통하다고 할 수 있다. 만약 뉴스포털의 기사들이 독자의 갈등적 반응을 유도했다면 이는 뉴스포털 플랫폼 자체의 특성으로부터 기인한 것인가, 아니면 외부 갈등을 반영한 것인가? 기존 언론사들 사이에서 뚜렷이 발견되고 있는 이념적-정치적 지향성들은 뉴스포털의 플랫폼 갈등 기사들을 통해 강화되는가, 아니면 약화되는가? 이에 대한 경험적 확인은 소위 플랫폼 갈등이라는 것이 기술 혁신 자체 때문에 벌어지는 것인지, 아니면 이미 존재하는 사회적 과정의 반영일 뿐인지에 대한 독자들의 판단에 일정한 기준선을 제시해줄 것이다. 나아가 뉴스포털과 이에 공생하는 언론사들에 대한 일반적 평가들 또한 달라질 이유를 제공할 수 있을 것이다.

언론과 뉴스포털이 사회 갈등에 미치는 영향

언론

현실이란 사회적으로 구성된 것이라는 이론social construction of reality에서는 언론의 현실 구성 방식을 '프레임'이라고 부른다. 이때 개별 언론사는 각기 다른 현실 구성 프레임을 가지고 있다. 이를 통해 각 언론은 수용자가 경험적 사건을 받아들이는 방식에 영향을 미칠 수 있으며 경우에 따라 사회 갈등을 유발할 수 있다. 이희영과 김정기(2016)에 따르면 국내 언론이 가장 많이 사용하는 프레임은 '갈등'이다. 나아가 우리 사회 갈등이 대부분 언론에서 비롯된다는 비판적 시각도 있다(김태완, 2015. 5).

언론이 사회 갈등에 미치는 영향과 관련하여 국내 연구는 주로 특정한 담론에 대해 언론사별로 설정하는 프레임frame을 비교해왔다. 보도의 대상이 되는 사안과 언론사의 특성에 따라 뉴스 프레임의 잠재적 사회 갈등 유발 여부가 대립적으로 나타났다.

조중동-한경오 관점을 연구의 기본 틀로 차용한 김지주와 권상희는(2020) 문재인 정부의 탈원전 정책에 대해 조선일보와 한겨레의 보도 프레임을 비교하였다. 분석 결과 두 언론사에서 모두 주제 중심적 프레임(사건의 배경 및 원인을 포함하는 맥락적 정보를 포괄적으로 제공)보다는 일화 중심적 프레임(사건에 대한 단편적인 사실을 중계하는 형태)의 비율이 80% 이상으로 높게 나타났다. 특히 조선일보에서 정부의 정책을 비판하는 비난·비판 프레임이 지배적으로 나타났다. 박영흠과 정제혁(2020)도 같은 시각에서 연구를 설계했다. 2020년 한일 무역 갈등에 대해 조선일보, 한겨레 등이 설정한 보도 프레임을 분석한 결과 관련 언론보도는 주제 중심적 프레임보다는 일화 중심적 프레임이 압도적으로 높은 것으로 드러났다. 이들은 양 신문이 한일 관계의 역사적 맥락에서 괴리된 민족주의적 감정을 유발하여 한일 시민사회 간 오해와 갈등을 증폭할 잠재적 위험성을 내포하고 있다고 판단했다. 또한 언론사의 정권에 대한 태도에 따라 무역 갈등의 책임을 한국 또는 일본 정부에 편향적으로 전가하는 경향이 두드러졌다. 주로 조선일보는 한국 정부에, 한겨레는 일본 정부에 책임이 있다는 시각을 견지하였다.

이완수와 배재영(2015)은 조선일보와 한겨레의 세월호 사고 보도 프레임을 비교하였다. 해당 연구에서는 크게 사고 진단, 사고 평가, 책임 소재, 문제 해결 프레임을 기준으로 분석을 실시하였다. 네 가지 프레임을 통해 공통적으로 나타나는 조선일보와 한겨레의 특성은 다음과 같다. 조선일보는 세월호 사건에 대해 책임 소재 및 문제 해결 주체가 유병언 일가와 해운사 등 개인 및 조직에 있다고 보는 경향이 두드러졌다. 반면 한겨레는 대통령과 정부의 책임에 천착하였다.

황경아(2017)는 이자스민을 둘러싼 인종차별적 공격을 계기로 언론에 의해 의제화되었던 반다문화 담론에 주목하여, 이와 관련한 조선일보와 한겨레의 보도 프레임을 비교하였다. 해당 연구에서는 두 언론사가 모두 다문화주의에 대한 부정적 여론을 확대 및 재생산하여 반다문화 담론을 강화함을 강조하였다. 그러나 조선일보는 외국인 범죄와 관련하여 제도적 차원의 규제 및 관리 강화 필요성을 강조한 반면, 한겨레는 외국인 범죄에 대한 언론의 과잉보도 행태가 현주민과 이주민 간의 갈등을 심화한다고 보았다. 한편 일자리와 복지를 둘러싼 선주민과 이주민 간의 경쟁 담론은 조선일보에서 주로 의제화하였다.

채영길과 장시연(2018)은 문재인 정부의 '8·2 부동산 정책'에 대한 5개 주요 일간지(중앙일보, 동아일보, 조선일보, 경향신문, 한겨레)와 2개 경제지(한국경제, 매일경제)의 프레임을 비교 및 분석하였다. 해당 정책에 대해 한겨레는 기대 및 단순 전망, 경향신문은 중립적인 입장을 유지하였다. 반면 보수 및 경제지는 비판적 및 부정적 프레임을 유지하였다.

한편 소위 조중동-한경오라는 보수-진보의 대립이 지역 문제와 결부되었을 때는 논지의 분포가 좀 더 다양해졌다. 유영돈과 마정미(2015)는 노무현, 이명박, 박근혜 정부 기간 동안의 세종시 갈등에 대한 보도 프레임을 분석하였다. 분석 대상이 된 언론사는 조선일보, 경향신문, 대전일보, 중도일보, 전북일보, 영남일보, 강원도민일보이다. 수도권과 비수도권, 보수와 진보 등의 갈등이 정치권에 있다는 대립 갈등 및 책임 귀인 프레임은 조선일보와 경향신문에서 강조되었다. 한편 지역지들에서는 다양한 프레임이 드러났다. 특히 지역 발전 프레임이 지역지들에게서 유의미한 결과로 나타났다.

정용복(2020)은 제주도 4·3특별법이 제정된 이후 관련 언론보도를 분석하여 언론사별 프레임의 차이를 분석하였다. 분석된 언론사는 2개 전국 중앙지(조선일보, 경향신문)와 5개 지역지(대전일보, 중도일보, 전북일보, 영남일보, 강원도민일보)이다. 해당 연구에서는 중앙지와 지역지 간에 주목할 만한 차이점이 존재함을 밝혔다. 중앙지인 한겨레에서는 진상 규명 프레임, 조선일보에서는 대체로 해당 의제에 무관심한 가운데 대립 갈등 프레임에 집중하였다. 하지만 제주도 지역

지인 제민일보는 프레임 자체보다 사안에 대한 주목도를 높이는 데 일차적인 목표를 가지고 있었다.

마지막으로 분석 대상 언론사들이 전반적으로 모두 한국 사회의 현실을 평가하고 이를 해결하고 분석할 방향을 제시하는 일관적 서사를 구성하는 경우도 존재한다. 박진규(2015)는 2014년 프란치스코 교황의 방한에 대한 조선일보, 동아일보, 중앙일보, 한겨레, 경향신문의 반응을 분석하였다. 보수 매체에서는 종교 지도자로서의 교황의 개인적 차원을 주로 서술한 반면, 진보 매체에서는 '약자', '사람 중심', '정의' 등과 같은 사회적 가치를 강조하였다. 하지만 분석 대상의 사설과 칼럼들은 대체로 교황과 교황이 추구하는 가치에 긍정적인 평가를 내렸다. 이는 종교가 담론적 차원에서 대안적 가치의 제공자로서 기능하기를 바라는 세속 사회의 기대를 확인한 결과로 볼 수 있다.

뉴스포털

포털뉴스 서비스는 현재 대한민국에 지대한 사회적 영향력을 미치고 있다. 포털은 사실상 하나의 거대한 언론으로서 실제로도 한국인의 64.2%는 포털이 언론이라고 인식하고 있는 것으로 나타났다(이웅, 2019. 12. 27). 그러나 포털의 위상이 증대됨에 따라 이에 대한 규제와 경쟁의 자유를 둘러싼 논란 역시 지속되어 왔다(신동희, 2014). 이러한 논란의 핵심은 언론과 이용자 사이에서 포털이 행사하는 막강한 게이트키핑 권한에 비해 그 책임이 미약하다는 것에서 나온다(한겨레, 2021. 6. 21). 이들 주장은 포털의 편향성, 이용자 독점성, 언론사에 대한 포털의 불평등한 지배구조, 그리고 포털의 사회 갈등 유발의 네 가지 측면에서 뉴스포털의 부정적 영향을 지적하고 있다.

첫째, 포털의 편향성이다. 이와 관련하여 몇몇 전문가들은 네이버 뉴스포털이 공론장의 역할에 대한 책임을 방기하고 있다는 진단을 내놓았다(성시윤, 2018. 4. 27). 예를 들어 네이버 뉴스포털은 댓글 조작 등의 문제점을 인지하고 있음에도 불구하고 상업성에 치중하여 책임 있는 공론장 역할을 수행하지 못한다는 것이다. 또한 기사 추천 알고리즘으로 인해 포털이 왜곡된 언론 지형을 형성할 가능성이 존재한다(한겨레, 2021. 6. 21). 이와 관련 민주당에서는 네이버와 카카오의 인공지능 추천 알고리즘을 폐지하거나 의무적으로 공개하자고 주장하였다(곽희양·박광연, 2021. 6. 17). 그럼에도 포털사들은 인공지능의 알고리즘을 공개하고 검증하라는 요구에 강하게 반대하고 있는 실정이다.

둘째, 포털의 이용자 독점성이다. 영국의 로이터저널리즘연구소의 조사 결과에 따르면, 한국은 온라인 뉴스를 소비할 때 포털 사이트를 이용하는 비율이 72%로서 전체 조사 대상 46개국 중 가장 높은 수치였다(오수현, 2021. 6. 25). 특히 포털 이용자의 94.3%가 네이버에 편중된 상태이다(이웅, 2019. 12. 27). 이와 관련하여 이완수(2018)는 포털 중심의 언론 소비 경향의 강화로 인해 개별 언론사 웹사이트를 소비할 유인이 부재하게 되었다고 지적했다. 해당 연구에서는 언론사의 페이지로 바로 연결되는 '아웃링크'를 전면적으로 도입하지 않는 한 소비자 독점 현상을 해소하기 어렵다고 강조하였다. 그러나 아웃링크를 의무화하게 될 시 중소 언론사는 독자 노출이 감소하고 서비스 품질의 저하를 경험하게 될 가능성이 크다(김현아, 2021. 7.

19).

셋째, 언론사에 대한 포털의 불평등한 지배구조이다. 이완수(2018)는 포털사가 뉴스 편집권을 독점함으로써 사회적 의제 기능을 장악하는 환경이 근본적으로 바뀌어야 한다고 주장하였다. 뉴스는 생산자가 직접 책임을 지고 유통하는 것이 바람직하다는 것이다. 해당 연구에서는 네이버가 편집권과 댓글 정책을 언론사에 맡겼지만, 이 역시 언론사의 부담만 증대시키는 결과로 이어진다고 지적하였다. 또한 김위근(2014)은 포털 뉴스 서비스로 인해 뉴스의 생산과 유통이 분리되었으며, 포털이 뉴스 유통 권력을 장악하였다고 비판하였다. 이로 인해 개별 언론사가 포털을 통하지 않고 이용자들에게 도달할 기회가 축소되었다는 것이다.

넷째, 포털이 사회 갈등을 심화시킨다는 것이다. 송경재(2017. 5. 4)는 제19대 대통령 선거 관련 포털이 각 후보의 정책과 공약에 대한 정보를 전달하기보다는 갈등과 대결을 부추기는 뉴스를 노출시킨다는 점을 예로 들었다. 포털 시스템상의 운영 방식이 이러한 현상에 영향을 주었을 가능성도 존재한다. 성시윤(2018. 4. 27)은 호감순 댓글 배열 방식은 담론에 대한 질적이고도 숙의적인 검증보다는 단순한 양적 평가 기준을 유도하며 알고리즘으로 기사 품질과 무관하게 선정적 기사의 노출도가 높아지기도 한다는 사실을 언급하였다. 이는 곧 언론사 난립과 어뷰징abusing으로 인한 댓글 공론장의 품질 저하로 이어지게 된다. 사회적 분열 요소의 제공자로서 포털이 과연 숙의 공론장으로 기능할 가능성에 대한 지속적인 의문이 제기되는 상황인 것이다.

우리 사회 언론사들의 이념적-정치적 지향성 혹은 편향성은 연구자들이 관찰과 분석을 통한 검증과 별도로 이미 널리 받아들여지고 있는 사실이다. 그러나 이 같은 조건들 속에서 뉴스포털 플랫폼이 이념-정치 갈등을 증폭시키고 있는가는 별도의 검토가 필요하다. 플랫폼 기술이 가지는 독점적 성격과 언론사와의 교섭에서 우월한 지위, 그리고 클릭 수 기반 보상 체계 모두가 기존의 언론사 간 이념 갈등을 증폭시키고 있다고 하는 데에는 논리적 기반이나 경험적 증거가 부족하기 때문이다.

우리는 이를 확인하기 위해 2016년 이후 플랫폼 갈등을 다룬 언론 기사들을 뉴스포털에서 수집하여 분석하였다. 일차적으로 우리가 살펴볼 것은 4차 산업혁명 혹은 플랫폼에 대한 논의들을 중심으로 언론사들이 어떻게 분포하고 있는가에 관한 것이다. 특히 우리가 정의한 '갈등의 정도'에 따라 언론사와 갈등 이슈들이 어떻게 분포하고, 시간에 따라 움직이는지를 살펴보고자 한다. 이를 통해 과연 뉴스포털이 갈등의 정도를 높이는 데 기여하고 있는지, 아니면 플랫폼 외부에 존재하는 정치적 과정이 발현한 것인지를 평가할 것이다.

'4차 산업혁명'과 '갈등'을 포함하는 뉴스포털 기사들

데이터 수집과 전처리

데이터는 네이버 뉴스 검색 기능을 이용하여 2016년 1월 1일부터 2020년 12월 31일 사이, 제목 또는 본문 기준으로 '4차 산업혁명'이 정확히 일치하고 '갈등'을 포함한 기사를 수집하였다.[1] 데이터의 출처로 네이버 뉴스포털을 선택한 이유는 표본의 대표성 때문이다. 한국인의 인터넷 포털뉴스 이용률은 75.8%로 최근 몇 년간 비슷한 수준을 유지하였으며, 네이버 뉴스 이용자의 비율은 인터넷 포털 뉴스 이용자의 90.7%의 수준으로 확인되었다(한국언론진흥재단, 2020: 21-22). 총 기사 건수는 1만 1,103건이며, 총 언론사 수는 60개이다.

수집된 기사들은 일련의 텍스트 전처리 과정을 거쳤다. 전처리란 요리를 하기 전 재료를 손질하듯이, 데이터 수집에 적합한 형태로 데이터를 가공하는 것을 의미한다. 첫째, 불필요한 구두점 및 불용어를 제거하였다. 제거 대상이 되는 텍스트는 주로 온라인 신문 기사라는 매체 특성상 반복적이고 규칙적으로 등장하지만 기사의 메시지와는 무관한 문자열이다.[2]

둘째, 중복되는 기사들에 대해서는 중복값을 삭제하거나 통합시키는 과정을 거쳤다. 중복되는 기사란 언론사, 제목, 본문이 완전하게 일치하지만 입력 시간이 다른 기사와 같은 언론사에서 쓰여진 기사이지만 제목만 다르고 본문이 동일한 경우를 말한다.

셋째, 동의어를 하나의 표제어로 치환하였다.[3] 예를 들어 '4차산업혁명'과 '4차 산업혁명' 또는 '문재인'과 '文', '문 대통령', '문 후보' 등은 사람의 시각에서는 동일한 의미를 지니지만 전산적 측면에서는 상이한 단어로 취급된다. 따라서 이를 '문재인'이라는 표제어로 통일해주는 것이 필요하다.

마지막으로 텍스트를 토큰화tokenize하였다. 토큰token은 말뭉치corpus의 분석 단위를 의미하며 본 연구에서의 토큰은 단어이다. 토큰은 일반 명사 및 고유명사만을 대상으로 하였다. 동사나 부사를 추출하는 경우 명사에 비해 해당 단어들의 의미와 맥락이 모호한 문제점이 있었기 때문이다.

'갈등의 정도(갈등도)'에 대한 정량적 정의

본 연구에서는 기사에 달린 댓글과 답글(댓·답글)에 대한 추천 및 반대 수를 이용하여 갈등의 정도를 정량화했다. 하나의 댓·답글에 달린 추천 수와 반대 수가 비슷할수록 갈등의 정도는 0에 가까운 값을 갖는다. 어떠한 의견에 대해 찬성하는 사람들과 반대하는 사람들의 수가 비슷할수록 해당 의견은 논란의 여지가 크다고 볼 수 있다고 가정하였기 때문이다.

토픽 추출

토픽 모델링Topic Modeling은 텍스트에 내재되어 있는 잠재적인 주제(토픽)을 찾아내기 위해 사용하는 기계학습 방법론이다. 토픽 모델링에서 각 토픽은 단어들의 분포로, 각 문서는 토픽의 혼합물mixture로 간주된다. 토픽 모델링은 토픽 내 단어의 분포topic content 와 문서 내 토픽의 분포인 토픽 발현 확률topic prevalence을 추정하는 과정이라고 할 수 있다(Blei, Ng and Jordan 2003; Roberts, Stewart, Airoldi, Benoit, Blei, Brandt, and Spirling, 2014).

토픽 모델링에는 주로 잠재 디리클레 할당Latent Dirichlet Allocation, LDA이라는 방법을 사용한다. 그러나 LDA는 시간의 흐름에 따라 토픽의 비율이 어떻게 변화하는지, 저자나 출판사 등과 같은 서지 정보가 토픽에 어떻게 영향을 미치는지, 그리고 그 영향이 통계적으로 유의한지 파악하기 어렵다는 단점이 존재한다.

이를 극복하기 위해 본 연구에서는 구조적 토픽 모델링Structural Topic Modeling, STM을 이용하였다. 본 연구에서는 언론사 유형과 기사 입력 또는 수정 날짜 정보를 STM의 공변량covariate으로 삼아 토픽 발현 확률을 추정하였다. 즉 수집된 기사 텍스트는 어떠한 주제들로 구성되어 있는지를 밝히고, 언론사 유형이나 날짜에 따라 특정 주제가 나타날 확률을 추정한 것이다.[4]

정치, 보수-진보의 대립, 클릭 수

갈등 토픽은 정치 일정을 따른다

우리는 4차 산업혁명과 갈등을 다룬 기사들의 핵심 단어들을 추려, 이 단어들이 시간에 따라 어느 정도나 사용되었는가를 정리했다. 그리고 전체 5년간의 데이터를 60개월로 나눈 후, 각 월에 사용된 개별 단어들의 양을 이전 달과 이후 달과 비교하였다. 〈그림 8-1〉은 인접하는 달들 사이의 유사도를 색깔로 표시한 것이다. 색이 짙을수록 상이한 것이고, 옅을수록 유사한 것이다. 이 색의 농도는 코사인 유사도cosine similarity를 이용해 계산했다.

〈그림 8-1〉에서 간헐적으로 나타나는 어두운 선들은 개별 단어 사용의 빈도가 많은 변화를 보인, 일종의 전환기라고 할 수 있다. 우리는 실제 해당 월들에 어떤 일이 일어났는가를 살펴보았는데, 이는 당시 우리 사회의 커다란 정치 일정들과 일치했다. 언어 사용의 변화와 함께 벌어졌던 정치 일정들은 〈표 8-1〉과 같다.

그림 8-1 월별 기사 간 텍스트 코사인 유사도

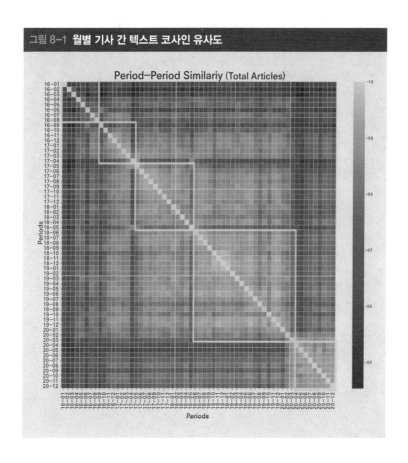

한국 사회의 담론 일반이 정치적 일정, 특히 대통령 선거와 밀접한 관련을 갖는다는 것은 다른 주제의 연구들에서도 빈번이 발견되는 사실이다.[5] 이는 4차 산업혁명/플랫폼에 대한 뉴스포털의 보도 내용이 기술 자체보다, 정치적 일정에 더 결부되었다는 점을 가리키고 있다. 이는 4차 산업혁명 자체가 가지는 정치적 성격과도 일부 관련이 있다. 왜냐하면 플랫폼 전환이 초래하는 자원 분배의 변화는 결국 정치적으로 결정될 것이기 때문이다.

표 8-1 시기 군집의 범위와 특징			
시기	기간	설명	기사수
제1시기	2016.01.01~2016.08.31	4차 산업혁명 개념 태동 및 확산	281
제2시기	2016.09.01~2017.05.09	탄핵 정국 - 제19대 대선	1,356
제3시기	2017.05.10~2018.06.13	문재인 정부 - 제7회 지선	2,846
제4시기	2018.06.14~2020.04.15	제7회 지선 - 제21대 총선	5,429
제5시기	2020.04.16~2020.12.31	제21대 총선 이후	1,169

하지만 이는 동시에 뉴스포털의 언론보도가 갈등이나 변화의 주체가 아니라는 점을 가리키기도 한다. 4차 산업혁명/플랫폼이 초래하는 사회적 갈등을 정의하고 부각시키는 것은 뉴스포털 외부의 정치적 과정이기 때문이다.

갈등이 높아지면 언론의 보수-진보는 사라진다

우리는 앞서 정의한 갈등도의 기준에 따라, 갈등도가 높은 기사들을 따로 추리고, 이 정보를 이용하여 언론사의 유형 분류를 시도했다. 이를 위해 대표적인 데이터 차원 축소 기법인 주성분 분석 Principal Component Analysis, PCA을 사용했다.[6]

〈그림 8-2〉는 '갈등 반응이 높은 기사'를 가장 잘 설명하는 주성분 2개로 각 언론사의 담론적 특징을 분석한 결과이다. 각 축의 키워드는 문서 내에 잠재되어 있는 독립적인 개별 담론을 구성하는데, 우리는 이를 각각 '정치'(가로축)와 '산업'(세로축)으로 명명하였다. 좌표평면의 오른쪽에 위치할수록 정치 담론이 강하고, 위쪽에 위치할수록 산업 담론이 강하다고 해석한다. 여기서 좌표평면을 원점을 기

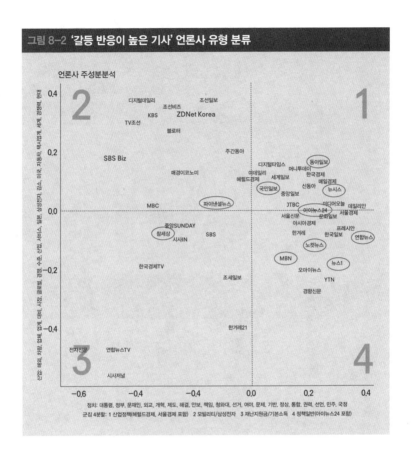

그림 8-2 '갈등 반응이 높은 기사' 언론사 유형 분류

언론사 주성분분석

2 디지털데일리 조선비즈 조선일보
KBS ZDNet Korea
TV조선
블로터

SBS Biz
주간동아
매경이코노미
디지털타임스 머니투데이 동아일보
이데일리 세계일보 한국경제 매일경제
헤럴드경제 신동아 뉴시스
국민일보 중앙일보
MBC 파이낸셜뉴스 JTBC 미디어오늘 데일리안
아이뉴스24 서울경제
서울신문 문화일보
중앙SUNDAY 아시아경제 프레시안
참세상 SBS 한겨레 한국일보 연합뉴스
시사IN 노컷뉴스
한국경제TV MBN 뉴스1
오마이뉴스
조세일보 YTN
경향신문

1

한겨레21

전자신문 연합뉴스TV
3 시사저널 4

-0.6 -0.4 -0.4 0.0 0.2 0.4

정치: 대통령, 정부, 문재인, 외교, 개혁, 제도, 해결, 안보, 책임, 청와대, 선거, 여야, 문제, 기반, 정상, 통합, 권력, 선언, 민주, 국정
군집 4분할: 1 산업정책(헤럴드경제, 서울경제 포함) 2 모빌리티/삼성전자 3 재난지원금/기본소득 4 정책일반(아이뉴스24 포함)

준으로 4개의 구간으로 분할하였다. 그리고 각 사분면에 속한 단어
와 언론사명을 기준으로 언론사 유형을 네 가지로 분류하였다.

이는 〈표 8-2〉의 하단에 정리되어 있다. 이 분류에서 흥미로운 점
은 4차 산업혁명과 갈등을 다룬 '전체 기사'를 기반으로 한 분류와
의 차이점이다. '전체 기사'에서는 일반적으로 받아들여지는 조중
동-한경오가 뚜렷한 군집을 형성한다. 2022년 현재 방송사들의 정
치적 성격에 대한 일반적 평가들을 감안한다면 그 분리는 더 뚜렷

표 8-2 '전체 기사'와 '갈등 반응이 높은 기사'의 언론사 유형 분류

전체 기사	
언론사 유형	언론사명
경제정책 (1사분면)	JTBC, SBS, TV조선, 국민일보, 노컷뉴스, 뉴스1, 뉴시스, 더팩트, 데일리안, 머니투데이, 미디어오늘, 연합뉴스, 연합뉴스TV, 조세일보, 채널A, 한국일보
경제일반 (2사분면)	SBS Biz, ZDNet Korea, 동아일보, 디지털타임스, 매경이코노미, 매일경제, 머니S, 서울경제, 서울신문, 세계일보, 아시아경제, 아이뉴스24, 이데일리, 전자신문, 조선비즈, 조선일보, 파이낸셜뉴스, 한경비즈니스, 한국경제, 한국경제TV, 헤럴드경제
산업/기술 (3사분면)	동아사이언스, 디지털데일리, 문화일보, 블로터, 시사저널, 이코노미스트, 주간조선, 중앙SUNDAY, 중앙일보
정책일반 (4사분면)	KBS, MBC, MBN, YTN, 경향신문, 시사IN, 신동아, 오마이뉴스, 주간경향, 주간동아, 참세상, 프레시안, 한겨레, 한겨레21
갈등 반응이 높은 기사	
언론사 유형	언론사명
산업정책 (1사분면)	JTBC, 국민일보, 뉴시스, 데일리안, 동아일보, 디지털타임스, 매일경제, 머니투데이, 미디어오늘, 서울경제, 세계일보, 신동아, 이데일리, 중앙일보, 한국경제, 헤럴드경제
모빌리티/삼성전자 (2사분면)	KBS, MBC, SBS Biz, TV조선, ZDNet Korea, 디지털데일리, 매경이코노미, 블로터, 조선비즈, 조선일보, 주간동아, 파이낸셜뉴스
재난지원금/기본 소득 (3사분면)	SBS, 시사IN, 시사저널, 연합뉴스TV, 전자신문, 조세일보, 중앙SUNDAY, 참세상, 한겨레21, 한국경제TV
정책일반 (4사분면)	MBN, YTN, 경향신문, 노컷뉴스, 뉴스1, 문화일보, 서울신문, 아시아경제, 아이뉴스24, 연합뉴스, 오마이뉴스, 프레시안, 한겨레, 한국일보

하게 보인다. 그러나 정작 갈등 반응이 높은 기사들을 기준으로 언론사들을 분류해보면(〈표 8-2〉의 하단) 이는 조중동-한경오의 경계를 따라가고 있지 않다.

이는 기사의 논조와 방향성을 분석하여 결론 내렸던 보수-진보의 프레임이 실제 언론 정보 수용 과정에서는 실제 갈등으로 전화하고 있지 않다는 점을 가리킨다. 〈그림 8-2〉에 원으로 표시된 언론사는 기사 갈등도가 높은 상위 10개 언론사이다. 이들이 정치적 내용을 다룰수록 갈등 반응이 높게 나타난다는 경향성은 볼 수 있으나, 이를 기존의 조중동-한경오의 틀로는 예측할 수 없다.

이는 갈등 토픽의 발현 정도를 시계열적으로 추적한 〈그림 8-3〉, 〈그림 8-4〉에서도 찾아볼 수 있다. '승차공유' 토픽의 발현도 변화에서 '전체 기사'에서는 보수지들이 속한 '산업/기술'과 진보지들이 속한 '정책일반' 블럭 사이의 통계적인 차이가 존재함을 볼 수 있다. 그러나 실질적으로 갈등이 비등했던 기사들을 따로 두고 봤을 때는 언론사들의 차이가 실질적으로 존재하지 않았다.

우리의 갈등도에 대한 조작적 정의상 갈등은 기사에 반응하는 뉴스포털 소비자의 주도적 행위이다. 즉 4차 산업혁명/플랫폼을 둘러싼 갈등은 언론사의 익히 알려진 이념적 방향성이나 뉴스포털이라는 기술적 환경과 상관없이 발생하는 것이다. 그리고 그 주도적인

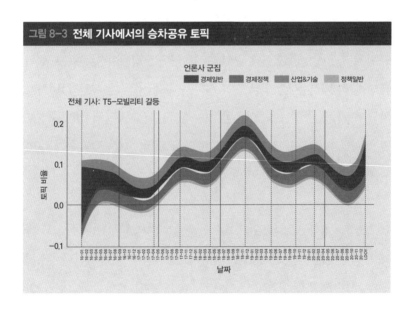

그림 8-3 전체 기사에서의 승차공유 토픽

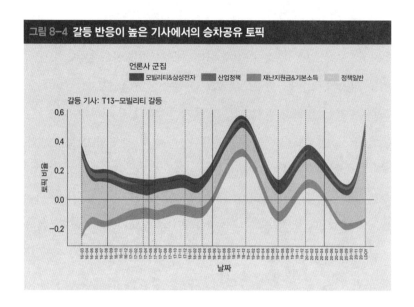

그림 8-4 **갈등 반응이 높은 기사에서의 승차공유 토픽**

동력은 정치에서 나온다.

갈등은 클릭 수를 유발하지 않는다

마지막으로 뉴스포털의 클릭 수 기반 보상 정책이 언론사로 하여금 갈등적 기사를 많이 쓰도록 한다는 주장이 있다. 이를 검증하기 위해 우리는 클릭 수를 이용한 모델을 구상했으나, 네이버 뉴스포털은 이를 제공하고 있지 않았다. 따라서 댓글 수를 클릭 수의 대리 지표로 삼아 분석을 시도했다.

〈그림 8-5〉는 댓글 수를 종속변수로, 그리고 갈등도를 독립변수로 하여 음이항 회귀를 돌린 후, 예측값을 표시한 것이다. 여기서 갈등도는 절대값을 취하지 않았다. 갈등도가 가장 높은 경우는 추천 수와 반대 수가 동일한 경우이므로 0(= ln(1))에 해당한다. 데이터가

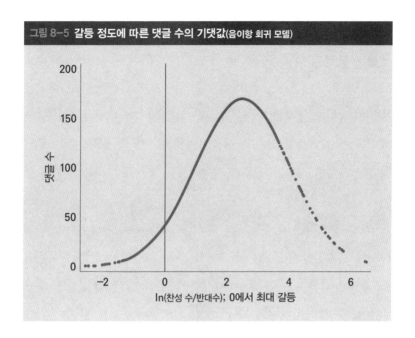

그림 8-5 갈등 정도에 따른 댓글 수의 기댓값(음이항 회귀 모델)

ln(찬성 수/반대수); 0에서 최대 갈등

가리키는 결과는 기대와 달랐다. 댓글 수가 가장 높은 경우는 추천 수가 반대 수의 12배(≈exp(2.5))일 경우였다.

따라서 언론사의 판단이나, 언론사에 대한 평가들과는 별도로 뉴스포털의 클릭 수 기반 보상 정책이 언론사로 하여금 갈등 기사를 양산할 것이라는 기대는 객관적 근거를 가지기 어렵다. 클릭 수나 반응의 양은 갈등보다 공감을 얼마나 불러일으키냐에 달려 있다.

플랫폼 사회, 언론과 미디어의 미래

우리 사회에서 뉴스포털은 플랫폼이면서 언론이다. 세월호 사건과 대통령 탄핵이라는 역사적 경험은 대중들의 머릿속에 본연의 책무를 다하지 못했던 언론들에 대한 기억이 뿌리 깊게 자리 잡았다. 코로나19가 초래한 플랫폼 산업의 확장과 경제 일반에 대한 대중적 불안이 합쳐져 플랫폼 거대 기업들은 그 정당성에 대한 끊임없는 문제 제기에 직면하고 있었다. 사정이 이러할진대 플랫폼 언론으로서의 뉴스포털이 자신의 기능을 지속적으로 축소해온 것은 당연해 보이기도 한다.

그러나 이 같은 대중적 평가와 별도로 실제로 뉴스포털이 우리 사회에 부정적인 영향을 끼치고 있는가는 확인해봐야 하는 문제이다. 플랫폼 언론, 나아가 플랫폼 미디어는 우리 앞에 놓인 가장 확실한 미래 중 하나이기 때문이다.

이를 해명하기 위해 우리는 플랫폼으로서의 뉴스포털이 사회적 갈등을 불러일으키는가 하는 질문을 제기했다. 이를 해명하기 위해 네이버 뉴스포털 5년간(2016~2020)의 4차 산업혁명 갈등 관련 전체 기사를 자연어 처리와 토픽 모델링, PCA와 회귀분석을 통해 분석하였다.

이 분석을 통해 우리가 알게 된 사실은 다음과 같다. 2016~2020년 동안 우리 사회에서 4차 산업혁명을 둘러싸고 실제로 갈등을 불러일으킨 주체는 언론이 아니었다. 뉴스포털 소비자의 갈등적 반응은 소위 조중동-한경오라는 이념적-정치적 대립선에서 벌어지지 않았다. 이들이 전체적으로 논조의 차이는 있었지만, 갈등을 불러일으키는 이슈에 있어서는 차이가 없었다. 무엇에 관심이 있는가, 그 관심이 갈등을 불러일으키는가의 여부는 외부에서 작동하는 정치적 일정에 좌우되고 있었다.

만약 사정이 이렇다면 기성 언론 자체를 '기레기'로 비판하는 것의 효과가 무엇인지를 생각해봐야 한다. 언론의 감시보다 언론의 찬사를 원하는 정치 엘리트들과, 기성 언론의 역할을 대체하고 싶은 또 다른 언론들은 기성 언론을 구축containment하여 큰 이익을 볼 수 있다. 같은 이유로 언론계 전체를 플랫폼화시키는 뉴스포털 또한 구축의 대상이 된다.

언론과 뉴스포털이 공적 평가의 예외일 수 없다. 그러나 이들이 만들어내는 문제를 과장하거나 호도하는 것은 오히려 문제의 진짜 주체를 가리는 부작용이 있다. 나아가 플랫폼을 통해 진화해나가는 언론과 미디어의 미래를 예측하고 설계하는 데 결코 도움이 되지 않는다. 우리 분석이 오늘날 우리 사회의 언론과 플랫폼을 미래지향적으로 평가하는 데 하나의 증거로 사용되길 바란다.

이 연구의 STM을 이용한 토픽 모델링 과정

LDA와 마찬가지로 STM 역시 비지도학습unsupervised learning이다. 비지도학습이란 컴퓨터로 하여금 정답이 주어지지 않은 데이터로부터 특징을 추출하는 기계학습의 한 방법이다. STM에서는 문서 내에 토픽의 개수가 몇 개인지에 대한 사전 정보가 없으므로 연구자가 직접 지정해주어야 한다. 적절한 토픽의 개수를 지정하기 위해 본 연구에서는 양적방법과 질적 방법을 모두 사용하였다.

우선 양적인 방법으로서 의미적 일관성semantic coherence와 배타성exclusivity을 각각 계산하여 그 균형점을 찾음으로써 적정 토픽의 개수를 판단하는 데 활용하였다. 의미적 일관성이란 특정한 단어쌍이 동일한 문서에서 공출현co-occurence할 확률이며, 배타성이란 특정한 토픽에 속한 단어들이 다른 토픽에는 등장하지 않을 확률을 계산하는 지표이다 (Lindstedt, 2019).

질적 분석을 위해 각 토픽에 속한 단어 군집과 해당 토픽에 할당된 문서를 직접 연구자가 읽고 이들이 하나의 주제를 일관적으로 설명하는지 검토하였다(Lindstedt, 2019: 311–312쪽 참조). 각 토픽에 속하는 문서를 결정하는 기준은 문서 내 비율이 가장 높은 토픽을 선택하였다. 토픽을 명명한 후에는 시간의 흐름에 따른 토픽 발현 확률을 확인하여 해당 토픽명이 해당 토픽을 적절하게 기술하는지 확인하였다. 예를 들어 토픽의 이름을 '대선'으로 지었다고 가정하자. 그러나 제19대 대선이 있었던 2017년 5월뿐만 아니라 제7회 지선이 있었던 2018년 6월, 제21대 총선이 있었던 2020년 4월을 전후로 역시 높은 토픽 발현 확률이 나타난다면 해당 토픽의 이름은 '선거'로 명명하는 것이 더 적절하다. 최종적으로 전체 기사의 토픽 개수는 14개, 갈등 기사의 토픽 개수는 13개로 지정하고 이름을 명명했다.

〈그림 A-1〉은 예를 들어 '정치(선거)'와 '노사 관계'라는 두 개의 토픽이 존재할 때, 기사 작성 날짜에 따른 토픽 발현 확률을 각각 시각화한 것이다. 해석 방법은 다음과 같다. 진한 수직선은 각 시기 구분 기점(진한 검정)을 의미한다. 진한 수직선을 기준으로 나뉘는 구간들은 좌측부터 우측까지 순서대로 제1~5시기를 의미한다. 세로축의 값이 0인 지점은 진한 수평선으로 강조하였다. 진한 곡선은 평균, 점선은 신뢰도 95%의 신뢰구간을 의미한다. 토

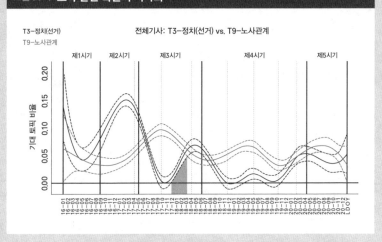

픽이 유의하게 존재한다는 것은 해당 토픽의 아래쪽 점선이 0보다 큰 경우이다. 사다리꼴 모양으로 강조된 부분은 2017년 12월경에서 2018년 3월경이다. 해당 시기에는 정치(선거)와 노사 관계 토픽 모두 신뢰구간이 0을 포함하지 않는다. 따라서 해당 시기의 두 토픽은 유의하게 존재한다고 해석할 수 있다. 또한 제2시기에서 두 토픽의 신뢰구간이 겹치지 않는 구간은 두 토픽 간 유의미한 발현 확률의 차이가 존재하는 것으로 해석할 수 있다. 한편 진한 색인 정치(선거)의 경우 제3시기와 4시기 일부에서 신뢰구간이 0을 포함하고 있다. 따라서 해당 부분은 정치(선거) 토픽이 통계적으로 유의하게 존재하지 않는 것으로 해석한다.

'전체 기사'는 2016년 1월 4일부터 2020년 12월 31일까지, '갈등 반응이 높은 기사'는 2016년 3월 20일부터 12월 19일까지의 날짜를 포함한다. 가로축에 표시된 각 연도-월은 전체 기사에서는 매월의 4일, 갈등 반응이 높은 기사에서는 매월의 20일을 의미한다. 가로축의 마지막 시기인 LDOYLast Day of Year은 각 데이터의 마지막 날짜로서 전체 기사에서는 2020년 12월 31일, 갈등 반응이 높은 기사에서는 2016년 12월 19일을 가리킨다.

9

예술교육의 가치는 디지털 환경에서 어떻게 구현되는가?

조은아

피아니스트, "음악적 깊이와 인문학적 소양을 겸비한 보기 드문 연주자"란 평을 들으며 지속가능한 음악생태계를 위해 연주뿐만 아니라 강연과 저술 등 다양한 활동을 펼쳐왔다. JTBC '차이나는 클라스', MBC '사색의 공동체', SBS Biz '세상의 끝에서 읽는 한권의 책'에서 음악관련 강의를 진행했고 현재 KBS '예썰의 전당'에 출연 중이다. 한겨레의 '문화현장', 경향신문의 '세상 속 연습실', 한국일보의 '조은아의 낮은 음자리표'등의 칼럼을 꾸준히 연재했으며, KBS 클래식FM 방학특집, 서울시향 퇴근길 토크 콘서트, KBS 교향악단 실내악시리즈 등 인문학과 연계한 공연을 기획했다. 대한민국 역사박물관 예술감독을 역임하며 2018년 문체부장관상을 수상했다. 현재 경희대 후마니타스 칼리지에서 젊은 청중의 성장을 북돋고 있다.

디지털 전환과 플랫폼의 부상은 시장에서 예전과 같은 방식으로 문화와 예술이 살아남기 쉽지 않다는 문제를 제기한다. 사회적 혁신을 통해 시장 실패를 극복해서 문화와 예술이 생산되고 소비될 수 있는 대안적 방식을 찾을 필요가 있다.

코로나가 가져온 예술교육의 지각변동

코로나19가 확산되면서 사회 전반에 많은 변화가 일어났다. 예술계에도 감염병의 위기는 격렬한 변동을 야기했고, 공연과 전시 등이 연기되거나 취소되면서 예술가들은 생존의 위기를 감내해야 했다. 예술교육 현장도 다르지 않았다. 낯설고 새로운 환경, 기약 없이 기다리는 교육 일정에 불안감이 더해졌다. 2020년 상반기엔 일단 멈춤 상황에 봉착되었다가 하반기부터 온라인 중심의 비대면 강의 또는 사회적 거리두기 방식으로 전격 전환되었다.

'언택트'라는 예술의 장이 부상함에 따라 예술교육 환경도 크게 변화했다. 다양한 비대면 방식으로 온라인 콘텐츠 제작을 결합한 교육이 불가피해졌는데, 누구도 예상하지 못한 상황에 서둘러 대응 정책을 마련하느라 현장의 구성원들은 당황하지 않을 수 없었다. 그렇게 의도치 않은 상황을 헤쳐가면서 예술 교육자들은 새로운 교육 방법을 모색하기 시작했다. 비대면·온라인 전환과 관련된 다양한 담론들이 코로나19의 고군분투를 통해 문화예술교육 현장에서도 활발하게 논의된 것이다.

문화예술교육은 전통적으로 물리적 공간을 배경으로 사람과 사람의 만남을 통해 예술적 경험을 만들어왔다. 하지만 문화예술교육의 뉴노멀 시대는 온라인 수업체제의 기술적 도입을 넘어 대면·비대면의 예술교육이 얼마나 다양하고 풍부한 예술적 경험을 제공할 수 있는지, 문화예술에 대한 접근성을 어떻게 높일 것인지, 예술의 본질적 가치가 온라인 문화예술교육에 어떻게 결합해 유의미한 학습으로 이어질 것인지 등 근원적이면서도 난해한 화두를 던지고 있다.

최근 다양한 분야에서 코로나19 대응 전략에 대해 논의하면서 가장 중요한 이슈로 '플랫폼 구축'이 떠오르고 있다. 준비되지 않은 비대면 문화예술교육의 문제에 대응하기 위한 중요한 과제로 등장한 것 중 하나도 온라인 플랫폼 구축이다.

이 글에선 문화예술교육 영역에서 플랫폼 구축이 왜 필요하고, 그 목적이 무엇인지, 선행되어야 할 절실한 논의를 짚어보고자 한다.

문화예술교육의 이동: 현장에서 온라인으로

코로나 이전 예술교육의 기본형식은 오프라인 현장에서 이루어지는 대면교육이었다. 2000년대 이후 온라인 세계가 확장되면서 교육 현장에 부분적으로 도입되기 시작해 교육 콘텐츠나 방법적 측면에서 일부 활용되긴 했지만, 2020년 이후 언택트 사회로 급격히 전환되면서 온라인 교육이 본격 뜨거운 쟁점으로 부상했다. 온라인 문화예술교육은 사람과의 대면 접촉이 아닌 네트워크로 연결된 가상공간에서 이루어지므로 기존의 교육과는 완전히 다른 새로운 패러다임이 요구된다. 교육 형식이나 방법, 교강사의 역할 등에서 전혀 다른 특성을 보이는데, 예술과 기술이 융합된 교육과정이 본격 확대되면서 온라인상의 기획·기술 역량을 강화가 중요한 쟁점으로 대두되고 있다.[1]

현장 중심으로 이루어지던 문화예술교육을 온라인 공간으로 이동하는 것은 예술 교강사에게 매우 낯설고 힘든 과제이다. 오프라인에서 온라인으로 학습 환경을 단순히 옮기는 것을 넘어서 학습 내용과 방법, 활동, 전달 방식, 학습 자원 등 근본적 변화를 의미하기 때문이다. 그러므로 시작부터 온라인이어서 가능한 문화예술교육 콘텐츠의 개발이 필요한데, 온라인으로 단순히 대체하는 기술에 그치지 않고, 예술교육의 가치를 어떻게 디지털 공간에서 진화시킬 수 있을지 현장의 교강사들이 치열하게 고심하고 있다.

온라인 예술교육은 예술교육의 효과를 제한하기도 한다. 온라인에선 1대1 교육, 혹은 1대n 교육은 가능하나, n대n 교육이 구현되기는 어렵기 때문이다. 언택트의 한계, 즉 공동체 교육의 근본적 한계가 존재한다. 이처럼 대면교육을 통한 체험과 온라인 교육을 통한 체험에는 질적 차이가 존재하기 마련인데, 특히 공감, 소통, 협력 등 관계적 차원의 예술교육 효과를 기대하기 어려운 점이 있다. 온라인을 통해 감상과 체험, 표현과 이해 등이 가능해졌다 해도 여전히 불완전하고 충분하지 않다. 이 점을 어떻게 극복할 것인지 앞으로 온라인 문화예술교육 생태계를 구축하는 데 있어 중요한 논제가 될 것이다.

온라인의 바다, 예술적 선별

그러므로 창의적인 교육 공간으로 온라인 기반 문화예술교육이 구성되고 작동되기 위해서는 다양한 지점을 동시에 고려해야 한다. 미디어 리터러시에 관한 이해와 디지털 기술을 다루는 역량이 요구되는 동시에 다양한 문화예술 콘텐츠를 공유할 수 있는 고유의 플랫폼이 제공되어야 하는데, 온라인의 바다에는 이미 다종다양한 콘텐츠들이 범람하고 있다. 문화예술교육과 관련된 좋은 자료를 수집, 선별하며 전파하기 위해선 이들을 제대로 큐레이션할 수 있는 능력이 필요하다. 이렇게 선별된 콘텐츠는 교육 상황과 주제에 맞게 추출 혹은 재분류되어 적재적소의 예술 현장에 연결될 수 있을 것이다.

온라인이어서 가능한 문화예술교육 콘텐츠는 어떻게 진화될 것인가. 대면 방식의 문화예술교육은 물리적 공간에 개개인의 경험이 축적되는 방식이었다면, 비대면 문화예술교육은 정보매체를 통해 개개인의 경험을 축적하며 저장, 기록이 가능하다는 장점을 지니고 있다. 이처럼 대면과는 전혀 다른 소통 방식부터 이해하고, 데이터 교류를 활용한 온라인 매체 특유의 흥미와 공감 요소를 발견, 적용해볼 수 있을 것이다.

온라인 문화예술교육 모델의 개발

코로나가 아니더라도 앞으로 또 다른 재난 상황을 직면했을 때 학습에 대한 결손 없이 지속 가능하며 온라인을 통한 문화예술교육의 장점을 최대한 살리기 위해선 어떤 콘텐츠를 발굴하며 서비스를 어떻게 통합시켜야 할까. 온라인 문화예술교육은 학습자에게 효율적인 비용으로 예술을 향유할 기회를 제공할 뿐 아니라, 새로운 미적 체험과 탐구 공간을 제공하는 등 다양한 교육의 활용 가능성을 기대할 수 있다. 학교나 문화기관, 평생학습기관 등에서 꾸준히 활용될 수 있고, 1:1 맞춤형 교육의 가능성도 무궁무진해졌다. 이처럼 문화예술교육 플랫폼은 학습자별 고유의 문화예술 경험을 발굴해 맞춤형 콘텐츠와 서비스를 지원할 수 있는 유의미한 생태계로 발전 가능하다.[2]

교수자 중심의 전달형이나 절차를 중요시하는 차시 중심의 커리큘럼보다는 학생의 자율성을 존중하는 개별 맞춤형 강의가 지원될 때 특유의 장점을 발휘할 수 있다. 디지털 플랫폼에서도 학생 스스로 교육과정을 유연히 선택할 수 있어야 한다. 기존의 물리적 공간에서 교강사와 학생이 만났던 면대면 방식과 달리 온라인 공간에선 정보매체를 활용할 수 있는 기술적 역량이 요구된다. 또한 이처럼 온라인이란 교육 공간의 특성을 문화예술교육과 적절히 연계하기 위해서는 새로운 경험을 이끌어내는 접근 방식이 필요하다.

블렌디드 러닝, 온·오프를 아우르다

그러므로 예술교육 현장에서도 온라인 콘텐츠를 오프라인 수업과 접목시키는 블렌디드 러닝blended learning의 교육 모델이 각광받고 있다. 온라인과 오프라인 교육이 혼합된 블렌디드 러닝은 오프라인 교육의 대체제를 넘어 미래 교육의 지향성으로 인지되고 있다. 탑다운Top Down 방식의 일방적 개발 및 운영을 극복하고 매개자가 자발적으로 주도하며 교육과정을 스스로 설계하고 운영할 수 있기 때문이다. 온라인과 오프라인, 두 공간에서 각각의 방식이 가지는 강점을 최대화시키고 상호 보완재로서 다양한 시도가 가능한데, 문화예술교육에도 이 블렌디드 러닝을 적용시킨 다양한 교육 모델이 개발되고 있다. 온·오프를 아우를 수 있는 실재감을 가장 우선시할 때 창의적 교육 방법들을 개척할 수 있을 것이다. 그러나 온·오프를 병행하다 보면 자칫 가상과 현실, 인간과 기계, 몸과 지각의 분리를 종용할 우려가 있다. 교수자와 학생 혹은 학생과 학생 사이 다양한 상호작용이 가능할 수 있도록 협업의 모듈을 신중히 구현해야 하겠다.

테크놀로지, 감각의 확장을 가져온 예술적 도구

온라인 문화예술교육 모델을 개발하기 위해선 증강과 가상, 인공지능 등 테크놀로지를 다룰 수 있는 예술가들의 발굴에 주력해야 한다. 교육 현장에서 직접적 체험 중심으로 이루어졌던 문화예술교육은 테크놀로지의 발전을 통해 온라인상의 교육 활동과 연결되면서 가상의 문화예술 체험을 가져왔다. 4차 산업혁명으로 명명된 최신 기술환경을 문화예술에 접목시킨 콘텐츠는 온라인 문화예술교육의 연장선상에서 중요한 위치를 차지하는데, 이제 예술교육에서도 인공지능과 가상·증강 현실, 로보틱스 등의 첨단기술이 적극 활용되고 있다. 예술과 기술의 융복합 문화예술교육 프로그램은 창의적 예술 표현뿐만 아니라 복합적인 문제를 해결하는 능력을 증진시키고 있다. 이때 기술은 인간 영역을 침범하는 침략자가 아니라 감각을 확장시키는 예술 표현의 또 다른 도구로 기능해야 할 것이다. [3]

그러나 한 명의 교수자에게 예술가적 정체성과 교육의 전문성, 고도의 기술을 활용하는 역량 등을 한꺼번에 요구하는 것은 과도하다. 각 분야의 지식과 기술을 보유한 여러 전문가의 협업이 어느 때보다도 절실하다. 단지 2명 이상의 교수자가 수업 진행에 투입되는 의미를 넘어 강의의 계획과 실행 과정, 평가 및 성찰의 전 과정에서 화학적 결합을 일으켜야 할 것이다. 예술교육의 현장에선 다양한 교육 자원이 축적되어왔다. 이를 디지털 콘텐츠로 가공할 수 있도록 학습의 모듈화를 진행하기 위해선 공공기관과 단체, 개인들이 교육 파트너십을 맺고 경계를 넘나들며 창의적인 협업을 연계할 수 있어야 하겠다.

예술은 몸으로 체험하고 표현하는 활동으로 몸은 예술적 체험과 인식의 근본적인 토대라 할 수 있다. 하지만 온라인 교육은 몸을 통한 체험과 표현을 제약할 수밖에 없다. 학생들에게 예술교육을 통해 세상을 보는 눈이 달라지도록 안내해야 하는데 오프라인 세계에서 보고, 듣고, 느끼고, 표현하는 것과 온라인 세계에서 보고, 듣고, 느끼고, 표현하는 것에 질적 차이가 발생한다는 점에서 교육자의 고민이 깊어진다.

저작권의 제도화

또한 온라인 문화예술교육의 콘텐츠를 개발하고 보급하기 위해선 누구나 활용 가능한 리소스를 확보해야 한다. 이때 무엇보다 저작권 문제가 해결된 리소스가 확보되어야 하는데, 디지털화된 온라인 콘텐츠에 대해 정보통신법이나 저작권법 등 다양한 법적 문제가 부딪치기 때문이다.

저작권 이슈는 온라인 교육의 전 단계에 걸쳐 발생할 수 있다. 그러므로 애초 기록이나 교육을 목적으로 한 공공 저작물부터 축적하고, 문화예술교육 콘텐츠를 활용하기 위한 저작권 계약을 차근차근 제도화하며 적극 대응해야 한다. 저작권 보호가 문화예술교육 콘텐츠 개발을 위축하지 않도록 튼실한 기초연구도 필요하다. 수준 높은 문화예술교육 리소스를 확보하며 국공립문화기관, 예술단체 등의 파트너십을 과감히 활용한다면 공공재 문화예술교육 콘텐츠의 개발을 선도할 수 있을 것이다.

디지털 문화예술교육의 유토피아

온라인 문화예술교육은 몇몇 장점을 갖고 있다. 온라인 교육은 소위 MZ 세대라 불리는 청년 세대에게 친숙한 매체이다. 현세대 청소년들은 디지털 기기에 익숙하고, 이를 활용한 교육에 흥미와 관심이 많으며, 오프라인 교육만큼 온라인 교육의 몰입도도 상당한 편이다. 따라서 디지털 세대는 온라인 문화예술교육에 긍정적인 반응을 보일 가능성이 높다.

기술과 예술이 융합될 때 기술의 확장은 곧 경험의 확장과 잇닿을 수 있다. 디지털 공간은 시공간의 제한 없이 전 세계 누구든 만날 수 있다. 언제 어디서나 교육이 이루어질 수 있는 유비쿼터스 교육이 가능해진 것이다. 단발성 시간의 한계를 지닌 대면교육에 비해 디지털 예술교육은 반복학습에도 효과적이다. 미디어를 활용하면서 풍성한 콘텐츠를 제작하니 학생들은 커리큘럼을 선택할 기회를 확장시킬 수 있다.

또한 온라인은 문화예술교육의 진입장벽을 낮춰주는 장점이 있다. 대면 활동에서 소외되었던 사회적 취약계층 혹은 수도권에 편중되었던 교육의 혜택 등의 불균형을 해소하며 보다 많은 사람이 문화예술교육에 다가갈 수 있는 기회를 제공할 수 있다. 한국의 도서벽지 지역에 거주하는 학생이 집에서 컴퓨터로 서울 국립중앙박물관과 파리 루브르 박물관을 관람하는 것이 가능한 시대가 온 것이다. 보다 많은 사람의 지속적인 참여를 꾀할 수 있다는 것은 큰 강점이 아닐 수 없다.

이처럼 디지털 플랫폼이 발달하면서 온라인 교육을 받을 수 있는 창구 역시 확대되고 있다. 현시대를 주도하고 있는 동영상 콘텐츠를 통한 교육, 디지털 플랫폼을 통한 쌍방향 소통 교육은 앞으로 가상·증강·혼합 현실, 게임을 이용한 교육, 가상 튜터, 인공지능 교육 등 다양한 방식의 문화예술교육으로 진화될 것이다.

디지털 문화예술교육의 디스토피아

반면 디지털 문화예술교육은 분명한 한계도 갖고 있다. 예술교육은 촉각과 후각 등의 오감을 동시에 적극 활용해야 한다. 하지만 교강사가 기껏 제작한 동영상 콘텐츠는 학습 내용을 일방향으로 전달하면서 화면과 음성, 시각과 청각에 편중되는 지루한 강의에 머무르곤 한다. 동영상 콘텐츠로 학습 내용을 전달하는 방식은 제한된 감각에만 의지해 정서적 교감과 소통을 원활하게 일으키지 못하며 학습자의 참여를 자발적으로 유도하는 데 한계가 있다. 미적 체험과 표현, 이해와 공감 등 모든 영역에서 예술교육의 질적 가치를 확보하기 어려워진 것이다.

또한 교육적 가치보다는 수요자들이 흥미를 느끼고 좋아하는 콘텐츠에 집중해 문화예술교육의 다양성을 훼손할 우려도 있다. 기술을 다루는 역량이 천차만별의 차이를 보이면서 일부 유명 강사만 주목받고 다수의 교강사가 도태되는 현상이 불거지고 있는데, 이러한 조짐은 이미 온라인 음악 시장에서 나타나는 빈익빈 부익부 현상을 통해 어느 정도 예견되었다 볼 수 있다.

그뿐만 아니라 학생들의 참여도와 자기주도성이 현저히 낮아졌고, 예술교육에서 중요한 상호작용(교사-학생, 학생 상호 간)의 근본적 한계도 존재한다. 언제 어디서나 교육에 접속할 수 있는 장점은 아무 때나 볼 수 있다는 또 다른 문제를 야기하는 것이다. 공동체 작업으로 진행해온 미술 수업의 경우, ZOOM 화상회의 플랫폼으로는 협업이 제대로 이루어지지 못한 채 각자 따로 만든 작품을 화상회의를 통해 소개해주는 정도의 소통에 그치고 있다.

일방향 온라인 콘텐츠는 '본다'라는 경험에 머물기 십상이다. 그러므로 '본다'가 아닌 '참여한다'의 경험으로 이끌기 위한 노력이 이어져야 하겠다. 체험을 중시하는 문화예술교육은 양방향 교육을 전제로 콘텐츠 활용, 실감 체험, 상호 소통 등이 결합된 방식을 취해야 한다.[4] 동영상 역시 강의를 대체하는 영상 콘텐츠가 아니라 체험과 제작을 안내하는 내용으로, 관찰하고 탐색하며 상상하는 자료로 다양하게 해석되고 활용되어야 하는 것이다.

온라인 문화예술교육 플랫폼

플랫폼은 미래 사회의 모든 영역에 핵심 동력으로 부상했다. 통신기술에 기반을 둔 온라인 네트워크는 단지 기계와 기계가 통신기술을 통해 만나는 것이 아니라 기술을 활용하여 사람과 사람이 만나는 플랫폼을 의미한다. 사람과 사람이 시간과 물리적 장소의 한계를 넘어 접촉하는 매개의 장이 될 수 있을 때 플랫폼은 소통의 가능성을 북돋는다.[5]

문화예술교육 분야에서도 코로나19의 위기 상황에 대응하기 위해 플랫폼 구축이 핵심적 이슈로 등장하고 있다. 비대면 방식의 예술교육이 온라인으로 연결되면서 문화예술교육 플랫폼의 필요성에 대한 요청도 절실해진 것이다. 앞으로는 뉴미디어 기반의 온라인 플랫폼이 문화예술교육 생태계의 주요 구성 요소로 새롭게 포함되리라 예상한다.

온라인 문화예술교육 플랫폼을 어떻게 구축할 것인가. 문화예술교육의 다양한 경험과 콘텐츠를 공유하고 재창조할 수 있는 너른 마당을 상상하자면, 예술 작업의 몰입과 실재감을 생생히 느낄 수 있고 교육과정의 협업이 효과적으로 일어날 수 있는 가상의 공간을 기대할 수 있다. 이러한 온라인 가상공간 플랫폼이 문화예술교육의 가치를 구현하기 위해선 생생한 현존감이 투영된 예술적 경험을 학습자의 특성에 맞게 제공해야 한다. 그러므로 교사와 매개자, 학습자가 함께 영감을 주고받고 스스로 성장을 북돋을 수 있는 플랫폼 구축은 미래 기술을 활용한 창의적 융복합 문화예술교육을 지향하고 있다.

문화예술교육 플랫폼, 사람과 사람이 만나 세상을 연결하다

문화예술교육은 '안다'는 것이 아니라 '느낀다'는 경험에서 출발한다. 우리의 감각이 미치는 세계에 대한 관심이 참여 행위로 뻗어나가는 지점에 문화예술교육이 존재한다. 그러므로 소통의 미디어로서 예술의 기능이 간과되어선 안 된다. 개념이나 정보, 기술에 매몰되지 않은 채 디지털 미디어와 플랫폼에 대한 이해, 그리고 여러 미디어를 연결할 수 있는 예술적 역할과 태도, 역량이 요구된다 하겠다.

온라인 활동 기반으로서 플랫폼은 학습자-학습자, 학습자-교수자, 학습자-콘텐츠를 연결하는 네트워크의 거점이다. AI 기반의 맞춤형 학습 환경이나 AR/VR 기반의 실감형 체험을 제공하는 등 통합적인 구축을 고려해야 하는데, 이와 같은 디지털 플랫폼이 문화예술교육의 지식 생태계를 건강히 안착시키며 선순환되는 시스템을 구현하기 위해서는 사람과 사람이 만나 세상과의 연결을 느낄 수 있는 자발적 유인과 꾸준한 활용성이 무엇보다 중요하다.

예술 형식에 따른 플랫폼의 특성화

온라인 문화예술교육이 실행되기 위해서는 학습 디자인을 기반으로 이에 적합한 콘텐츠 제작이 유기적으로 진행되어야 하며, 콘텐츠가 소비되고 유통되는 플랫폼의 기능과 성격에 대한 이해 또한 수반되어야 한다. 아울러 경험과 내용으로 공유되는 예술 형식에 대한 배려 또한 필요하다. 이해, 발견, 표현, 소통의 시간을 공유하는 문화예술교육은 여러 예술 형식에 따라 유의해야 할 지점들이 각각 다르게 발생하기 때문이다.

무용은 몸이 직접적인 미디어로 작용하는 반면, 회화는 시각적 이미지, 음악은 앙상블 등이 소통의 도구로 기능하며 경험이 구성되는 형식이 있다. 흥미로운 음악 주제를 탐색하다가, 유명 연주자가 이끄는 음악 강의를 듣고, 가상공간 안에서 오케스트라 리허설 무대를 돌아다녀 보고, 영상 레슨을 통해 악기를 배우고, 화상 오케스트라 연주에 참여하기도 하고, SNS를 통해 지휘자를 만나는 일련의 활동이 가능하다.

그러므로 예술 체험 방식에 따라 어떤 접근이 유효할지 상호 소통과 협력이 가능한 학습 디자인에 대한 구상이 필요하며, 물리적 시공간과 결합될 수 있는 가상의 공간(온라인)을 창안해야 한다. 국내와 해외에 구축되어 있는 문화예술교육 플랫폼의 몇몇 사례를 살펴보며 유의미한 방향성을 통찰해보려 한다.

해외 예술교육 플랫폼

미국의 케네디센터 〈ArtsEdge〉의 경우, 공교육 체제에 맞춰 예술교육 학습자료를 제공하는 대표적인 리소스 기반 예술교육 플랫폼이다.[6] '예술을 교실로 가져오다'란 구호를 내걸고 강연이나 기사, 공연 가이드 등이 주제별로 정리되어 있는데 인터렉티브 미디어를 활용한 기술 융합 콘텐츠가 인상적이다. 이를테면 '작곡가들은 우주를 어떻게 듣는가'란 주제를 내건 음악 수업의 경우, 국립항공우주박물관과 협력해 '우주의 소리는 어떠한가', '우주를 묘사한 관현악곡은 어떻게 작곡되었나' 등의 흥미로운 프로젝트를 가동시켜 예술적 공감각의 확장을 도모하고 있다.

뉴욕현대미술관Museum of Modern Art은 근현대 미술 작품을 중심으로 다양한 온라인 교육 콘텐츠를 개발해왔다. 온라인 공개 강좌 플랫폼인 코세라Coursera와 협업하여 제공하는 〈온라인 코스Online Courses〉는 미술 작품을 활용한 교수법을 다루는 교사 대상 콘텐츠로 시작되었다. 최근 미술과 디자인 주제를 추가하여 코세라Cousera

에서 총 8개의 수업을 무료 제공하는데 언제, 어디서나 원하는 속도로 학습하는 온라인상의 학습 공동체Community of Learners를 지향한다. 또한 미술관 전문직원이 강의하는 미술사와 실기 주제의 7개 온라인 강좌를 유료 운영하고 있다. 〈MoMA Learning〉[7]은 2006년 개발되어 현재까지 지속적으로 보완, 갱신되고 있는 학습 플랫폼이다. 학생, 교사, 성인 모두 이용할 수 있으며 18개 주제와 작가별로 상세한 미술의 지식과 정보를 얻을 수 있다.

프랑스 문화교육부는 2019년 11월 프랑스 공영방송국과 국립시청각연구소INA에서 제작된 교육 콘텐츠를 통합적으로 제공하는 온라인 플랫폼 〈룸니LUMNI〉를 구축했다. 3~18세 어린이와 청소년이 시공간 제약 없이 흥미롭게 예술에 접근할 수 있도록 학년, 주제, 분야별로 검색과 재생이 용이하고 퀄리티 높은 영상 콘텐츠를 제공한다.[8]

네덜란드 국립미술관인 라익스뮤지엄Rijks Museum이 웹사이트상에 설계한 〈라익스스튜디오Rijksstudio〉는 소장품의 고해상도 이미지를 제공하여 누구나 자신이 원하는 주제로 이미지를 모아 자신만의 컬렉션을 구축할 수 있고 이를 다른 사람들과 함께 즐길 수 있는 플랫폼이다. 이미지를 변형하고 디자인하여 액자와 함께 주문하거나, 소장품 활용 디자인 아이디어를 공모하고 상품화하는 등 소장품을 누구나 접근하고 활용할 수도 있다. 또한 전시장에서 가족 관람객들이 협동하여 게임을 하듯이 미션을 수행하며 스테이지를 올릴 수 있는 〈Family Quest〉 앱을 개발하는 등 참여와 몰입을 강화하는 비대면 콘텐츠를 개발하고 있다.[9]

테이트 미술관Tate의 〈테이트 키즈Tate Kids〉는 2009년에 개설된 어린이 전용 사이트로, 5~13세 어린이를 대상으로 교육과 재미를 동시에 제공하는 교육 공간이다. 이 사이트에서 어린이들이 시간과 장소에 구애받지 않고 '창작', '게임&퀴즈', '탐구'로 구성된 활동에 참여하여 자기주도적인 미술의 이해와 발견, 창작을 경험하며, '테이트 키즈 갤러리'에 소장하고 싶은 테이트 소장품 이미지를 자유롭게 변형, 가공하여 전시하거나 자신이 창작한 디지털 오프라인 작품을 업로드하여 전 세계 어린이들과 공유할 수 있다. 학교나 집에서 자유롭게 접속할 수 있는 〈테이트 키즈〉는 어린이들에게 온라인 학습 참여의 주요한 세 가지 영향 요인으로 작용하는 부모와 교사, 그리고 서로 간의 작업 결과를 비교하고 공유할 수 있는 온라인상의 동료가 충족되는 프로그램이다.[10]

구글 〈Arts&Culture〉의 경우, 전 세계의 미술관과 예술 작품 컬렉션과 주제별 콘텐츠들의 이미지와 동영상, VR 영상을 제공하고, 창작 활동 및 게임을 통한 교육 콘텐츠 등 다양하고 심도 있는 콘텐츠 아카이브를 구축한 플랫폼이다. 단순히 유적지나 박물관 등 탐험 장소에 학습자가 머물러 있다는 현장감을 넘어서 해당 장소 및 주제에 대한 내용 및 주요 특징을 설명하고, 학습 증진에 도움이 되는 질문들을 구성하여 학습 효과를 높이고 있다.

미국의 〈마스터 클래스MasterClass〉는 유료 교육 플랫폼으로 각 분야 저명한 예술가를 섭외해 수준 높은 강의를 제공한다는 차별화 전략을 구사하고 있다. 음악 분야의 경우 아직 17개 강의에 불과한데 영화음악은 한스 짐머, 재즈은 허비 행콕, 바이올린 강연은 이작 펄만이 맡는 등 세계적 지명도를 갖춘 화려한 강사진이 인상적이다.[11]

한국, 공공교육 플랫폼

한국의 문화예술교육 플랫폼은 앞서 살펴본 해외 사례와 달리 교육과 예술이 융합되지 않은 채 분리된 형식을 취하고 있다. 대부분 공공교육 플랫폼에선 문화예술 분야의 비중이 미약하거나 있다 해도 기능이 부실한 실정이다. 문화예술 포털 역시 교육적 관점의 서비스가 제대로 제공된다고 보기 힘들다. 아직은 초기 단계여서 그만큼 발전 가능성이 무궁무진하다는 데 위안을 삼을 수 있겠다. 교육과 예술교육 플랫폼을 다음과 같이 분리해 살펴보려 한다.

공공교육 플랫폼의 경우, 초중고 공교육 체제 기반의 학습자료 제공을 우선시하고 있다. MOOC 방식의 플랫폼은 대규모 고등교육 강의를 제공하는 열린교육 플랫폼Open Learning Platform을 표방한다. K-MOOC[12]는 한국의 대학들이 참여해 개발한 온라인 동영상 강의 중심의 대표적인 교육플랫폼으로 예술분야의 경우 주로 성인 대상 강좌들이 제공되고 있다. 〈EBS 온라인클래스〉는 초중고 교과과정에 따른 무료 강좌를 지원하는데 예술교과의 경우 창의적 체험 활동, 동아리 학급별 온라인 클래스 등을 운영하고 있다. 〈클래스팅〉은 교사들이 온라인 학급을 운영하는 학교 기반의 플랫폼이지만, 소셜 러닝을 도입한 것이 특징적이다.[13] SNS를 통해 수업자료를 공유하거나, 학생들과 소통하는 학교 업무 관리 시스템을 구축하면서, 학습자별 인공지능 추천 맞춤형 학습이 가능하며, 학년별·교과별로 큐레이팅된 준비물과 도서, 문구류 등의 교육 상품 스토어도 운영하는 통합적 플랫폼이다. 학부모를 위한 소통의 장을 제공해 학교 정보를 제공하기도 한다. 〈학교온〉은 교육부가 코로나19에 대처하는 교육 현장 교사들을 위해 제작한 온라인 학습자료의 공유 통합 사이트이다.[14] 학생들의 학습활동 제공, 교사 대상 교육 사례 및 아이디어 제공과 함께 다양한 콘텐츠 제공 사이트의 링크를 한눈에 열람할 수 있다. 문화예술 분야 주제어로 검색하면 국립국악원, 국립중앙박물관, 국립극장 등의 문화기관이나 '세바시' 등 민간교육기관의 링크를 열람할 수 있다.

한국, 문화예술교육 플랫폼

한편 공공 문화예술교육 플랫폼은 공연이나 전시 등 예술적 사건을 영상 콘텐츠로 탑재하고 있는데, 교육 콘텐츠의 아카이빙은 부족하며 교육적 관점의 서비스 역시 미흡한 실정이다. 아직은 민간 플랫폼과 차별되는 명확한 정체성과 목적성이 뚜렷하지 않아 공공 플랫폼이 수행할 역할에 대한 논의도 충분하지 못한 편이다. 앞서 언급했듯이 아직은 초기 단계지만 그만큼 발전 가능성이 무궁무진하다는 데 위안을 삼을 수 있겠다. 문화예술계가 보유한 수준 높은 문화예술 리소스와 콘텐츠를 확보하여 열린 교육에 활용할 수 있을 때 큰 힘을 갖게 될 것이다.

현재 한국의 공공 문화예술교육 플랫폼 중 대표주자는 문체부 산하의 한국문화정보원이 관리하는 〈문화포털〉이라 하겠는데, 코로나 이후 '집콕 문화생활'을 통해 어린이, 교육체험, 문화예술, 도서, 체육, 온라인공연, 실감형 전시콘텐츠 등의 링크를 제공했었다.[15] 몇몇 VR 실감형 전시 콘텐츠 등을 탑재하고 있으나 사용자들을 꾸준히 유인하기엔 콘텐츠의 다양성이 부족해 제 기능을 발휘하지 못하고 있다.

한편 민간 플랫폼의 경우, 타깃 이용자에 대한 범위 설정이 비교적 분명한 장점을 지니고 있다. 비즈니스 모델을 적시하며 콘텐츠를 특화한 집중적 운영이 가능하고, 문화예술교육의 접근성을 고려해야 하는 공공적 성격의 플랫폼에 비해 이용자 파악이 용이한 편이다. 그러나 비용을 지불하는 유료화 서비스가 대다수여서 이용자를 수익을 위한 사업적 관점으로 대상화하고 있다. 그러므로 누구에게나 접근 가능한 플랫폼이라 할 수 없다.[16] 국내 온라인 음악교육 사이트인 〈도약닷컴〉의 경우, 온라인상에서 현악, 작곡, 보컬 등을 포함한 다양한 장르의 강의를 운영하고 있는데, 난이도별로 교육을 진행하며 튜터링 서비스를 통해 1:1 피드백을 제공하고 있다.[17]

지속 가능한 문화예술교육 플랫폼

위의 사례에서 살펴보았듯 문화예술교육 플랫폼은 공급자(교강사)와 수요자(학습자)가 만날 수 있는 공간뿐만 아니라 개인학습이나 일방향 혹은 쌍방향 수업, 토론 등 다양한 형태의 수업이 이루어지는 공간이다. 플랫폼의 유형은 강좌를 운영하는 방식, 리소스 기반의 학습자료 제공, 소셜 러닝, 실시간 화상강의 방식 등으로 플랫폼 목적에 따라 현저한 차이를 보인다. 문화예술교육 분야의 학생층은 스펙트럼이 넓고 학습의 목표도 매우 다양하기 때문에 플랫폼 이용자를 규정하는 것은 중요한 전제라 할 수 있다.

온라인 문화예술교육을 위한 플랫폼은 인프라를 구축하고 예술교육의 매개자를 지원하며 콘텐츠를 개발하는 등 모든 영역을 통합적으로 연계하고 있다. 특히 코로나를 겪어오면서 예술교육 현장에

선 콘텐츠를 튼실하게 탑재하며 문화예술교육에 쉽게 접근할 수 있는 종합정보서비스 기능을 장착한 플랫폼에 대한 요구가 점점 높아지고 있다. 그러므로 플랫폼의 구조가 무엇보다 중요해졌는데, 문화예술교육의 디지털 콘텐츠가 공급되고 소비되는 공간인 동시, 문화예술교육의 공급자와 학습자가 연결되는 방식이자, 온라인 환경에서 학습자의 학습경험이 효과적으로 일어날 수 있도록 학습 활동과 지원 서비스가 제공되는 통합적 기능의 구조적 환경을 갖춰야 하기 때문이다. 온라인 환경으로 진입한 문화예술교육이 학습자에게 유의미한 학습경험을 제공하기 위해선 예술교육 활동의 과정과 결과가 축적, 관리되고 이들 사이 시너지를 창출할 수 있는 통합적 구조를 고심해야 할 것이다.

문화예술교육 플랫폼의 통합적 구조

문화예술교육 생태계의 구성원들이 자발적으로 참여하고 연결되는 플랫폼을 구현하려면 첨단기술을 예술과 접목시킨 우수한 강연 콘텐츠와 문화예술기관을 발굴하고 지식 공유 및 지식 창출 활동이 자생적으로 일어날 수 있는 선순환 시스템을 일구어야 하겠다. 이때 플랫폼의 기능은 단순한 콘텐츠 제공을 넘어 매개자들을 연결하고 협업을 북돋우며 예술적 도전을 지원하는 네트워크의 거점을 기대할 수 있다.

거듭 강조하건대 아직까지 한국은 문화예술과 교육이 제대로 융합된 플랫폼이 발전되지 못했다. 공공교육 플랫폼은 문화예술 분야의 비중이 미약하고, 문화예술포털 역시 교육적 관점의 서비스가 제대로 제공되지 않고 있다. 새로운 플랫폼 구축에 대한 현장의 요구가 발생하는 까닭은 기존 플랫폼들이 문화예술교육의 특성과 환경에 적합한 방식으로 활용하는 데 한계를 지니고 있기 때문이다.

그러므로 기존 플랫폼의 활용 방안을 충분히 논의하되, 문화예술교육의 고유성과 전문성, 접근성을 적극 반영하며 무엇보다 공공의 역할을 강화할 수 있는 새로운 플랫폼의 구현을 치열하게 고민할 필요가 있다. 단기적으론 기존의 플랫폼을 필요에 따라 복합적으로 활용하면서 중장기적으론 미래지향적 플랫폼 구축을 위한 단계별 접근이 요구되는 것이다. 기존의 공공 및 민간 플랫폼들의 기능을 분석하면서 온라인 문화예술교육에 효과적으로 활용될 플랫폼을 추출하고 교육목적과 상황에 맞춰 여러 플랫폼을 복합적이고도 입체적으로 활용할 가이드가 함께 제시되어야 하겠다. 예술적 취향을 발견하고 감성과 사유의 색다른 방식을 접하며 개인의 사고와 표현을 다른 사람들과 공유하며 의미 있는 학습경험이 이루어지는 온라인 문화예술교육 플랫폼이 튼실히 구축될 수 있기를 바란다.

플랫폼, 예술 현장을 직접 체감하는 새로운 통로

갑작스러운 감염병의 확산으로 문화예술교육 현장은 격한 혼란을 겪어야 했다. 비대면 상황은 예측하지 못했던 갑작스런 계기로 시작되었으나 앞으로 우리 사회의 변화를 고려할 때 지금 바로 필요한 미래에 대한 준비가 아닐 수 없다. 기존의 문화예술교육을 대신할 즉시적 대응을 모색하며 다양한 방식에 도전하는 중인데, 감염병에 대한 대응 못지않게 코로나 이후 새로운 일상(뉴노멀)을 대비하며 시대 변화를 고려한 문화예술교육에 대한 근원적 통찰이 대두되었다.

지난 2년간 과도기의 경험들이 문화예술교육의 새로운 발견과 확장을 도모할 수 있길 희망한다. 디지털 환경의 발달 속에서 문화예술교육에 대한 평등한 기회를 제공하고, 다양한 문화예술교육의 주체들이 온·오프라인상에서 유기적으로 연결될 수 있는 가능성을 볼 수 있었던 덕택이다. 그러므로 예술교육 현장을 직접 체감하는 새로운 통로로서 플랫폼 구축이 시대적 요청으로 떠올랐는데 문화예술교육의 연대가 창출되고 공유될 수 있는 새로운 생태계를 구축하는데 그 의의가 있다 하겠다. 문화예술교육에 특화된 플랫폼 구축을 통해 문화예술교육의 방향성과 가치를 담은 이니셔티브를 선취할 수 있을 것이다.

격변의 정점에서 오히려 예술의 근본을 묻는 질문을 던지며 이제껏 당연히 고착시켜온 관성을 새롭게 돌아보는 계기가 되었다. 누구도 예상치 못한 상황은 짙은 안개 속 낯선 길과 같았고, 온 촉각을 동원해 좌충우돌을 거듭하며 한 걸음씩 나아가고 있다. 비대면과 대면의 경계를 넘어 가르치고 배우는 관계를 다시 생각해보자. 느리게 더듬더듬 기어가더라도 새로운 시도와 기획, 그 근본적 의미를 지속적으로 고민해보자. 예술과 디지털 플랫폼을 연결하는 격변이 예술교육을 위협하고 매몰시키는 것이 아니라 그 지평을 확장하는 계기가 되길 진심으로 희망한다.

10

플랫폼 이후
미국과 한국의
대중음악 변화

한준

연세대학교 사회학과 교수. 미국 스탠퍼드대학교에서 사회학 박사학위를 받았다. 한국사회과학자료원 원장, 국민경제자문회의 민간위원을 역임했고 현재 한국삶의질학회 회장이다. 조직사회학, 사회불평등, 삶의 질, 예술과 사회 등의 분야를 중심으로 연구 중이다.

디지털 전환에 의해 생겨난 플랫폼이 지배하는 사회에서 예술이 어떤 변화를 경험할 것인가에 대해 대중음악을 중심으로 살펴본다. 대중음악은 음반에 저장하는 녹음 기술과 라디오라는 전파를 이용한 대중미디어가 등장하면서 본격적으로 등장한 예술이다. 디지털 기술은 음악의 생산과 녹음, 대중적 확산과 전파 과정의 모든 부분에 변화를 가져왔다. 과연 그 결과는 어떤 것인지 다양한 자료를 통해 살펴본다.

플랫폼 사회와 맞닥뜨린 예술

2015년 8월 『뉴욕타임스 매거진』에 실린 기사 하나가 대중음악계에 큰 논쟁을 불러일으켰다. 디지털 기술과 미디어 전문 저술가인 스티븐 존슨Steven Johnson이 쓴 기사의 제목은 "실제와 다른 창작의 대재앙The Creative Apocalypse That Wasn't"이었다. 이 기사에서 존슨은 2000년대 초반 냅스터의 파일 공유 서비스와 뒤이은 음원 다운로드, 스트리밍 서비스 등 디지털 기술을 이용한 음악 서비스가 대중음악 산업에 파괴적인 영향을 미칠 것이라는 비관적 주장에 대해 실제로 자료를 보면 대중음악 산업은 그렇지 않다는 낙관적 주장을 펼쳤다. 창작자들의 수나 창작 음악의 양도 훨씬 늘었다는 것이다. 이에 대해 록밴드의 리더이자 음악의 미래 연합이란 단체의 리더이기도 한 케빈 에릭슨Kevin Erickson은 온라인에 "실제와 다른 데이터 저널리즘The Data Journalism That Wasn't"이란 글을 올려 존슨의 주장을 통렬히 비판했다. 그는 실제 뮤지션들을 인터뷰해보면 누구나 디지털 미디어 등장 이후 더 상황이 나빠졌다는 것을 알 것이며, 존슨의 주장은 데이터를 이용한 눈속임에 불과하다고 했다.

이 논쟁은 2000년대에 걸쳐 음악을 만들고 연주하며, 듣고 즐기는 환경에서 일어난 엄청난 변화를 보는 상반된 관점을 잘 보여준다. 2000년대 중반 유튜브가 등장한 이후 대중음악계는 물론 보수적인 클래식 음악계까지도 음악가로의 관문 역할을 했던 콩쿨이나 콘서트 무대를 거치지 않고 누구나 자신의 연주 동영상을 유튜브에 올려 대중의 인정을 받을 수 있게 되었다는 주장들이 등장했다. 예술가로 인정받는 관문의 역할을 했던 문학의 신춘문예, 미술의 공모전, 음악의 콩쿠르 및 평론가, 심사위원과 같은 게이트키퍼들의 역할이 약해지고, 사라질 것이라는 과감한 주장들도 제기되었다. 만약 정말로 그렇게 된다면 대중음악을 포함한 예술계는 존슨의 말대로 디지털 기술과 미디어 덕분에 창의력이 꽃필 수 있는 기회를 얻을 것이다. 하지만 이러한 낙관적 생각을 반박하는 주장들도 만만치 않다. 영문학 교수를 그만두고 저술가가 된 윌리엄 데레저위츠William Deresiewicz는 『예술가의 죽음The Death of the Artist』이라는 저서에서 문학, 음악, 미술, 영화 등 다양한 분야의 예술가 100여 명과 인터뷰한 내용을 토대로 디지털 전환 이후 예술가들의 삶은 더욱 나빠졌다고 주장한다(Deresiewicz, 2020). 그의 인터뷰 결과에 따르면 예술을 공짜 혹은 싼 것으로 보는 인식이 팽배해지고, 예술계의 분업에 의존하던 일들을 예술가들이 직접 챙겨야 하는 경우가 늘었으며, 예술가들이 모여드는 대도시의 주거와 생활 비용이 치솟아 예술가들의 창작 여건과 삶의 수준과 질 모두 나빠졌다고 한다.

이 글은 디지털 전환에 의해 생겨난 플랫폼이 지배하는 사회에서 예술이 어떤 변화를 경험할 것인가에 대해 대중음악을 중심으로 살펴본다. 대중음악은 음반에 저장하는 녹음 기술과 라디오라는 전파를 이용한 대중미디어가 등장하면서 본격적으로 등장한 예술이다. 디지털 기술은 음악의 생산과 녹음, 대중적 확산과 전파 과정의 모든 부분에 변화를 가져왔다. 과연 그 결과는 어떤 것인지 다양한 자료를 통해 살펴보고자 한다. 아울러 이 글은 플랫폼 시대 대중음악의 변화가 미국과 한국에서 어떻게 다른지도 다루고자 한다. 자료의 제약 때문에 모든 면에서 비교가 가능하지는 않지만 자료가 허용하는 한에서 한국과 미국의 대중음악의 성과를 비교하고자 한다.

플랫폼과 대중음악의 변화를 보는 관점

이 글에서는 디지털 전환과 플랫폼의 등장 속에서 대중음악이 어떤 변화를 겪었는지를 문화예술의 사회학 관점에서 살펴볼 것이다. 문화예술의 사회학은 문화와 예술이 사회로부터 초월적이거나 독립적이지 않고 사회의 일부이며 또한 사회와 영향을 주고받는 관계에 있다고 전제한다. 문화예술의 사회학에도 다양한 이론적 관점들과 입장들이 존재하지만, 이 글에서는 문화예술의 사회학에서 대표적인 문화와 예술의 다이아몬드 모형을 중심으로 살펴보고자 한다.

문화예술의 다이아몬드 모형은 〈그림 10-1〉의 a에서 보는 것처럼 예술과 사회의 관계에 생산자, 소비자, 매개자라는 사회적 행위자

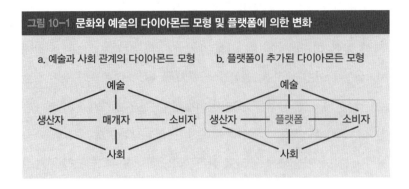

그림 10-1 문화와 예술의 다이아몬드 모형 및 플랫폼에 의한 변화

a. 예술과 사회 관계의 다이아몬드 모형   b. 플랫폼이 추가된 다이아몬드 모형

혹은 역할들이 포함된 모형이다. 본래 이 모형은 a의 그림에서 가운데의 매개자가 빠진 예술-사회, 생산자-소비자의 네 점을 잇는 마름모 모양의 모형이다(Griswold, 1994). 이때 생산자와 소비자는 예술과 사회가 직접 연결되어 예술이 사회를 반영reflection하거나 혹은 예술이 사회를 형성shaping한다는 일방적인 주장에서 벗어나도록 한다. 생산자와 소비자가 각각 자신의 사회적 배경과 조건 속에서 예술을 생산하고 소비, 해석하며 예술과 사회의 관계를 매개한다. 예술이 사회에 의해 조건 지어지면서도 일정한 자율성을 갖도록 하는 것이 생산자와 소비자의 역할이다.

알렉산더Alexander는 이 모형에 매개자를 가운데 추가해서 변형된 문화예술의 다이아몬드 모형을 제안했다(Alexander, 2003) 그녀는 현대사회에서 예술이 시장을 통해 거래되고, 전문적 식견과 탁월한 취향을 가진 평론가들에 의해 평가되기 시작한 이래(White & White, 1965), 이들이 예술의 생산자와 소비자를 서로 연결하고, 예술계를 형성하는 데 핵심적 역할을 했음을 강조했다. 미술계의 갤러리와 평론가, 음악계의 매니저, 공연 기획자와 평론가, 영화의 스태프와 영화사 관계자들, 출판사의 편집자와 서점 관계자 등이 모두 매개자의 범주에 들어가며, 그 밖에도 문화예술 정책에 참여하는 사람들과 문화 관련 매체 및 비즈니스 관련자들 역시 매개자들이다. 대중음악에서 중요한 게이트키퍼 역할을 하는 제작사의 오디션 담당이나 매체의 DJ, 프로듀서 등도 매개자들이다. 이처럼 매개자의 범위도 넓어지고 역할도 커지면서 현대 예술계에서는 매개자가 없이는 예술의 생산과 소비를 생각하기 어려워지게 되었다.

그런데 〈그림 10-1〉의 b에서 보는 바와 같이 21세기 들어 디지털 전환과 함께 디지털 플랫폼이 등장하면서 현대 예술계에서 중요한 역할을 한 매개자들을 부분적으로 플랫폼이 대체하거나 위협하기 시작하면서 예술계는 엄청난 변화를 겪고 있다. 단지 예술에 대한 거래와 평가 등 매개자 본연의 역할 뿐 아니라 예술의 생산과 소비에도 플랫폼의 영향이 미치기 시작했다. 따라서 이 글에서는 대중음악을 중심으로 예술의 생산과 소비에서 일어나는 변화를 플랫폼의 영향을 중심으로 살펴보고자 한다. 먼저 온라인 플랫폼의 음악 매개가 늘면서 나타난 생산 측면에서의 변화를 살펴보고, 이어서 플랫폼화에 따른 음악 소비 측면에서의 변화를 살펴볼 것이다.

플랫폼 이후 대중음악 산업의 수입 변화

플랫폼의 등장은 대중음악의 생산 측면에 어떤 영향을 미쳤는가? 경제적 측면에서 미국의 경우를 먼저 살펴보도록 하자. 미국 대중음악 산업에 대한 자료들은 대부분 미국의 대표적 거시경제학자

인 앨런 크루거Alan Krueger의 저서인 『로코노믹스Rockonomics』(2019)
에 보고된 연구 결과에 의존한다. 오바마 행정부에서 경제자문위원
장을 역임한 크루거는 산업 내부 자료 및 핵심 관계자들과의 인터
뷰를 통해 일반적으로 접근하기 힘든 정보를 활용해서 미국 대중음
악 산업의 실태를 면밀하게 분석하였다.

〈그림 10-2〉의 a는 미국에서 녹음된 대중음악이 연도별로 벌어
들인 수입의 규모를 매체별로 보여준다. 이 그림을 보면 미국의 대중
음악 산업이 수입 면에서 가장 빠른 성장을 보인 시기는 1980년대
중반에서 1990년대 중반까지의 시기다. 10년 가까운 시기 동안 대
중음악 산업의 수입 규모는 50억 달러에서 1,000억 달러 이상으로
두 배가 넘게 성장하였다. 2000년 무렵까지 성장은 지속되었다. 하
지만 21세기에 들어와 미국 대중음악 산업의 성장은 멈추고 수입은
감소하기 시작했다. 처음에는 완만하게, 그러나 2000년대 중반 이후
2010년 무렵까지 급격하게 수입이 줄어들었다 이 시기 동안 가장
빠른 속도로 줄어든 것은 물리적 매체, 즉 녹음된 음악 판매 수입이
었다. 이 시기 동안 음원 다운로드 수입이 늘었지만 녹음된 음악 매

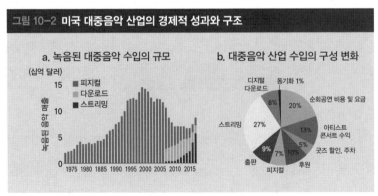

자료: Krueger, 2019.

출의 가파른 감소를 대신하기에는 역부족이었다. 2015년 이후 대중음악 산업의 수입 증가에 가장 크게 기여한 것은 음원 스트리밍 서비스이다.

〈그림 10-2〉의 b는 2017년 미국 대중음악 산업의 수입 구성을 보여준다. 대중음악 산업에서 가장 큰 비중을 차지하는 것은 스트리밍 서비스의 수입으로 전체 수입의 27%를 차지한다. 하지만 공연비용과 티켓 수입, 그리고 뮤지션의 콘서트 수입을 합친 공연 관련 수입은 38%로 가장 크다. 또한 흥미로운 대비를 보이는 것은 음반과 같은 물리적 매체의 판매는 7%에 불과하다는 것이다. 디지털 음원의 다운로드 역시 8%로 미약하다. 디지털 전환의 가장 큰 성과인 파일 다운로드 혹은 스트리밍 같은 온라인 거래가 주도권을 획득한 뒤에 대중음악 산업은 수입 규모가 절반 수준으로 줄었을 뿐 아니라 수입의 구성 역시 크게 바뀌었다.

한국의 대중음악 산업도 미국과 마찬가지로 디지털 전환 이후 크게 위축되었는가? 〈그림 10-3〉의 a는 2006년 이후 한국의 대중음악 산업의 총수입 규모의 변화를 보여준다. 미국처럼 긴 시계열 자료가 부재하기 때문에 장기간에 걸친 변화를 보기는 어렵지만 미국에서 가장 가파르게 수입이 줄어든 기간 동안 한국에서는 대중음악 산업의 수입 규모는 2조 4,000억 원에서 6조 원이 넘는 액수까지 2.5배가 넘게 늘어났다. 이 시기가 미국과 마찬가지로 한국에서도 음악 유통이 온라인을 중심으로 재편되던 시기였다는 점을 고려하면, 한국은 플랫폼 중심의 음악 유통과 소비에도 불구하고 미국처럼 대중음악 산업의 수입 규모가 줄지 않고 오히려 크게 늘었다는 점은 주목할 만한 사실이다. 이 시기가 한국 대중음악이 K-pop 열

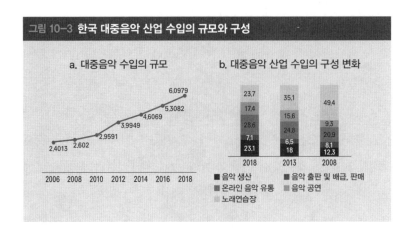

그림 10-3 한국 대중음악 산업 수입의 규모와 구성

a. 대중음악 수입의 규모

6.0979
5.3082
4.6069
3.9949
2.9591
2.4013 2.602

2006 2008 2010 2012 2014 2016 2018

b. 대중음악 산업 수입의 구성 변화

	2018	2013	2008
	23.7	35.1	49.4
	17.4	15.6	9.3
	28.6	24.8	20.9
	7.1	6.5	8.1
	23.1	18	12.3

■ 음악 생산　　■ 음악 출판 및 배급, 판매
■ 온라인 음악 유통　■ 음악 공연
■ 노래연습장

풍 속에서 전 세계적으로 확산되었던 시기라는 점을 고려하더라도 이러한 사실은 놀랍다. 2018년 한국 대중음악의 수출액이 5,640만 달러로 전체 수입의 10%에 채 못 미치는 점을 고려하면 대중음악 수출이 빠르게 증가하기는 했지만 이것을 한국 대중음악 산업의 지속적 성장의 주된 원인으로 보기에는 무리가 있다.

한국의 대중음악 산업의 수입 규모가 증가하면서 수입의 구성에는 어떤 변화가 있었는가? 〈그림 10-3〉의 b를 보면 2008년에서 2018년까지 두 배가 넘는 성장 과정에서 음악 공연, 음악 생산, 온라인 음악 유통 등 대부분의 비율이 증가한 것을 볼 수 있다. 그중에서 가장 많은 증가를 보인 것은 음악 생산과 공연이다. 반면 음악 출판 및 배급, 판매가 줄어서 물리적 매체의 비중이 줄었음을 확인할 수 있다. 이러한 변화는 미국 대중음악 산업에서도 발견할 수 있는 변화이다. 가장 크게 준 것은 노래연습장의 비중으로 2008년 절반에 가깝던 비중이 2018년 24%에 못 미치는 절반도 안 되는 규모로 줄었다. 노래연습장의 역할은 흥미로운데 미국에서는 두드러지지 않지만 한국에서는 2008년까지 절반 가까운 비중을 차지하고 있었기 때문이다. 물리적 매체로서 음반의 비중이 줄어든 상황에서 노래연습장은 대중음악 산업의 수입 규모를 유지하는 데 기여했다고 할 수 있다. 물론 이 수입의 상당 부분은 노래연습장의 시설과 관련된 것이지만 이로부터 발생하는 수익 또한 적지 않다는 것을 〈그림 10-4〉에 제시된 자료로부터 알 수 있다.

〈그림 10-4〉에 제시된 자료는 비교적 최근의 상황을 보여줄 뿐이지만 2015년부터 2019년까지 4년간 대중음악의 저작권 수입 총규모가 1,425억 원에서 2,208억 원으로 50%가 넘게 증가하였고(a),

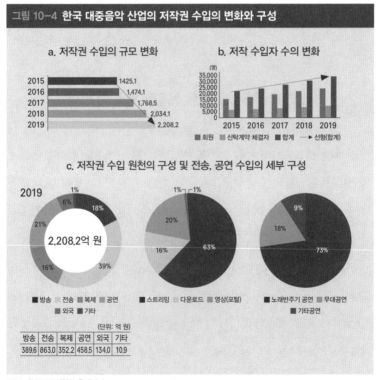

그림 10-4 한국 대중음악 산업의 저작권 수입의 변화와 구성

자료: 한국저작권협회 홈페이지(http://www.komca.or.kr)

이와 함께 저작권 수입을 받는 음악가들의 수도 1.5배가량 크게 늘었다는 것(b)을 보여준다. 저작권 수입의 규모는 전체 대중음악 산업 수입의 3.3% 수준이지만 대중음악 산업의 성장과 함께 음악을 만든 음악가들의 경제적 수입도 함께 증가했다는 점에서 중요하다. 2015년 전체 산업의 수입에서 저작권 수입의 비율이 3%에 못 미쳤던 것에 비해 비중도 높아지고 있다. 〈그림 10-4〉의 c는 2019년 저작권 수입의 원천별 구성을 보여준다. 가장 큰 비중을 차지하는 것은 온라인 거래이며 그다음은 공연이다. 온라인 전송에서는 스트리밍이 가장 큰 비중을 차지하지만, 공연에서 73%로 가장 큰 비중을 차지하는 것은 노래반주기 공연, 즉 노래연습장임을 알 수 있다. 전체 저작권 수입에서 15.3%가 노래연습장을 통해 발생하는 것이다.

플랫폼 이후 대중음악 산업의 불평등 변화

디지털 전환에 따른 대중음악 산업의 변화 가운데 또 하나 중요한 것은 바로 불평등의 심화이다. 대중음악 분야의 경제적 불평등의 변화를 보여주는 자료는 미국만 있고 한국은 없으므로 미국에서의 불평등 변화에 대해서만 살펴보고자 한다.

문화예술계는 본래부터 승자독점의 경향이 강한 것으로 알려져 있다(Frank & Cook, 1995). 문화예술계의 승자독점 경향은 스타 시스템과 티켓 파워에 기인한다는 것이 일반적인 해석이지만, 디지털 전환은 이러한 승자독점 경향을 더욱 심화시킨다는 것이 블록버스터 가설의 주장이다(Elberse, 2013). 블록버스터 주장에 따르면, 더 많은 제작비와 홍보비를 투자해서 제작한 음악, 영화, 텔레비전 프로그램이 더 높은 수익률을 올리며, 그렇기에 대중문화 제작사들은 소수의 작품에 집중해서 투자한다. 에버스Eberse는 2000년대 이후 미국의 대중음악, 영화, 텔레비전 프로그램 제작사들의 예를 들면서 다양한 작품들에 분산 투자해서 실패한 경우들을 다수 제시하였다. 이러한 주장은 앞서 디지털 문화 전문가인 크리스 앤더슨(Chris Anderson, 2006)이 주장한 롱테일 가설에 대한 반박이었다. 앤더슨은 대중매체의 시대가 지나고 디지털 온라인에서 사람들이 자신의 취향, 특히 소수 취향을 공유하는 사람들과 상호작용하고 과거에는 찾기 힘들었을 음악, 영화 등을 발견할 가능성이 높아지면서 승자독점적 현상이 약화된다고 주장했다. 그는 대중문화의 인기 분포에서 상위 소수로의 집중fat head이 약해지고 하위 다수가 늘어나는 long tail 현상이 나타난다고 주장하며 이를 롱테일이라고 불렀다.

대중음악의 인기 분포는 앞서 살펴본 블록버스터와 롱테일 논쟁에 대해 어떤 결과를 제시할까? 〈그림 10-5〉의 a는 미국 인기 가수 상위 2,500명에 대한 스트리밍 회수의 분포를 보여준다. 2017년도 기준 가장 인기가 높은 캐나다 출신 미국 힙합 가수 드레이크 Drake는 61억 회가 넘는 스트리밍 횟수를 지닌 반면, 바로 다음 순위인 바베이도스 출신 영국 R&B 가수 리아나Rihanna는 32억 회가 조금 넘어 큰 차이를 보인다. 20억 회가 넘는 가수는 10명 정도로 손을 꼽는 반면 2,000명에 가까운 가수들은 스트리밍 회수가 1억 회에 못 미친다. 〈그림 10-5〉의 b는 미국의 대표적인 대중음악 인기 차트인 빌보드 핫Billboard Hot 100에 한 번이라도 곡이 실린 음악가들에 대해 자신의 곡이 차트에 올라간 횟수의 분포를 보여준다. 가

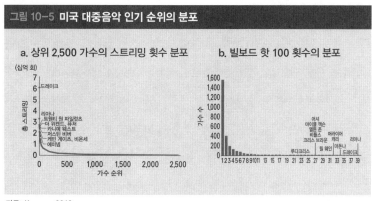

자료: Krueger, 2019.

장 많은 곡을 차트에 올린 음악가는 리아나로 39곡이었고, 바로 다음이 37회의 드레이크였으며, 그 뒤로 마돈나Madonna(34회), 머라이어 캐리Mariah Carey(32회) 순이었다. 20세기 후반 대중음악의 대표적 인기 스타였던 마이클 잭슨Michael Jackson, 엘튼 존Elton John, 비틀스 The Beatles 등은 모두 27회 차트에 이름을 올렸다. 반면 1,500명이 넘는 음악가들이 단 한 곡을 핫 100 차트에 올린 것으로 나타났다. 스트리밍 회수나 인기 차트 성과 모두 소수 음악가들에게 극도로 집중되어 있으며, 이러한 집중은 20세기 후반보다 21세기 들어 더욱 심해졌다. 이러한 인기의 승자독점적 집중이 경제적으로 어떤 결과를 낳는지에 대한 포괄적인 자료는 없지만, 데레저위츠(2020)의 미국 음악가들 인터뷰에 따르면 과거에는 유명 가수들은 먹고살 만하고 무명 가수들이 살기 어려웠다면, 이제는 무명 가수는 물론 유명 가수도 먹고살기 어렵다는 것이 일반적인 생각이다. 특히 과거 인기곡의 인세 수입 등에 의존할 수 없게 된 상황에서 가수들은 현재 인기 상승세를 누리지 않는 한 경제적 어려움을 피하기 어렵다.

앞에서 디지털 전환으로 플랫폼이 미디어를 지배하면서 대중음악 수입에서 공연의 비중이 높아진 것을 다뤘다. 크루거는 이를 두고 과거 뮤지션들이 음반 매출을 올리기 위해 공연을 다녔다면, 이제는 공연 홍보를 위해 음원을 출시한다고 설명했다.

그렇다면 공연 수입에서의 불평등은 얼마나 심해졌을까? 만약 온라인을 중심으로 한 녹음된 음악의 인기에서 승자독점적 경향이 강해지더라도 공연 음악에서 이러한 경향이 완화되거나 최소한 심화되지 않는다면 음악가들에게 공연은 새로운 출구가 될 것이다. 하지만 현실은 그렇지 못하다는 것을 〈그림 10-6〉에 제시된 자료는 보여준다. 〈그림 10-6〉의 a는 미국의 1981년부터 2018년까지 공연 티켓의 평균 가격 추이를 소비자물가지수와 비교해서 보여준다. 1990년대 중반부터 공연 티켓의 평균 가격은 소비자물가지수 수준에서 벗어나 상승하기 시작했으며, 1981년부터 1995년까지 두 배의 가격 상승이, 1995년부터 2010년까지 또다시 두 배의 가격 상승이 있었다. 그 결과 1981년에 비해 2018년에 소비자물가지수가 두 배

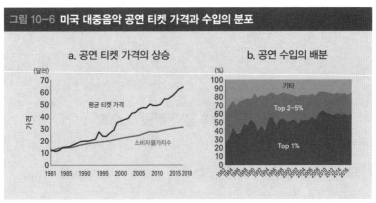

그림 10-6 미국 대중음악 공연 티켓 가격과 수입의 분포

자료: Krueger, 2019.

가량 상승했다면, 공연 티켓 가격은 5.5배가 넘는 상승을 보였다. 물론 공연 티켓의 가격 상승은 그만큼 공연에 많은 비용이 투자되고 있다고 볼 수도 있다. 하지만 그보다 더 많은 공연에 대한 수요의 증가가 있었다고 볼 수 있다. 전 지구화에 따른 글로벌 공연 시장의 성장 또한 크게 기여했을 것이다.

그렇다면 모든 음악가들의 공연 티켓이 동시에 이처럼 상승한 것인가? 〈그림 10-6〉의 b는 그렇지 못한 현실을 보여준다. 1981년 미국 공연 수입 상위 1% 음악가의 수입은 전체의 25%가량, 상위 2~5%의 수입은 전체의 35%로 상위 5%의 합계는 전체의 60%를 조금 넘었다. 공연 티켓 평균 가격이 두 배가 된 1995년 무렵 상위 1%의 비율은 50%를 넘었고, 상위 5%의 비율은 80%를 넘었다. 그리고 2017년까지 상위 5%의 비율은 등락을 거듭하며 80% 중반을 유지하지만 상위 1%의 비율은 다시 늘어서 60%에 이르렀다. 물론 녹음된 음악의 온라인에서의 인기와 그에 따른 경제적 수입의 불평등에 비해 공연 수입에서의 불평등은 심하지 않은 편이다. 하지만 1981년부터 2017년까지 공연 수입에서 상위 1%가 차지하는 비중이 25%에서 60%로 두 배가 넘게 높아진 것은 공연에서도 불평등이 심화되었음을 보여준다.

플랫폼과 대중음악 취향과 소비

디지털 전환을 통해 온라인 플랫폼 미디어가 대중음악에 미치는 영향이 급격히 커지면서 음악의 생산자, 즉 음악가들만이 아니라 음악의 소비자, 즉 음악 애호가들 역시 많은 변화를 겪고 있다. 무엇보다도 음악을 듣는 방식이 이제는 대부분 디지털 미디어를 통해 이루어지고 있다. 19세기 초중반 악보 인쇄가 가정에서 함께 연주하며 즐길 수 있는 음악 경험의 혁명을 가져왔고, 20세기 초반 음악 아날로그 녹음과 음반 생산, 라디오 방송이 음악의 기계적 재생을 가능케 해서 음악 감상의 보편화를 가져왔다면, 21세기에는 음악의 디지털 녹음과 편집, 파일 형태의 온라인 음악 유통 및 스트리밍은 음악의 일상화를 가져왔다(DeNora, 2000).

앞서 우리는 미국에서 대중음악 산업이 디지털 전환과 플랫폼의 등장 이후 수입 규모와 불평등 측면에서 큰 변화를 겪었음을 보았다. 디지털 플랫폼에서의 스트리밍은 2010년대 중반 이후 음반과 같은 물리적 매체는 물론 파일 다운로드를 훨씬 앞질러 가장 중요한 수입원이 되고 있다. 이는 결국 음악 감상자들이 음악을 듣는 방식 역시 디지털 스트리밍이 가장 중요해졌다는 것을 의미한다. 〈그림 10-7〉에서는 2021년에 주도권을 쥐었던 음악 스트리밍 서비스들을 알 수 있다. 글로벌 스트리밍 서비스에서 가장 시장 점유율이 높은 것은 스포티파이Spotify로 전체의 32%를 차지하며, 다음은 애플 뮤직Apple Music(16%), 아마존 뮤직Amazon Music(13%), 텐센트Tencent(13%)의 순이다. 텐센트의 경우 중국 시장의 엄청난 규모를 배경으로 한다면, 스포티파이, 애플, 아마존의 세 강자들이 시장의 65% 이상을 차지한다고 볼 수 있다. 한국의 경우 멜론Melon, 지니Genie, 벅스Bugs, 플로Flo, 바이브Vibe 등 로컬 스트리밍 서비스가 아이돌 팬덤의 순위 경쟁, 국내 대중음악과의 관계 등으로 해서 글로벌 스트리밍 서비스의 시장 진출에도 꾸준히 서비스를 제공한다.

그림 10-7 글로벌 스트리밍 서비스 시장 점유율(2021 2분기)과 새로운 음악을 접하는 주된 경로(2009)

자료: MIDIA research(https://www.midiaresearch.com/blog/global-music-subscriber-market-shares-q2-2021) 및 Tepper & Hargittai, 2009.

스트리밍 서비스가 음악 소비자들의 음악을 듣는 방식과 관련해서 중요한 쟁점은 다음 두 가지다. 첫 번째 쟁점은 스트리밍 서비스에서 제공하는 음악 추천 서비스의 알고리즘이 음악 감상자의 취향을 동질화시키거나 다양성을 줄이는가, 아니면 반대로 새로운 음악에 접근 기회를 제공하는가이다. 두 번째 쟁점은 새로운 음악의 발견discovery 혹은 탐험exploration에 스트리밍 서비스가 어떤 역할을 하는가이다.

먼저 첫 번째 쟁점을 살펴보자. 디지털 플랫폼 기반의 스트리밍 서비스는 음악을 듣는 수많은 사람의 취향에 대한 빅데이터를 중심으로 또한 특정 개인이 듣는 음악에 대한 누적된 데이터를 활용해서 머신러닝의 결과로 추천 서비스를 제공한다. 이러한 알고리즘 기반의 음악 추천이 사람들을 특정한 취향의 음악들에 고착시키고 다양한 음악을 접할 기회를 제한하는 것이 아니냐는 우려가 제기되었다. 인터넷이 등장할 때부터 검색 엔진의 효과로 자신이 관심 있는 콘텐츠만 찾아볼 수 있어서 시야가 협소해진다든가, 최근 유튜브에서 유사 내용의 동영상을 자동 반복 추천해서 특정 성향에 빠지게 한다는 에코체임버echo-chamber 효과가 음악 취향에도 적용될 수 있다는 경고이다. 하지만 이와 동시에 최근 디지털 음악 스트리밍 서비스에서는 새로운 취향의 음악을 추천하도록 하는 알고리즘도 적용되고 있어 과연 그 효과가 어떤 방향으로 나타날 것인가에 대해 미리 단정 짓기는 어렵다. 온라인 스트리밍 서비스 이용자들에 대한 다타, 녹스와 브로넨버그(Datta, Knox, & Bronnenberg, 2016)의 패널 조사 결과는 후자의 예측이 더 현실에 맞는다고 보고하였다. 이들은 온라인 스트리밍 이용자들이 새로운 음악을 발견할 가능성이 더 높으며, 다양한 취향에 대한 실험에 적극적이라는 사실을 밝혔다.

두 번째 쟁점과 관련하여 디지털 시대의 새로운 음악의 발견 혹은 탐험에 대해 테퍼와 하지타이(Tepper & Hargittai, 2009)는 대학생들을 대상으로 어떤 경로 혹은 방식으로 새로운 음악을 찾아 듣는지를 조사하였다. 이들은 디지털 미디어의 등장으로 과거의 방식과 다른 새로운 음악들을 접할 가능성이 생겼는지를 집중적으로 연구했다. 이들의 연구 결과는 〈그림 10-7〉의 오른쪽 그래프에 제시되어 있다. 주변의 친구들로부터 추천을 받는 사회적 네트워크에 의존하는 방법이 여전히 높은 비율을 차지하고 다음이 기존 미디어를 이용하는 것이며, 디지털 정보기술을 이용하는 것은 비율이 상대적으로 낮다. 하지만 이들의 연구는 추가적으로 사회경제적 지위가 높은 엘리트 학생들의 경우 SNS 등을 이용해서 새로운 음악을 소개받는 경우가 많다는 사실도 발견하였다. SNS 특히 페이스북Facebook에서 대학생들의 관계 맺기에 음악 취향이 중요한 역할을 한다는 연구들(Lewis, Kaufman, Gonzalez, Wimmer, & Christakis, 2008; Lewis &

Kaufman, 2018)은 이제 온라인과 사회적 네트워크가 함께 결합해서 새로운 음악의 발견과 취향 확장의 중요한 경로가 되고 있음을 보여준다. 그뿐만 아니라 하겐과 뤼더스(Hagen & Lüders, 2017)는 스트리밍 서비스 이용자들에 대한 초점면접을 통해 이들 상당수가 친구들과 음악 플레이리스트를 공유함으로써 음악 스트리밍을 사회적 대상으로 또한 사회적 관계의 장치로 활용하고 있음을 밝혔다.

음악의 취향과 새로운 음악의 발견에서 사회적 요인들이 중요하게 작용한다면 음악 시장에서 인기 순위에는 사회적 요인이 얼마나 중요한 역할을 할까? 살가닉과 와츠(Salganik & Watts, 2008)의 실험 연구는 이와 관련해서 흥미로운 결과를 보여준다. 이들은 온라인에 가상의 음악 다운로드 시장을 만들고 피험자들로 하여금 음악을 들어보고 다운로드하도록 해서 인기 순위를 살펴보았다. 실험에서는 일부 피험자들에게는 아무런 정보를 제공하지 않고, 다른 피험자들에게는 다른 사람들의 선택에 대한 잘못된 정보를 제공했다. 실험 결과는 아무런 정보를 제공하지 않은 경우 〈그림 10-8〉의 D처럼 사람들의 다양한 취향을 반영해서 무작위적으로 순위가 분포된 반면, 다른 사람들의 선택에 대한 엉터리 정보를 제공한 경우에는 A처럼 순위에 따라 반응하는 경향이 강하게 나타났다. 결국 사람들은 음악 취향에서 다른 사람들의 선택에 강하게 영향을 받는다는 것이 밝혀진 것이다. 플랫폼의 스트리밍 서비스이건 SNS 플랫폼이건 모두 음악을 듣는 사람들이 서로 사회적 영향을 미쳐서 대중음악의 인기를 만들어내는 것이다.

한국은 앞서 언급한 대로 대중음악 산업이 지속적으로 성장하며, 또한 로컬 스트리밍 서비스가 글로벌 플랫폼의 강세에도 불구하

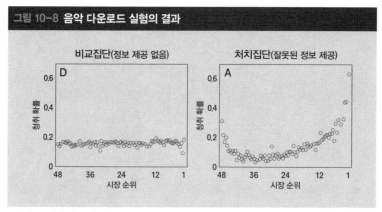

그림 10-8 **음악 다운로드 실험의 결과**

비교집단(정보 제공 없음)

처치집단(잘못된 정보 제공)

자료: Salganik & Watts, 2008.

고 굳건하게 서비스를 제공하고 있다. 한국에서 대중음악의 소비자 혹은 감상자들은 디지털 전환에 따라 플랫폼이 주도하는 미디어 환경 속에서 어떻게 음악을 듣고 있는가? 본 연구에서 2021년 실시한 온라인 설문조사에서는 응답자들이 어떻게 음악을 듣고 있으며, 어떻게 새로운 음악을 찾아 듣는지 등에 대해 물었다. 〈그림 10-9〉에 제시된 결과는 응답자들이 음악을 듣는 시간, 음악 스트리밍 서비스를 이용하는지 여부, 음악을 어떻게 듣는지, 그리고 새로운 음악을 어떤 방법으로 주로 찾는지에 대한 응답의 분포이다.

먼저 음악을 듣는 시간을 보면 전체 응답자 중에는 30분 이하로 듣는다는 응답이 31.7%로 가장 많다. 반면 보다 음악을 많이 즐겨 듣는 20대의 경우에는 30분에서 1시간가량 음악을 듣는다는 응답이 32%로 가장 많았다. 또한 전체 응답자들 중에는 1시간 이상 음악을 듣는다는 응답이 30%가량인 반면, 20대에서는 50%에 조금 못 미치는 것으로 나타나 젊은 층에서 음악을 듣는 시간이 더 많은 것을 확인할 수 있다. 또한 스트리밍 서비스 이용 정도에 대해서는

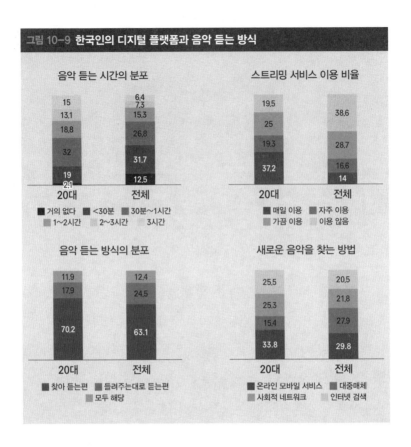

그림 10-9 한국인의 디지털 플랫폼과 음악 듣는 방식

음악 듣는 시간의 분포

20대	전체
15	6.4
13.1	7.3
18.8	15.3
32	26.8
19	31.7
2.1	12.5

■ 거의 없다 ■ <30분 ■ 30분~1시간
■ 1~2시간 ■ 2~3시간 3시간

스트리밍 서비스 이용 비율

20대	전체
19.5	38.6
25	28.7
19.3	16.6
37.2	14

■ 매일 이용 ■ 자주 이용
■ 가끔 이용 이용 안 함

음악 듣는 방식의 분포

20대	전체
11.9	12.4
17.9	24.5
70.2	63.1

■ 찾아 듣는 편 ■ 들려주는 대로 듣는 편
■ 모두 해당

새로운 음악을 찾는 방법

20대	전체
25.5	20.5
25.3	21.8
15.4	27.9
33.8	29.8

■ 온라인 모바일 서비스 ■ 대중매체
■ 사회적 네트워크 ■ 인터넷 검색

전체 응답자 중에서 이용하지 않는다는 비율이 38.6%로 가장 많은 반면, 20대에서는 매일 이용한다는 비율이 37.2%로 가장 많아서 큰 대비를 보인다. 20대에서는 매일 이용과 자주 이용을 합치면 55.5%로 적극적 스트리밍 이용 비율이 절반을 넘고 있다.

음악을 듣는 방식에 대해 자신이 좋아하는 음악을 찾아 듣는 적극적 감상인지, 아니면 들려주는 대로 듣는 편인 소극적 감상인지를 물은 결과 모든 연령대에서 적극적으로 찾아 듣는 편이라는 응답이 63.1%로 우세했으며, 20대에서는 그 비율이 70.2%로 더 높게 나타났다. 또한 새로운 음악을 찾는 방법을 물은 결과 전체 연령대에서는 온라인 모바일 서비스 이용이 29.8%로 가장 많고, 다음이 대중매체(27.9%), 사회적 네트워크(21.8%), 인터넷 검색(20.5%)의 순이었던 반면, 20대에서는 가장 많은 것은 마찬가지로 온라인 모바일 서비스로 33.8%였지만, 다음이 대중매체가 아닌 인터넷 검색(25.5%)과 사회적 네트워크(25.3%)로 나타나 대중매체의 영향력이 현저히 약해진 것을 확인할 수 있었다.

디지털 전환 속 문화와 예술 앞에 펼쳐진 미래의 도전

이 글의 제목은 예술을 사회학적으로 설명해온 폴 디마지오Paul DiMaggio의 글인 「문화는 시장을 살아남을 것인가?Can culture survive the marketplace?」에서 따왔다(DiMaggio, 1983). 디마지오는 1980년대 미국에서 레이건 행정부가 들어서고 신자유주의 기조가 분명해지면서 그동안 예술을 후원하는 데 크게 기여했던 비영리가 위축되는 상황에서 문화와 예술이 이러한 사회적 변화를 넘어서 계속 살아남을 것인지 의문을 제기했던 것이다. 이 글에서는 현재 우리가 겪고 있는 디지털 전환과 플랫폼 중심의 미디어 환경이 당시의 신자유주의적 전환만큼이나 예술에 도전적이라고 본다.

디지털 전환과 플랫폼의 부상의 결과로 나타난 생활에서의 큰 변화 혹은 변화에 대한 담론의 하나는 소유로부터 공유로, 구매로부터 구독으로의 변화이다. 이른바 구독경제의 등장이라고 불리는 현상은 과거 구매해서 소유하던 것들을 임대하거나, 아니면 접속해서

서비스를 이용하는 것으로 바꾸는 변화이다. 구독경제는 문화와 예술에 한정된 현상이 아니라 다양한 삶의 영역에 걸쳐 있다. 하지만 문화와 예술만큼 구독경제의 영향이 크게 느껴지는 분야도 많지 않다. 과거처럼 음반이나 책, 영화처럼 물리적 매체를 구입하는 대신 스마트폰이라는 개인용 디바이스를 이용해서 영화와 동영상, 음악 등 다양한 서비스를 언제 어디에서나 즐기게 된 것이다. 서구 대중음악의 슈퍼스타였던 데이비드 보위David Bowie는 이와 관련하여 2000년대에 이미 대중음악이 머지않아 수도나 전기처럼 기본적 공공 서비스가 될 것이라고 예견하기도 했다(Krueger, 2019: 7).

이러한 구독경제의 부상이 가져온 중요한 변화로 두 가지를 생각해볼 수 있다. 하나는 이 글의 핵심 논지의 하나인 예술가들의 경제적 상화에 미치는 영향이다. 데레저위츠는 디지털 전환 이후 누구나 예술가가 될 수 있다는 주장의 이면에는 예술가의 활동 혹은 일이 가치가 낮다는 인식의 팽배가 있다고 통렬히 비판한다(Deresiewicz, 2020). 예술가들의 일에 대한 사회의 가치 평가가 낮아지면 예술가들의 경제적 상황은 전반적으로 악화될 수밖에 없다. 또한 구독경제는 예술계의 승자독점적 경향을 더욱 심화시켜 예술가들의 경제적 양극화를 부추길 우려가 있다. 이처럼 구독경제는 예술가들에게 경제적으로 부정적인 영향을 미칠 것으로 예상된다. 이러한 부정적 영향을 줄이고 예술가들에게 도움을 줄 수 있는 변화가 필요하다.

구독경제의 부상이 가져온 또 하나의 변화는 역설적으로 체험경제 혹은 예술의 직접적 경험에 대한 요구의 증가이다. 듀이Dewey는 『경험으로서 예술』에서 예술은 일상적 경험을 넘어서 인간의 초월적 경험을 제공하는 것이 핵심이라고 주장했다. 그런데 구독경제는 직접적 경험으로서의 예술에 대한 갈구를 충족시키기에 부족한 부분이 있다. 이러한 갈증을 채워줄 체험 혹은 경험으로서의 예술에 대한 욕구가 표출된 대표적인 예가 바로 앞서 살펴본 음악 공연에 대한 수요의 증가이다. 대중음악 연주자들의 수입에서 공연 수입의 비중이 높아진 것도 이러한 결과이다. 향후 메타버스와 같은 인간의 가상적 경험을 통한 소통과 교류가 실제 경험과 차이가 없어지면 이러한 체험경제에 어떤 변화가 나타날지 궁금하기도 하다.

전반적으로 디지털 전환과 플랫폼의 부상은 시장에서 예전과 같은 방식으로 문화와 예술이 살아남기 쉽지 않다는 문제를 제기한다. 이에 대한 새로운 사회적 혁신이 요구되는 것은 여전히 사람들은 문화와 예술에 대한 수요와 욕구가 높아지고 있다는 것이다. 이러한 문제에 대해 크루거(Krueger, 2019: 24)는 오늘날처럼 사람들이 음악을 많이 들으면서 가장 싼 값을 지불하는 시대는 없었다고 관찰한다. 수요는 늘어나지만 기술적·제도적 이유 때문에 그에 따른 충분한 경제적 대가 지불이 이루어지지 못하면 시장 실패가 발생한다. 시장 실패는 문화와 예술의 공급자와 소비자 모두에게 불행한 결과를 낳는다. 사회적 혁신을 통해 시장 실패를 극복해서 문화와 예술이 생산되고 소비될 수 있는 대안적 방식을 찾을 필요가 있다. 최근 들어 크라우드 펀딩 등의 방식으로 개별 예술가를 지원하는 일종의 집단적 후원collective patronage 방식이 시도되는 것은 이와 관련하여 흥미롭다. 향후 이러한 방식이 대중음악에서 많은 예술가의 창작과 연주를 가능케 할지 살펴볼 필요가 있다.

참고문헌

1 플랫폼 자본주의를 어떻게 이해해야 하는가?

김내훈. 2021. 『프로보커터』. 서해문집.

김홍중. 2017. "사회적인 것의 다섯 가지 문제틀". 『사회사상과 문화』 20(3). pp. 81–313.

네그리, 안토니오(Negri, Antonio). 2012. 『전복의 정치학』. 최창석·김낙근 옮김. 인간사랑.

네그리, 안토니오 & 하트, 마이클(Negri, Antonio & Michael Hardt). 2008. 『다중』. 정남영·서창영·조정환 옮김. 세종.

라이언, 데이비드(Lyon, David). 2011. 『9월 11일 이후의 감시』. 이혁규 옮김. 울력.

러니어, 재런(Lanier, Jaron). 2016. 『미래는 누구의 것인가』. 노승영 옮김. 열린책들.

레비, 스티븐(Levy, Steven). 2019. 『해커, 광기의 랩소디』. 박재호·이해영 옮김. 한빛미디어.

마라찌, 크리스티안(Marazzi, Christian). 2013. 『금융자본주의의 폭력』. 심성보 옮김. 갈무리.

_____. 2014. 『자본과 정동』. 서창현 옮김. 갈무리.

마이어−쇤베르거, 빅토어 & 람게, 토마스(Mayer−Schöberger, Viktor & Thomas Ramge). 2018. 『데이터 자본주의』. 홍경탁 옮김. 21세기북스.

바브룩, 리처드 & 카메론, 앤디(Barbrook, Richard & Andy Cameron). 1996. 「캘리포니아 이데올로기」 pp. 74–101 in 『사이버공간, 사이버문화』. 홍성태 엮음. 문화과학사.

바우어라인, 마크(Bauerlein, Mark). 2014. 『가장 멍청한 세대』. 김선아 옮김. 인물과사상.

바이디야나탄, 시바(Vadhyanathan, Siva). 2020. 『페이스북은 어떻게 우리를 단절시키고 민주주의를 훼손하는가』. 홍권희 옮김. 아라크네

박상운. 2014. 「왜 SNS에서 정치 양극화가 지속되는가?」. 『사회과학연구』 30(1). pp. 235–252.

백욱인. 2013. 『정보자본주의』. 커뮤니케이션북스.

베라르디, 프랑코 '비포'(Berardi, Franco 'Bifo'). 2012. 『노동하는 영혼』. 서창현 옮김. 갈무리.

서르닉, 닉(Srnicek, Nick). 2020. 『플랫폼 자본주의』. 심성보 옮김. 킹콩북.

스티글러, 베르나르(Stiegler, Bernard). 2019. 『자동화사회1』. 김지현·박성우·조형준 옮김. 새물결.

안드레예비치, 마크(Andrejevic, Mark). 2021. 『미디어 알고리즘의 욕망』. 이희은 옮김. 컬처북스.

엘리엇, 앤서니 & 터너, 브라이언(Elliott, Anthony & Bryan Turner). 2015. 『사회론』. 김정환 옮김. 이학사.

원용진·박서연. 2021. 『메가플랫폼 네이버』. 컬처북.

월러스틴, 이매뉴얼(Wallerstein, Immanuel). 2005. 『월러스틴의 세계체제 분석』. 이광근 옮김. 당대.

이재열. 2021. 「플랫폼 사회, 코로나19가 재촉한 변화와 대응」. pp. 11–36. 이재열 편. 『플랫폼사회가 온다』. 한울.

이항우. 2017. 『정동 자본주의와 자유노동의 보상』. 한울 아카데미.

_____. 2019. 「정동과 자본. 담론, 일반지성, 그리고 정동 자본주의」. 『경제와사회』 122. pp. 243–277.

_____. 2020a. 「알고리즘과 빅데이터. 코드와 흐름의 잉여가치」. 『경제와사회』 125. pp. 261–295.

_____. 2020b. 「정동과 신경 마케팅. 분자적 예속의 정동경제」. 『경제와사회』 128. pp. 200–234.

_____. 2021. 「알고리즘과 분자적 횡단의 정동정치」. 『경제와사회』 131. pp. 317–358.

장덕진. 2011. 「트위터 공간의 한국 정치. 정치인 네트워크와 유권자 네트워크」. 『언론정보연구』 48(2). pp. 80–107.

주보프, 쇼샤나(Zuboff, Shoshana). 2021. 『감시 자본주의 시대』. 김보영 옮김. 문학사상.

포어, 프랭클린(Foer Franklin). 2019. 『생각을 빼앗긴 세계』. 이승연·박상현 옮김. 반비.

토발즈, 리누스, 히매넌, 페커, 카스텔스, 마누엘(Torvalds, Linus, Pekka Himanen, Manuel Castells). 2002. 『해커. 디지털 시대의 장인들』. 신현승 옮김. 세종서적.

트웬지, 진(Twenge, Jean). 2018. 『#i세대』. 김현정 옮김. 매일경제신문사.

카, 니콜라스(Carr, Nicholas). 2011. 『생각하지 않는 사람들』. 최지향 옮김. 청림출판.

하상응. 2021. 「우리는 설득이 불가능한 사회로 가는가?」. pp. 37–58. 이재열 편. 『플랫폼사회가 온다』. 한울.

Anderson, Ben. 2010. "Modulating the Excess of Affect". in *The Affect Theory Reader*. edited by M. Gregg and G. Seigworth. Durham and London: Duke University Press.

Andrejevic, Mark. 2011. "Surveillance and Alienation in the Online Economy". *Surveillance & Society* 8(3). pp. 278–287.

Auletta, Kenneth. 2009. *Googled, The End of the World as We Know It*. New York: Penguin Books.

Bennett, Jane. 2010. *Vibrant Matter*. Durham and London: Duke University Press.

Boltanski, Luc & Chiapello, Ève. 1999. *Le nouvel esprit du capitalisme*. Paris: Gallimard.

Boutang, Y. Moulier. 2008. *Capitalisme cognitif*. Paris. Amsterdam.

Brennan, Teresa. 2004. *The Transmission of Affect*. Ithaca and London: Cornell University Press.

Butcher, Tiana. 2018. *If...Then. Algorithmic Power and Politics*. Oxford University Press.

Campbell, Stephen. 2018. "Anthropology and the Social Factory". *Dialectical Anthropology* 42. pp. 227–239.

Chiapello, Ève. 1998. *Artistes versus Managers*. Paris. Métailié.

Donzelot, Jacques. 1994. *L'Invention du social*. Paris. Seuil.

Ellison, Nicole. B., Steinfield, Charles, & Lampe, Cliff. 2007. "The Benefits of Facebook " friends"". *Journal of Computer-Mediated Communication* 12. pp. 1143–1168.

Erwin, Sean. 2015. "Living By Algorithm. Smart Surveillance and the Society of Control". *Humanities and Technology Review* 34. pp. 28–69.

Griziotti, Giorgio. 2019. *Neurocapitalism*. translated by Jason F. McGimsey. Colchester, New York, Port Watson. Minor Compositions.

Hegel, Georg Friedrich. 1982. *La philosophie de l'esprit*. Paris: PUF.

Heilbroner, Robert L. 1985. *The Nature and Logic of Capitalism*. New York - London: W.W. Norton & Company.

Iyengar, Shanto & Hahn, Kyu S. 2009. "Red Media, Blue Media". *Journal of Communication* 59(1). pp. 19–39.

Jhally, Sut & Livant, Bill. 1986. "Watching as Working. The Valorization of Audience Consciousness". *Journal of Communication* 36(3). pp. 124–143.

Latour, Bruno. 2005. *Reassembling the Social*. Oxford: Oxford University Press.

Lazzarato, Maurizio. 1996. "Immaterial Labor". pp. 133–150. in *Radical Thought in Italy*. edited by P. Virno and M. Hardt. Minneapolis, London: University of Minnesota Press.

Negri, Antonio. 1999. "Value and Affect". *Boundary* 2 26(2). pp. 77–88.

Outhwaite, William. 2006. *The Future of Society*. Blackwell.

Petty, Ricahrd E., Wegener, Duane T., & Fabrigar, Leandre R. 1997. "Attitudes and Attitudes Change". *Annual Review of Psychology* 48(1). pp. 609–647.

Rosalind, Gill & Pratt, Andy. 2008. "Precarity and Cultural Work in the Social Factory?" *Theory, Culture & Society* 25(7–8). pp. 1–30.

Rose, Nikolas. 1996. "The Death of the Social? Re-figuring the Territory of Government". *Economy and Society* 25(3). pp. 327–356.

Sampson, Tody D. 2012. *Virality*. Minneapolis, London: University of Minnesota Press.

Spinoza. 1954. *L'Éthique*. traduit par Roland Caillois. Paris: Gallimard.

Stieger, Bernard. 2006. *Mécréance et discrédit* 3. Esprit perdu du capitalisme. Paris: Galilée.

Terranova, Tiziana. 2000. "Free Labor. Producing Culture for the Digital Economy". *Social Text* 18(2). pp. 33–58.

Valéry, Paul. 1999. *Regards sur le monde actuel*. 1999. Paris: Gallimard.

Wallerstein, Immanuel. 1983. *Historical Capitalism*. Verso.

van Dijck, José. 2013. *The Culture of Connectivity*. London: Oxford University Press.

van Dijck, José, Poell, Thomas, & de Wall, Martijn. 2018. *The Platform Society*. Oxford Universituy Press.

Wittgenstein, Ludwig. 1978. *Philosophical Investigations*. trans. G. E. M. Anscombe. Oxford: Basil Blackwell.

Zuboff, Shoshana. 2015. "Big Other. Surveillanc Capitalism and the Prospects of an Information Civilization". *Journal of Information Technology* 30. pp. 75–89.

2 미국의 반독점법: 시장의 효율성 대 민주적 정당성

Allen, Michael O., Kenneth Scheve, and David Stasavage. 2021. "Democracy, Inequality, and Antitrust". https://www.modallen.com/assets/papers/Allen_Scheve_Stasavage_IPES_2021_Antitrust.pdf

Barberá, Pablo, John T. Jost, Jonathan Nagler, Joshua A. Tucker, and Richard Bonneau. 2015. "Tweeting from Left to Right: Is Online Political Communication More Than an Echo Chamber?". *Psychological Science* 26(1): 1531–1542.

Broockman, David E., Gregory Ferenstein, and Neil Malhotra. 2019. "Predispositions and the Political Behavior of American Economic Elites: Evidence from Technology Entrepreneurs". *American Journal of Political Science* 63(1): 212–233.

Bork, Robert H. 1978. The Antitrust Paradox. New York: Basic Books.

Cohen, I. Glenn, and Michelle M. Mello. 2019. "Big Data, Big Tech, and Protecting Patient Privacy". JAMA 322(12): 1141–1142.

Cunningham, Colleen, Florian Ederer, and Song Ma. 2021. "Killer Acquisitions". *Journal of Political Economy* 129(3): 649–702.

Druckman, James N., Matthew S. Levendusky, and Audrey McLain. 2018. "No Need to Watch: How the Effects of Partisan Media Can Spread via Interpersonal Discussions". *American Journal of Political Science* 62(1): 99–112.

Dubois, Elizabeth, and Grant Blank. 2018. "The Echo Chamber is Overstated: The Moderating Effect of Political Interest and Diverse Media". *Information, Communication & Society* 21(5): 729–745.

Hawley, Josh. 2021. *The Tyranny of Big Tech*. Washington, DC: Regnery Publishing.

Khan, Lina M. 2017. "Amazon's Antitrust Paradox". *The Yale Law Journal* 126(3): 564–907.

Klobuchar, Amy. 2021. *Antitrust: Taking on Monopoly Power from the Gilded Age to the Digital Age*. New York: Vintage.

Lee, Jae Kook, Jihyang Choi, Cheonsoo Kim, and Yonghwan Kim. 2014. "Social Media, Network Heterogeneity, and Opinion Polarization". *Journal of Communication* 64(4): 702–722.

Mettler, Suzanne, and Robert C. Lieberman. 2020. *Four Threats: The Recurring Crises of American Democracy*. New York: St. Martin's Press.

Philippon, Thomas. 2019. *The Great Reversal: How America Gave Up on Free Markets*. Cambridge, MA: Harvard University Press.

Posner, Eric A. 2021. *How Antitrust Failed the Workers*. New York: Oxford University Press.

Posner, Eric A., and Cass R. Sunstein. 2022. "Antitrust and Inequality". Available at SSRN 4023365. https://papers.ssrn.com/sol3/papers.cfm?abstract_id=4023365

Price, W. Nicholson, and I. Glenn Cohen. 2019. "Privacy in the Age of Medical Big Data". *Nature Medicine* 25(1): 37–43.

Wu, Tim. 2018. *The Curse of Bigness: Antitrust in the New Gilded Age*. New York: Columbia

Global Reports.

Wu, Tim 2020. "Don't Feel Sorry for the Airlines". *New York Times* March 16. https://www.nytimes.com/2020/03/16/opinion/airlines-bailout.html

3 중국의 디지털 플랫폼 기업과 국가의 관리

박우, 2021. 「중국의 플랫폼 기업과 국가의 관리에 관한 탐색적 연구」. 『아시아리뷰』 11(3): 167–198.

노은영·국정훈, 2021. 「중국의 온라인 플랫폼에 대한 규제 연구: 개인정보 보호를 중심으로」. 『한중법학회』 45: 363–398.

다나카 미치아키, 2019. 『미중 플랫폼 전쟁: AI시대 메가테크 기업, 최후 승자는?』. 정승욱 역. 세종.

던컨 클라크, 2018. 『알리바바: 영국인 투자금융가가 만난 마윈, 중국, 그리고 미래』. 이영래 역. 지식의 날개.

윤재웅, 2020. 『차이나 플랫폼이 온다: 디지털 패권전쟁의 서막』. 미래의창.

이재열 외, 2021. 『플랫폼 사회가 온다』. 한울아카데미.

최필수·이희옥·이현태, 2020. 「데이터 플랫폼에서의 중국의 경쟁력과 미중 갈등」. 『중국과 중국학』 39: 55–87.

한국사회학회, 2021. 『플랫폼 사회의 거시적 미시적 다이나믹스』. https://www.youtube.com/channel/UCUnsUR2Adf1ETj4C2d72qkg/videos (검색일: 2021. 11. 16.)

Dijck, Jose Van, Thomas Poell, and Martijn de Waal. 2018. *The Platform Society: Public Values in a Connective World*. New York: Oxford University Press.

Kloet, Jeroen de. Thomas Poell, Zeng Guohua, and Chow Yiu Fai. 2019. "The Platformization of Chinese Society: Infrastrcture, Governance, and Practive". *Chinese Journal of Communication* 12(3): 249–256.

阿里巴巴. https://www.alibabagroup.com/cn/ir/earnings (검색일: 2021. 5. 29.)

国务院国有资产监督管理委员会. http://www.sasac.gov.cn/n16582853/n16582888/index.html (검색일: 2021. 5. 29.)

腾讯. https://www.tencent.com/zh-cn/investors/financial-news.html (검색일: 2021. 5. 29.)

4 플랫폼 노동의 (비)물질성: 우버 노동자의 사례

갤러웨이·스콧(Galloway, Scott). 2018. 『플랫폼 제국의 미래』. 이경식 역. 비즈니스북스

고르스, 앙드레(Gorz, André). 2015. 『에콜로지카』. 임희근·정혜용 역. 갈라파고스.

그레이·수리(Gray, Mary L and Suri, Siddharth). 2019. 『고스트워크』. 신동숙 역. 한스미디어.

김영선. 2017. 「플랫폼 노동, 새로운 위험을 알리는 징후」. 『문화과학』 92호: 74–102.

다이어-위데포드·드 퓨터(Dyer-Witherford, Nick and de Peuter, Greig). 2015. 『제국의 게임』. 남청수 역. 갈무리.

라신스키, 애덤(Lashinsky, Adam). 2018. 『우버인사이드』. 박영준 역. 행복한북클럽.

랏자라또, 마우리치오(Lazzarato, Maurizio). 2005. 「비물질노동」. 자율평론 편. 『비물질노동과 다중』. 갈무리. pp.181–206.

_____. 2017. 『기호와 기계』. 신병현·심성보 역. 갈무리

_____. 2018. 『부채통치』. 허경 역. 갈무리

랏자라또·네그리(Lazzarato, Maurizio and Negri, Antonio). 2005. 「비물질노동과 주체성」. 자율평론 편. 『비물질노동과 다중』. 갈무리. pp. 287–307

로젠블랏, 알렉스(Rosenblat, Alex). 2019. 『우버혁명』. 신소영 역. 유엑스리뷰.

박나리·김교성. 2020. 「플랫폼 노동자의 불안정성 완화를 위한 법적 지위 규정 방안」. 『한국사회복지학』. 72(4), 7–31.

박태우. 2021. 「유럽연합, 플랫폼 노동자 '노동자'로 추정키로 … 한국은?」. 『한겨레』. 2021.12.10일자. https://www.hani.co.kr/arti/society/labor/1022846.html?_fr=mt2 (2022.01.09.)

베라르디, "비포" 프랑코(Berardi, "Bifo" Franco). 2013. 『미래 이후』. 강서진 역. 난장.

손동영. 2021. 「영국 플랫폼 노동자와 사회적 보호」. 『국제노동브리프』 5: 71-81

서르닉, 닉(Srenicek, Nick). 2020. 『플랫폼 자본주의』. 심성보 역. 킹콩북.

심재진. 2020. 「영국노동법의 인적 적용범위와 플랫폼 노동」. 『노동법학』 73: 93-135.

아담스-프라슬, 제레미아스(Adams-Prassl, Jeremias). 2020. 『플랫폼 노동은 상품이 아니다』. 이영주 역. 숨쉬는책공장.

우드코크, 제이미·그레이엄, 마크(Woodcock, Jamie and Graham, Mark). 2021. 『긱 경제: 플랫폼 노동의 지리학』. 이재열·박경환 역. 전남대학교 출판문화원.

이광석. 2021. 『피지털 커먼즈』. 갈무리.

이다혜. 2017. 「공유경제(sharing economy)의 노동법적 쟁점」. 『노동법연구』 42: 401-441.

_____. 2020. 「근로자 개념의 재검토: 4차 산업혁명, 플랫폼 노동의 부상에 따른 '종속노동'의 재조명」. 『노동법연구』 49: 1-50.

이영주. 2021. 「플랫폼 노동, 제3의 지위가 해법인가? - 미국의 입법 동향을 중심으로 -」. 『노동법포럼』 32: 25-57

이유나. 2016. 「영국의 온디맨드 서비스 경제에서의 긱 근로자」. 『국제노동브리프』 11: 43-55.

파커·엘스타인·초더리(Parker, Geoffrey, Alstyne, Marshall W. Van, and Choudary, Sangeet Paul). 2017. 『플랫폼 레볼루션』. 이현경 역. 부키.

Berardi, Franco "Bifo". 2009. *The Soul at Work: From Alienation to Autonomy*. Semiotext(e)

Borkin, Simon. 2019. *Platform co-operatives. solving the capital conundrum*. Nesta.https://media.nesta.org.uk/documents/Nesta_Platform_Report_AW_v4_3.pdf (검색일: 2022. 1. 9.)

Carney, Bethan. 2017. "Uber Drivers Found to Be Workers (UK)", *European Employment Law Cases* 1: 37-42.

Couldry, Nick and Mejias, Ulises A. 2019. *The Costs of Connection*. Stanford University Press.

Deleuze, Gilles, and Guattari, Félix. 1987. *A Thousand Plateaus*. Vol. 2 of Capitalism and Schizophrenia. University of Minnesota Press.

Gorz, André. 2010. *The Immaterial*. Seagull Books.

Lash, Scott. 2018. *Experience*. Polity.

Mark Andrejevic. 2019. *Automated Media*. Routledge.

Montgomery, Tom, and Simone Baglioni. 2020. "Defining the Gig Economy: Platform Capitalism and the Reinvention of Precarious Work" International Journal of Sociology and SocialPolicy ahead-of-print, no. ahead-of-print.

Mumphord, Lewis. 1971. *The Myth of the Machine*. Vol.1. Technics and Human Development. Mariner Books.

Office for National Statistics, "EMP17: Level and rate of people on zero-hours contracts. Aug. 2019".

https://www.ons.gov.uk/employmentandlabourmarket/peopleinwork/employmentandemployeetypes/datasets/emp17peopleinemploymentonzerohourscontracts. (검색일: 2022. 1. 9.)

Hardt, Michael and Negri, Antonio. 2000. Empire. Harvard University Press.

Kenner, Jeff. 2019. "Uber drivers are workers: the expanding scope of the worker concept in the UKs gig economy". *In Precarious Work*. Jeff Kenner, Izabela Florczak and Marta Otto. eds. Edward Elgar Publishing. pp. 197-221.

Rifkin, Jermy. 1995. *The End of Work: The Decline of the Global Labour Force and the Dawn of the Post-Market Era*. Putnam Publishing Group.

Sholz, Trebor. 2016. *Platform Cooperativism: Challenging the Corporate Sharing Economy*. Rosa Luxemburg Stiftung New York Office.

_____. 2017. *Uberworked and Underpaid*. Polity.

284

Tarleton Gillespie. 2010. "The politics of platform". *New Media and Society* 12(3): 347–64.

Terranova, Tiziana. 2004. *Network Culture. Politics for the Information Age*. Pluto.

Van Dijck, José, Poell, Thomas and de Waal, Martijn. 2018. *The Platform Society*. Oxford University Press.

Vercellone, Carlo. 2007. "From Formal Subsumption to General Intellect: Elements for a Marxist Reading of the Thesis of Cognitive Capitalism". *Historical Materialism* 15: 13–36.

Virno, Paolo. 2004. *A Grammar of the Multitude*. Semiotext(e).

_____. 2008. *Multitude: Between Innovation and Negation*. Semiotext(e)

5 플랫폼 노동을 어떻게 바라볼 것인가?

가이 스탠딩. 2014. 『프레카리아트』. 김태호 역. 박종철출판사.

강수돌. 2021. 「플랫폼 노동과 노동조합－스웨덴 사례」. 『노동리뷰』 193호.

강혜인·허완주. 2021. 『라이더가 출발했습니다』. 후마니타스.

국가인권위원회. 2019. 『플랫폼노동종사자 인권상황 실태조사』. 국가인권위원회.

김선욱. 2006. 「아렌트(Arendt)의 노동 개념」. 『노동리뷰』 24호.

김준영 외. 2019. 『플랫폼 경제종사자 규모 추정과 특성 분석』. 한국고용정보원.

김종진 외. 2021. 「디지털 플랫폼노동 실태와 특징 II－ 웹기반, 지역 기반 규모와 실태」 (KLSI Issue paper 제 146호). 한국노동사회연구소.

남재욱 외. 2020. 『플랫폼 노동자의 사회적 권리 보장 연구』. 한국직업능력개발원.

니콜라스 네그로폰테. 1999. 『디지털이다』. 백욱인 역. 커뮤니케이션북스.

닉 서르닉. 2020. 『플랫폼 자본주의』. 심성보 역. 킹콩북. 2020.

로버트 터섹. 2019. 『증발』. 커뮤니케이션북스.

박수민. 2021. 「플랫폼 배달 경제를 뒷받침하는 즉시성의 문화와 그림자 노동」. 『경제와 사회』 130호.

박정훈. 2020. 『배달의 민족은 배달하지 않는다』. 빨간소금.

알렉스 로젠블랏. 2019. 『우버 혁명』. 신소영 역. 유넥스리뷰.

에밀 뒤르켐. 1998. 『직업윤리와 시민도덕』. 권기돈 역. 새물결. 1998.

에밀 뒤르켐. 2012. 『사회분업론』. 민문홍 역. 아카넷. 2012.

윤상우. 2021. 「플랫폼 노동의 법제도적 쟁점과 대응방안에 대한 비판적 검토」. 『한국사회』 22권 1호.

이문호. 2020. 「4차 산업혁명을 둘러싼 쟁점들－노동사회학적 관점에서」. 『노동연구』 40호.

이승협·윤상우. 2021. 「집단적 노동관계를 통한 플랫폼 노동 종사자 보호 방안－노동조합의 역할을 중심으로」. 『노동연구』 42호.

이호영. 2021. 「알고리듬이 편향된다면?」. 『플랫폼 사회가 온다』. 한울.

일자리기획단. 2019. 『플랫폼노동 실태 파악을 위한 통계 설문 방안 검토』.

장희은·김유휘. 2020. 「플랫폼 경제에서의 노동자 보호를 위한 해외 정책동향」. 『산업노동연구』 26권 1호.

정인관. 2021. 「한국의 디지털 불평등: "디지털 정보격차 실태조사" 2014－2019 분석」. 『인문사회 21』 12권 2호.

제레미 리프킨. 2005. 『노동의 종말』. 이영호 역. 민음사. 2005.

클라우스 슈밥. 2016. 『클라우스 슈밥의 제4차 산업혁명』. 송경진 역. 메가스터디북스. 2016.

한국갤럽. "2012－2021 스마트폰 사용률 & 브랜드, 스마트워치, 무선이어폰에 대한 조사". https://www.gallup.co.kr/gallupdb/reportContent.asp?seqNo=1217

한나 아렌트. 2019. 『인간의 조건』. 이진우 역. 한길사.

허재준. 2017. 「4차 산업혁명이 일자리에 미치는 변화와 대응」. 『노동리뷰』. 2017.

Adrian Todoli-Signes. "Spanish riders law and the right to be informed about the algorithm". *European Labour Law Journal* 12(3). 2021.

Annarosa Pesole et al. *Platform Workers in Europe*, Publication Office of European Union. 2018.

Arne Kalleberg. 2011. *Good Jobs, Bad Jobs*. Russell Sage.

Arne Kalleberg. 2018. *Precarious Lives*. Polity Press.

Eurofound. 2018. *Employment and working conditions of selected types of platform workers*. Publication Office of the European Union.

Janine Berg et al. 2018. *Digital labour platform and the future of work: Towards decent work in the online world*. ILO. 2018.

Seth Harris and Alan Krueger. 2015. *A Proposal for Modernizing Labor Laws for Twenty-First-Century Work: The "Independent Worker"*. Brookings.

6 플랫폼 위에 선 개인: 디지털 세계의 새로운 개인성

김왕배. 2019. 『감정과 사회』. 한울아카데미.

Berger, John. 1972. *Ways of Seeing*. Penguin.

Brubaker, Rogers. 2020. "Digital Hyperconnectivity and the Self". *Theory and Society* 49(5). 771–801.

Damasio, Antonio. 2010. *Self Comes to Mind: Constructing the Conscious Brain*. Vintage.

Harre, Rom (Ed). 1986. *The Social Construction of Emotions*. Oxford, UK: Basil Blackwell.

Hermans, Hubert. 2018. *Society in the Self: A Theory of Identity in Democracy*. Oxford University Press.

Hermans, Hubert and Hermans-Konopka, Agnieszka. 2010. *Dialogical Self Theory: Positioning and Counter-positioning in a Globalizing Society*. Cambridge University Press.

Howard, Cosmo (Ed.). 2007. *Contested Individualization: Debates about Contemporary Personhood*. Springer.

Kanai, Ryota and Tsuchiya, Naotsugu. 2012. "Qualia". *Current Biology* 22(10): 392–396.

Marx, Karl and Engels, Frederick. 1848(2012). *The Communist Manifesto*. Yale University Press.

Murphy, Peter and de La Fuente, Eduardo. 2014. *Aesthetic capitalism* (Vol. 15). Brill.

Ramachandran, Vilayanur Subramanian and Hirstein, Wiliam. 1997. "Three Laws of Qualia: What Neurology Tells Us about the Biological Functions of Consciousness". *Journal of Consciousness Studies* 4(5–6), 429–457.

Roberts, James and David, Meredith E.. 2020. "The Social Media Party: Fear of Missing Out (FoMO), Social Media Intensity, Connection, and Well-Being". *International Journal of Human-Computer Interaction* 36: 4, 386–392.

Vannini, Philip, Waskul, Dennis, and Gottschalk, Simon. 2012. The Senses in Self, Society, and Culture: A Sociology of the Senses. Routledge.

Veenhoven, Ruut. 2012. "Happiness: Also known as 'life satisfaction' and 'subjective well-being'". pp. 63–77 In Handbook of Social Indicators and Quality of Life Research, edited by Land, Kenneth, Alex Michalos, and M. Joseph Sirgy. Springer, Dordrecht.

7 팬데믹 시기 회상적 소셜 플랫폼 이용과 마음 건강 지키기

동아일보. 2021. "코로나가 불러온 '마음의 병'…의료취약계층에 사회적 지원 절실". (2021.11.24.) https://www.donga.com/news/lt/article/all/20211123/110411441/1.

한국경제. 2021. "유명순 교수팀 '자영업자 코로나 블루 심각'". (2021.02.01.)https://www.hankyung.com/society/article/202102014742i.

한국언론진흥재단. 2021a. "코로나19로 인한 감정 변화(2020)". http://hannun.or.kr/2021/4-1/ (최종 접속일: 2022.01.10.)

_____. 2021b. "코로나19 이후 일상 활동 변화(2020)". http://hannun.or.kr/2021/4-4/ (최종 접속일:

2021.01.10.)

Appel, Markus, Caroline Marker, and Timo Gnambs. 2020. "Are social media ruining our lives? A review of meta-analytic evidence". *Review of General Psychology* 24(1): 60–74.

Bonus, James Alex, Alanna Peebles, Marie-Louis Mares, and Irene G. Sarmiento. 2018. "Look on the bright side (of media effects): Pokémon Go as a catalyst for positive life experiences." *Media Psychology* 21(2): 263–287.

_____, Hannah Wing, and Judy Watts. 2022. "Finding refuge in reverie: The terror management function of nostalgic entertainment experiences". *Communication Monographs* 89(2): 165–188..

Cheung, Felix, and Richard E. Lucas. 2014. "Assessing the validity of single-item life satisfaction measures: Results from three large samples". *Quality of Life Research* 23(10): 2809–2818.

Chou, Hui-Tzu Grace, and Nicholas Edge. 2012. "'They are happier and having better lives than I am': The impact of using Facebook on perceptions of others' lives". *Cyberpsychology, Behavior, and Social Networking* 15(2): 117–121.

Cox, Cathy R., Mike Kersten, Clay Routledge, Erin M. Brown, E. and Erin A. Van Enkevort. 2015. "When past meets present: The relationship between website-induced nostalgia and well-being". *Journal of Applied Social Psychology* 45(5): 282–299.

Davis, Fred. 1979. "Yearning for yesterday: A sociology of nostalgia". pp. 446–451 in The collective memory reader, edited by Jeffrey K. Olick, Vared Vinitzky-Seroussi, and Daniel Levy. New York, NY: Oxford University Press.

De Briun, Kiki, Yael de Haan, Rens Vliegenthart, Sanne Kruikemeier, and Mark Boukes. 2021. "News avoidance during the Covid-19 crisis: Understanding information overload". *Digital Journalism* 9(9): 1286–1302.

Drouin, Michelle, Brandon T. McDaniel, Jessica Pater, J., and Tammy Toscos. 2020. "How parents and their children used social media and technology at the beginning of the COVID-19 pandemic and associations with anxiety". *Cyberpsychology, Behavior, and Social Networking* 23(11): 727–736.

Hayes, Andrew. F. 2018. Introduction to mediation, moderation, and conditional process analysis: A regression-based approach. New York, NY: Guilford Press.

Humphreys, Lee. 2020. "Birthdays, anniversaries, and temporalities: Or how the past is represented as relevant through on-this-date media". *New Media & Society* 22(9): 1663–1679.

Kohut, Frank J., Lisa F. Brkman, Denis A. Evans, and Joan Cornoni-Huntley. 1993. "Two shorter forms of the CES-D depression sysmtpoms index". *Journal of Aging and Health* 5(2): 179–193.

Lee, Eun-Ju, and Eugene Cho. 2018. "When using Facebook to avoid isolation reduces perceived social support". *Cyberpsychology, Behavior, and Social Networking* 21: 31–39.

Lefèvre, Thomas, Archana Singh-Manoux, Silvia Stringhini, Aline Dugravot, Cèdric Lemogne, Silla M. Consoli, MArcel Goldberg, Marie Zins, and Hermann Nabi. 2012. "Usefulness of a single-item measure of depression to predict mortality: the GAZEL prospective cohort study". *European Journal of Public Health* 22(5): 643–647.

Lin, Ruoyun, and Sonja Utz. 2015. "The emotional responses of browsing Facebook: Happiness, envy, and the role of tie strength". *Computers in Human Behavior* 52: 29–38.

Lup, Katerina, Leora Trub, and Lisa Rosenthal. 2015. "Instagram #Instasad?: Exploring associations among Instagram use, depressive symptoms, negative social comparison, and strangers followed". *Cyberpsychology, Behavior, and Social Networking* 18(5): 247–

252.

McCann, Willis H. 1941. "Nostalgia: a review of the literature". *Psychological Bulletin* 38(3): 165–182.

Meier, Adrian, Alicia Gilbert, Sophie Börner, and Daniel Possler. 2020. "Instagram inspiration: How upward comparison on social network sites can contribute to well-being". *Journal of Communication* 70(5): 721–743.

_____, and Leonard Reinecke. 2021. "Computer-mediated communication, social media, and mental health: A conceptual and empirical meta-review". *Communication Research* 48(8): 1182–1209.

Routledge, Clay, Tim Wildschut, Constantine Sedikides, and Jacob Juhl. 2013. "Nostalgia as a resource for psychological health and well-being". *Social and Personality Psychology Compass* 7(11): 808–818.

Ruggieri, Stefano, Sonia Ingoglia, Rubina Celeste Bonfanti, and Gianluca Lo Coco. 2021. "The role of online social comparison as a protective factor for psychological wellbeing: A longitudinal study during the COVID-19 quarantine". *Personality and Individual Differences* 171: 110486.

Schemer, C. Philipp K Masur, Stefan Geiß, Philipp Müller, Svenja Schäfer. 2021. "The impact of Internet and social media use on well-being: A longitudinal analysis of adolescents across nine years". *Journal of Computer-Mediated Communication* 26(1): 1–21.

Sedikides, Constantine, Tim Wildschut, Wing-Yee Cheung, Clay Routledge, Erica G. Hepper, Jamie Arndt, Kenneth Vail, Xinyue Zhou, Kenny Brackstone, Ad J. J. M. Vingerhoets. 2016. "Nostalgia fosters self-continuity: Uncovering the mechanism (social connectedness) and consequence (eudaimonic well-being)". *Emotion* 16(4): 524.

_____, _____, Lowell Gaertner, Clay Routledge, and Jamie Arndt. 2008. "Nostalgia as enabler of self-continuity". pp. 227–239 in Self-continuity: Individual and collective perspectives, edited by Fabio Sani. New York, NY: Psychology Press.

_____, _____, Clay Routledge, and Jamie Arndt. 2015. "Nostalgia counteracts self-discontinuity and restores self-continuity". *European Journal of Social Psychology* 45(1): 52–61.

Statista, 2021. "Social media use during COVID-19 worldwide - statistics & facts". https://www.statista.com/topics/7863/social-media-use-during-coronavirus-covid-19-worldwide/ (최종 접속일: 2022.01.10.)

Strömbäck, Jesper, Yariv Tsfati, Hajo Boomgaarden, Alyt Damstra, Elina Lindgren, Rens Vliegenthart, and Torun Lindholm. 2020. "News media trust and its impact on media use: toward a framework for future research". *Annals of the International Communication Association* 44(2): 139–156.

Valkenburg, Patti M. 2022. "Social media use and well-being: what we know and what we need to know". *Current Opinion in Psychology* 45: 101294.

_____, Ine Beyens, J Loes Pouwels, Irene I van Driel, Loes Keijsers. 2021. "Social media browsing and adolescent well-being: Challenging the 'passive social media use hypothesis'". *Journal of Computer-Mediated Communication* 27(1).

Van Tilburg, Wijnand A. P., Constantine Sedikides, Tim Wildschut, and Ad J. J. M. Vingerhoets. 2019. "How nostalgia infuses life with meaning: From social connectedness to self-continuity". *European Journal of Social Psychology* 49(3): 521–532.

Vignoles, V. L. 2011. "Identity motives". pp. 403–432 in Handbook of identity theory and research, edited by Seth J. Schwartz, Koen Luyckx, and Vivian L. Vignoles. New York, NY: Springer.

Watts, Judy, James Bonus, and Hannah Wing. 2020. "Celebrating your Circle of

Life: Eudaimonic responses to nostalgic entertainment experiences". *Journal of Communication* 70(6): 794–818.

World Health Organization. 2018. "Mental health: strengthening our response". https://www.who.int/news-room/fact-sheets/detail/mental-health-strengthening-our-response (최종 접속일: 2022.01.10.)

Wildschut, Tim, Constantine Sedikides, Jamie Arndt, and Clay Routledge. 2006. "Nostalgia: Content, triggers, functions". *Journal of Personality and Social Psychology* 91(5): 975–993.

Wulf, Tim, James A. Bonus, and Diana Rieger. 2019. "The inspired time traveler: examining the implications of nostalgic extertainment experiences for two-factor models of entertainment". *Media Psychology* 22(5): 795–817.

———, Johannes S. Breuer, and Josephine B. Schmitt. 2021. "Escaping the pandemic present: The relationship between nostalgic media use, escapism, and well-being during the COVID-19 pandemic". *Psychology of Popular Media*.

8 뉴스포털 플랫폼은 사회 갈등을 부추겼는가?

곽희양·박광연. 2021. "포털 아닌 구독자가 뉴스 선택…여론시장 왜곡 바로잡기". 『경향신문』.

김병준·전봉관·이원재. 2017. "비평 언어의 변동: 문예지 비평 텍스트에 나타난 개념단어의 변동 양상, 1995~2015". 『현대문학의 연구』 61: 49–102.

김위근. 2014. "포털 뉴스서비스와 온라인 저널리즘의 지형: 뉴스 유통의 구조 변동 혹은 권력 변화". 『한국언론정보학보』 5–27.

김지주, 권상희. 2020. "사회적 갈등 이슈에 대한 뉴스 프레임 연구: 문재인 정부의 탈원전 정책을 중심으로". 『한국방송학보』 34(2): 5–43.

김태완. 2015. "한국 사회 갈등과 언론의 책임: 언론은 한국 사회 갈등의 거울인가, 촉진자인가". 『월간조선』.

김현아. 2021. "포털 아웃링크 강제법, 언론자유뿐 아니라 영업의 자유도 침해". 『이데일리』.

박영흠, 정제혁. 2020. "언론은 한일 갈등을 어떻게 보도했는가: 프레임 유형과 의미화 방식을 중심으로". 『한국콘텐츠학회논문지』 20(7): 352–67.

박진규. 2015. "매개된 종교와 사회 변화: 프란치스코 교황에 대한 언론의 반응을 중심으로". 『한국언론정보학보』 221–45.

성시윤. 2018. "네이버 뉴스정책, 사회갈등·양극화 부르고 여론 왜곡". 『중앙일보』.

송경재. 2017. "포털 모바일 대선뉴스 편집 왜 이러나? 갈수록 갈등·대결 뉴스 늘어".

신동희. 2014. "인터넷 포털의 저널리즘적 역할에 관한 고찰: 언론과 포털의 갈등구조를 중심으로". 『커뮤니케이션 이론』 10(1): 169–212.

안재승. 2021.11.29. "부끄러운 '포털 종속', '탈포털'에 시동 걸자". 『한겨레』.

오수현. 2021. 『온라인서 뉴스 볼 때 포털만 찾는 한국인. 『매일경제』.

유영돈·마정미. 2015. "'세종시 갈등'에 대한 뉴스 프레임 연구: 7개 전국 일간지 기사 분석을 중심으로". 『한국언론학보』 59(3): 29–59.

이완수·배재영. 2015. "세월호 사고 뉴스 프레임의 비대칭적 편향성: 언론의 차별적 관점과 해석 방식". 『한국언론정보학보』 274–98.

이완수. 2018. "언론·포털 갈등에 저널리즘이 망가진다". 『관훈저널』 60(3): 91–100.

이웅. 2019. "국민 10명 중 6명 '포털은 언론'". 『연합뉴스』.

이희영·김정기. 2016. "질적 메타분석을 통한 뉴스프레임의 유형: 국내 117개 프레임 연구를 대상으로". 『한국언론학보』 60(4): 7–38.

정용복. 2020. "언론은 제주 4·3을 어떻게 보도하는가?: 보수지와 진보지, 지역지의 비교 연구". 『한국언론정보학보』 101: 399–439.

채영길·장시연. 2018. "정부의 부동산 대책과 주요 언론보도 경향 분석". 『한국콘텐츠학회논문지』 18(8):

446–58.

최홍규·최민음·김정환. 2018. "포털 뉴스 연구에 대한 메타분석". 『정보사회와 미디어』 19(2): 223–48.

한겨레. 2021. "[사설] '책임 없는 절대권한', 포털 '기사 편집권' 폐지해야". 『한겨레』.

한국언론진흥재단. 2020. "2020 언론수용자 조사". 조사분석 2020.

황경아. 2017. "반다문화 담론의 부상과 언론의 재현: 〈조선일보〉와 〈한겨레신문〉의 반다문화 관련 기사에 대한 텍스트분석을 중심으로". 『미디어, 젠더 & 문화』 32(4): 143–89.

Blei, David M, Andrew Y Ng, and Michael I Jordan. 2003. "Latent dirichlet allocation". *the Journal of machine Learning research* 3: 993–1022.

Lindebaum, Dirk, and David Courpasson. 2017. "Becoming the Next Charlie Parker: Rewriting the Role of Passions in Bureaucracies with Whiplash". *Academy of Management Review* 44(1): 227–39.

Lindstedt, Nathan C. 2019. "Structural Topic Modeling For Social Scientists: A Brief Case Study with Social Movement Studies Literature, 2005-2017". *Social Currents* 6(4): 307–18.

Lum, Kristian, and Rumman Chowdhury. 2021. 2. 26. "What is an 'algorithm'? It depends whom you ask". *MIT Technology Review*.

Roberts, Margaret E, Brandon M Stewart, Edoardo M Airoldi, K Benoit, D Blei, P Brandt, and A Spirling. 2014. "Structural topic models". *Retrieved May* 30: 2014.

9 예술교육의 가치는 디지털 환경에서 어떻게 구현되는가

전미현·장정아·김규태. 2014. 「소통 교육을 위한 학습관리시스템」. 대한기계학회 춘추학술대회.

양지연·손차혜. 2019. "뮤지엄 온라인 원격교육의 의미와 방향". 『문화예술교육연구』 14(2): 97–101.

이경희. 2006. 『음악청중의 사회사: 궁정·극장·살롱·공공 음악회』. 한양대학교출판부.

한국문화예술교육진흥원. 2020.5.20. "문화예술교육 전환을 위한 특별대담". 웨비나.

한국문화예술교육진흥원. 2020.5.27. "미래교육을 위한 온라인 문화예술교육의 고찰". 웨비나.

한국문화예술위원회. 2020.10.3. "온라인 문화 예술교육의 현황과 정책 제언". 세계문화예술교육 주간행사 연계 온라인 토론회.

한국문화예술교육진흥원. 2021.6. 온라인 문화예술교육 동향 리포트.

한국문화예술교육진흥원. 2020.10. 문화예술교육 전환을 위한 공론화 이슈 리포트.

한국문화예술교육진흥원. 2020.11. 해외 문화예술교육 동향.

Ott, M., & Pozzi, F. 2011. "Towards a new era for cultural heritage education: Discussing the role of ICT. Computers in Human Behavior". 27: 1365–1371.

Kim, S.H., Choi, G.W. and Jung, Y.J. 2020. "Design principles for transforming making programs into online settings at public libraries". *Information and Learning Sciences* 121(7/8): 623–624.

Mishra & Koehler. 2006. "Technological pedagogical content knowledge: a framework for teacher knolwedge". *Teachers College Record* 108(6): 1025–1029.

Reynolds, R. and Chu, S. K .W. 2020. "Guest editorial". *Information and Learning Sciences* 121(5/6): 233–239.

John J. Sheinbaum. 2018. *Good Music: What It Is and Who Gets to Decide*. University of Chicago Press.

Norman Lebrecht. 2008. *The Life and Death of Classical Music*. Anchor Books NY.

10 플랫폼 이후 미국과 한국의 대중음악 변화

문화체육관광부. 2020. 콘텐츠 산업 통계조사 보고서. 문화체육관광부.

듀이(Dewey, John). 2016(1934). 『경험으로서 예술(Art as Experience)』. 박철웅 역. 나남.

Alexander, Victoria D. 2003. *Sociology of the Arts: Exploring Fine and Popular Forms*. New

York: Wiley.

Anderson, Chris. 2006. *The Long Tail: Why the Future of Business is Selling Less of More*. Hachette UK.

Datta, Hannes, George Knox, & bart J. Bronnenberg. 2018. "Changing their tune: How consumers' adoption of online streaming affects music consumption and discovery". *Marketing Science* 37(1): 5–21.

DeNora, Tia. 2000. *Music in Everyday Life, Cambridge*, UK: Cambridge University Press.

Deresiewicz, William. 2020. *The Death of the Artist: How Creators are Struggling to Survive in the Age of Billionaires and Big Tech*, New York: Henry Holt & Company.

DiMaggio, Paul. 1983. "Can culture survive the marketplace?". *Journal of arts management and law* 13(1), 61–87.

Elberse, Anita. 2013. *Blockbusters: Why Big Hits-and Big Risks Are the Future of the Entertainment Business*. Faber & Faber.

Erickson, Kevin. 2015. "The Data Journalism that Wasn't". Future of the Music Coalition (http://futureofmusic.org/blog/2015/08/21/data-journalism-wasnt).

Frank, Robert F. & Philip J. Cook. 1995. *The Winner-Take-All Society: Why the Few at the Top Get So Much More Than the Rest of Us*. Penguin Publishing.

Griswold, Wendy. 1994. *Cultures and Societies in a Changing World, Thousand Oaks*. CA: Sage Publications.

Hagen, Anja N., & Marika Lüders. 2017. "Social Streaming? Navigating Music as Personal and Social". *Convergence* 23(6): 643–659.

Johnson, Steven. 2015. "The Creative Apocalypse that Wasn't". *New York Times Magazine* Aug 23.

Krueger, Alan B. 2019. *Rockonomics: A Backstage Tour of What the Music Industry Can Teach Us about Economics and Life*. New York: Currency.

Lewis, Kevin, Jason Kaufman, Marco Gonzalez, Andreas Wimmer, & Nicholas Christakis, 2008. "Tastes, Ties, and Time: A New Social Network Dataset Using Facebook.com". *Social Networks* 30(4): 330–342.

Lewis, Kevin., & Kaufman, Jason. 2018. "The Conversion of Cultural Tastes into Social Network Ties". *American Journal of Sociology* 123(6): 1684–1742.

Salganik, Matthew J., & Duncan J. Watts. 2008. "Leading the Herd Astray: An Experimental Study of Self-fulfilling Prophecies in an Artificial Cultural Market". *Social Psychology Quarterly* 71(4): 338–355.

Tepper, Steven J. & Eszter Hargittai. 2009. "Pathways to Music Exploration in a Digital Age". *Poetics* 37(3): 227–249.

White, Harrison and Cynthia White, 1965. *Canvases and Careers: Institutional Change in the French Painting World*, New York: Wiley.

미주

1 플랫폼 자본주의를 어떻게 이해해야 하는가?

1 이 글은 다음 논문의 일부를 수정하고 보완한 글입니다. 김홍중. 2022. 「플랫폼의 사회이론: 플랫폼 자본주의와 알고리즘 통치성」. 『사회와이론』 41. pp. 7-48.

2 '플랫폼 사회(platform society)'의 정의는 이재열을 따른다. 그에 의하면 "플랫폼 사회는 디지털 경제의 정점에 있는 플랫폼이 사회 전반의 구조와 사람들의 일상에 파고들어 만들어내는 효과에 주목"하게 하는 개념이다(이재열. 2021: 11). 한편 반디크(José van Dijck)는 플랫폼 사회의 주요 메커니즘을 다음 세 가지 관점으로 파악한다. 첫째, 데이터화(datafication). 즉 인간의 거의 모든 행태가 기록되고 그 데이터에서 가치가 추출되는 과정. 둘째, 상품화. 인간 활동, 감정, 아이디어 등 모든 것이 교환 가능한 상품으로 가공되는 과정. 셋째, "알고리듬을 통해 이용자의 선택을 돕거나 필터링하는 선택과 큐레이션(curation)"(van Dijck, Poell, and de Wall, 2018에서 재인용; 이재열. 2021: 18).

3 이글에서 주보프의 '감시 자본주의'와 '플랫폼 자본주의'는 개념적으로 동일한 대상을 가리키는 것으로 다루고자 한다.

4 어윈(Sean Erwin)은 푸코적 감시 개념과 다른 형태의 감시가 빅데이터 알고리즘에 기초한 전자 테크놀로지에서 실행되고 있다고 주장하면서, 21세기적 감시의 핵심을 '억압'이 아닌 "사회적 분류(sorting)"로 파악한다(Erwin, 2015: 35-41).

5 플랫폼 자본주의의 성립은 9.11 테러 이후 미국에서 형성된 비상 상태와 깊은 연관을 갖는다. 9.11 테러 이후 미국 사회는 안보를 위해 개인정보를 수집하는 것을 허용하는 방향으로 변화해 간다. 이 과정에서 정부와 플랫폼 기업들과의 공조가 이루어지고, 양자 사이에 협력이 일어난다. 이에 관해서는 라이언(David Lyon, 2011)을 참조할 것.

6 여기에 덧붙여 지적해야 할 것은 이른바 플랫폼 경제 혹은 웹 2.0 경제는 해커 윤리를 자신들의 혁신적 경영 전략으로 흡수했다는 사실이다(이항우, 2017: 102). 자본주의에 대한 비판이 자본주의의 새로운 동력으로 전환되는 현상에 대해서는 볼탕스키·치아펠로(Boltanski and Chiapello, 1999)를 참조할 것.

7 유사한 발견은 이미 35년 전에 섯 잴리(Sut Jhally)와 빌 리번트(Bill Livant)에 의해 이루어졌다. 이들은 「노동으로서의 시청(Watching as Working)」이라는 유명한 논문에서 TV 시청이 일종의 노동이라는 사실을 보여준 바 있다. 이들은 "미디어가 광고주들에게 시청자들을 판다"는 인식에서 한 걸음 더 나아가 "광고주들이 구매하는 것은 시청자들의 시청-시간(watching-time)이다"라는 점, 그리고 미디어를 보는 행위는 유희가 아니라 시청-시간 속에 내포되어 있는 광고를 시청하는 노동이며, 미디어가 광고주에게 판매하는 것은 바로 이 시청이라는 노동이 생산하는 가치라는 논리를 전개한다(Jhally and Livant, 1986: 130).

8 밴 엔더슨(Ben Anderson)의 규정에 의하면, 정동 노동은 "편안함, 안녕, 만족, 흥분, 열정의 느낌 같은 정동들을 생산하고 조작하는" 비물질 노동의 부분집합이다"(Anderson, 2010: 166).

9 주지하듯, '소셜'은 모바일 정보통신기기에 기초한 SNS(social network service)에 기원을 두는 용어로, 온라인에서 형성되는 '관계성'을 총칭한다. 이 연구는 '소셜'과 '사회'를 상이한 지시 대상을 갖는 상이한 기표로 다룬다. 사실 '소셜'이라 발음되는 영어 표기는 'social'로서 '사회', '사회적인'과 같은 한국어로 번역이 가능하다. 그러나 이 연구는 21세기에 '소셜'이라는 기표로 표현되는 어떤 리얼리티가 실제로 존재하고 있으며, 이것이 20세기적 의미의 '사회'와 상이한 것이라는 점에 주목한다.

10 반디크는 소셜 미디어를 다음과 같이 유형화한다. 첫째, 개인 간의 접촉을 증진시키는 SNS 유형(페이스북, 트위터, 링크드인, 구글 등). 둘째, 사용자 생성 콘텐츠(UGC) 유형. 여기에는 유튜브, 플리커(Flickr), 마이스페이스(Myspace), 위키피디아(Wikipedia) 등이 속한다. 셋째, TMS(trading and marketing sites) 유형. 여기에는 아마존, 이베이, 그루폰(Groupon) 등이 속한다. 넷째, 주로 게임을 중심으로 하는 PGS(play and game sites) 유형이 있다. 소셜 미디어라는 용어로 주로 의미하는 것은 SNS와 UGC라 할 수 있다(van Dijck, 2013: 8).

11 다수의 소셜 미디어는 2000년대 초반에 집중적으로 나타났다. 위키피디아는 2001년, 마이스페이스는 2003년, 페이스북과 플리커가 2004년, 유튜브는 2005년, 트위터가 2006년, 인스타그램이 2010년에 창립했다.

12 자본주의 정신은 "자본주의에의 연관(engagement)을 정당화하는 이데올로기"(Boltanski and Chiapello, 1999: 42)로 정의되며, "제도들에 각인되어 있고, 행위에 연루되어 있으며, 그것을 통해 실재에 닻을 내리고 있는 공유된 신념의 총체"(Boltanski and Chiapello, 1999: 35)로 이해된다.

13 스티글러(Bernard Stiegler)는 자동화된 플랫폼 사회에서 정신의 전반적인 해체가 발생한다고 본다. 그는 이를 "정신적 비참"(Stiegler, 2006), 혹은 "망연자실(stupéfaction)"이라 부른다(스티글러, 2019: 121-123).

2 미국의 반독점법: 시장의 효율성 대 민주적 정당성

1 '시장 점유율'은 시장에서 한 상품의 총판매량 중 특정 기업의 상품이 차지하는 비율을 의미한다. '시장 지배력'은 공급 혹은 수요에 영향을 주어 시장에서 한 상품의 가격을 조작할 수 있는 특정 기업의 능력을 의미한다.

2 그런데 마이크로소프트와 넷스케이프 간의 법정 공방에서 보크는 흥미롭게도 마이크로소프트의 편을 들지 않았다.

3 '살인적 인수'에 대한 자세한 내용은 다음의 저작을 참조. Cunningham et al. 2021.

4 특히 데이터 프라이버시 문제는 의료업에서 윤리 문제로 심각하게 논의되고 있다(Cohen and Mello, 2019; Price and Cohen, 2019).

3 중국의 디지털 플랫폼 기업과 국가의 관리

1 이 글의 내용은 본 연구자의 논문 「중국의 플랫폼 기업과 국가의 관리에 관한 탐색적 연구」(『아시아리뷰』, 2021, 제11권 제3호)에 기초하였음을 밝힌다. 책 원고의 특성상 출처, 참고문헌, 중국어 고유명사의 한자 표기 등을 최소화하였기에 확인이 필요한 경우 논문 원문을 참조하기를 바란다.

2 일부 연구자들은 중국 사회의 '플랫폼화'라는 표현으로 이 현상을 설명한다(Kloet et al., 2019). 북미와 유럽의 상황을 토대로 연구한 사회학자들은 '플랫폼 사회'라는 개념을 제안했고(Dijck et al., 2018: 2), 국내 연구자들도 2020년부터 본격 '플랫폼 사회' 현상에 주목했다(이재열 외, 2021; 한국사회학회, 2021). 연구자들 사이에서 '플랫폼 경제'라는 용어도 자주 등장하지만 본 연구는 '플랫폼 사회'의 시각에서 국가-기업 관계에 주목했다는 점을 밝힌다.

4 플랫폼 노동의 (비)물질성: 우버 노동자의 사례

1 『플랫폼 자본주의』의 저자 닉 서르닉(Nick Srenicek)은 플랫폼을 "복수집단이 공유하는 디지털 인프라 구조"라 정의하고, 그 유형을 다섯 가지로 구별한다(2020: 55-56): "① 광고 플랫폼(예: 구글, 페이스북), 이용자의 정부를 추출, 분석 작업 후 그 과정의 산물 사용으로 온라인 광고를 판매, ② 클라우드 플랫폼(예) 아마존웹서비스, 세일포스), 디지털 사업에 필요한 하드웨어와 소프트웨어를 갖추어 고객 회사의 필요에 따라 빌려주는 방식. ③ 산업 플랫폼(예: GE, 지멘스), 전통적 제조업이 인터넷 연결 조직으로 변신하여 생산비용을 낮추고, 상품을 서비스로 바꾸는 형태, ④ 제품 플랫폼(예: 스포티파이) 플랫폼을 이용하여 전통적 상품을 서비스로 전환하여 임대 수익이나 구독형 서비스로 수익을 올리는 방식, ⑤ 린 플랫폼(예: 우버, 에어비앤비)". 이 유형들은 하나의 기업 안에서 공존하기도 하는데, 아마존은 이 다섯 가지 유형 모두에 걸쳐 있다고 할 수 있다.

2 F. Field and A. Forsey, Wild West Workplace: self-employment in Britains's 'gig economy', https://www.frankfield.co.uk/publications (검색일: 2022. 1. 3.)

3 이후 런던교통청에 제출한 민간 보고서에서 필드 의원은 특별히 우버 운전자의 노동 현실을 다음과 같이 언급하였다. "우리는 우버와 함께 일하는 운전자들이 우리에게 묘사한 노동 현실이 빅토리아 시대의 착취 노동(sweated labour)이라는 정의와 딱 맞는 것처럼 보이는 점을 언급하게 되어 유감스럽다.

1890년에 상원 특별위원회는 수업이 겨우 생계를 유지하기에 빠듯할 때 노동이 '착취되는'(sweated) 것으로 간주했다. 근로시간은 노동자들의 삶을 거의 끊임없는 노역기간으로 만드는 수준이었고, 근로 조건은 노동자들의 건강에는 해롭고 대중들에게는 위험했다."(Adams-Prassl, 2020: 64) 구체적으로 우버 운전자들이 "생계를 위해 장시간 도로 위에 있어야" 했고, "자신의 노동 패턴을 결정할 자유가 없음"에도 불구하고 "영국 생활임금의 3분의 1에도 못 미치는 수입을 집에 가져갈 위험에 처해 있었다"(Adams-Prassl, 2020: 65)고 보고하였다.

4   Matthew Taylor, Good Work: The Taylor Review of Modern Working Practices, https://www.gov.uk/government/publications/good-work-the-taylor-review-of-modern-working-practices (검색일: 2022. 01.03)

5   House of Commons: Work and Pensions and Business, Energy and Industrial Strategy Committees, A Framework for Modern Employment, https://publications.parliament.uk/pa/cm201719/cmselect/cmworpen/352/352.pdf (검색일: 2022. 01. 03)

6   이 표에서 손동영은 worker를 '노동자'로 번역하여 사용하고 있다. 나는 '노동자'를 포괄적으로 사용하면서, worker를 '노무제공자'로 번역하여 사용한다. '노무'만을 제공하는 '노동자'의 지위가 더 잘 드러난다고 판단하기 때문이다.

7   2015년 미국의 우버 사건 담당 판사인 에드워드 M. 첸(Edward M. Chen) 지방법원 판사는 우버 앱과 통제 관계를 다음과 같이 지적하였다. "우버의 앱 데이터는 운전자 행동의 특정 측면을 지속적으로 감시하는 데 사용될 수 있다. 운전자들을 항상 관찰할 수 있는 이러한 수준의 감시는 우버에게 운전자의 수행 '방법과 수단'에 대한 엄청난 통제력을 제공한다."(Adams-Prassl, 2020: 116에서 재인용) 첸 판사는 이 맥락에서 미셸 푸코의 판옵티콘론을 인용한다. "의식 상태와 항구적인 가시성이 권력의 자동적 기능을 확보해준다."(Adams-Prassl, 2020: 117에서 재인용)

8   반면 우버는 기존의 노동법을 우버 운전자에게 적용할 수 없다고 강변한다. 플랫폼 노동에서 근로시간을 측정하기는 불가능하다며 우버는 다음과 같이 주장한다. "독립 노동자들에게 있어서 일(work)과 일이 아닌 것(nonwork) 사이의 경계는 대체로 확정할 수가 없다. 온라인 긱 경제의 노동자는 중개자들의 앱을 하나 또는 그 이상 켜놓고 그동안 주로 개인적인 일을 할 수도 있다. 이러한 시간을 근로시간으로 계산하게 되면 '일의 합리적인 정의가 지나치게 넓어질 것이다. 일을 찾기 위해 대기하면서 노동자들이 보내는 시간은 개념적으로 특정 사용자에게 배분될 수 없다."(Adams-Prassl, 2020: 206). 우버 사건의 판사는 존 밀턴(John Milton)의 소네트 19번〈On His Blindness〉의 마지막 행을 판결문에서 인용하며 이 주장을 은유적으로 반박한다. "운전 서비스에 대한 수요가 발생하는 대로 부를 수 있는 운전자들의 풀을 유지하는 것이 우버의 사업에서 필수적이다. 우버가 제공하려는 훌륭한 '승객 경험'은 승객에게 가능한 한 빨리 운전자를 구해줄 수 있는 능력에 달려 있다. 수요를 확실히 만족시키려면, 언제라도 승객을 태우고 갈 일부의 운전자와 그럴 수 있는 기회를 기다리는 또 다른 일부의 운전자들이 있어야 한다. 이용 가능한 상태에 있다는 점은 운전자가 우버에게 제공하는 서비스의 필수적인 부분이다. 또 다른 유명한 문학작품에서 한 구절을 빌린다면, 서서 기다리기만 하는 자도 역시 섬기고 있는 것이다."(Adams-Prassl, 2020: 208에서 재인용). 적절한 문학적 은유이기는 하나, 이 판결이 플랫폼 노동시간에 대한 정확한 답이라고 보기는 어렵다.

9   플랫폼 자본주의에서 '기술적 삶의 형태'와 '알고리즘 통치성'에 대한 자세한 논의는 이 책에 실린 김홍중의 글을 참조하라.

10   랏자라또는 사회적 복종을 통한 개인주의의 완성을 다음과 같이 묘사한다. "이는 '명령하는 것은 너 자신이다!', "너 자신의 주인은 너 자신이다!", "네 인생의 주인은 너 자신이다"와 같은 말을 통해 이루어진다. 현대의 사회적 복종화는 개인을 자기 자신의 판단에 대한 '무한한' 평가, 주체 자신으로부터 온 평가에 종속시킨다. 주체가 되어야 한다는 명령, 자기 자신에게 복종해야 한다는 명령, 이 모든 명령이 개인주의를 완성한다."(Lazzarato, 2018: 217)

11   주체의 데이터화가 사실상 주체를 구성하는 자원임을 랏자라또는 기계적 예속화의 맥락에서 예리하게 포착하고 있다. "사회적 관계망(페이스북) 혹은 검색 엔진(구글)을 관리하는 기업, 여론조사 기관, 데이터뱅크, 시장조사, 마케팅 기관 등과 관련하여, 당신은 하나의 '주체'를 구성한다기보다는 차라리 정보의 소통과 교환을 위한 하나의 원천을 구성한다. 당신의 기능은, 마치 '기술적' 기능과 마찬가지로, 기계의 조작, 그리고 기계의 첫 번째 재료인 정보의 보증 활동에 한정된다. 당신의 표현, 심리, 의식, 내면 등은

원칙적으로 요청되지 않는다."(Lazzarato, 2018: 215)

12 The European Commission, *Proposal for a DIRECTIVE OF THE EUROPEAN PARLIAMENT AND OF THE COUNCIL on improving working conditions in platform work*.
https://ec.europa.eu/commission/presscorner/detail/en/ip_21_6605?s=09 (검색일: 2022. 01. 02)

5 플랫폼 노동을 어떻게 바라볼 것인가?

1 한국갤럽 "2012-2021 스마트폰 사용률 & 브랜드, 스마트워치, 무선이어폰에 대한 조사"
https://www.gallup.co.kr/gallupdb/reportContent.asp?seqNo=1217

2 디지털 전환은 "디지털 기술을 사회 전반에 적용하여 전통적인 사회구조를 혁신시키는 것"을 포괄하는 용어로 사용된다. 한국정보통신기술협회(http://www.tta.or.kr/data/weeklyNoticeView.jsp?pk_num=5348)

3 물론 플랫폼 노동의 범주는 정의에 따라 다양하며 에어비앤비와 같은 공간의 제공 역시 플랫폼 노동의 일부로 보는 관점도 존재한다.

4 구체적인 범주는 다음과 같다(남재욱 외, 2020). 슈미트: 프리랜서 노동, 미세업무 크라우드 워크, 경쟁 기반 크라우드 워크, 숙박, 교통 및 배달, 가사 및 인적 서비스; 장지연 외: 웹 기반-마이크로, 웹 기반-메조, 웹 기반-매크로, 오프라인 기반-마이크로, 오프라인 기반-메조, 오프라인 기반-매크로; 김철식 외: 호출형, 관리형, 중개형, 전시형, 미세작업.

5 세부 범주별로 살펴봤을 때 유경험자 중 37.2%는 음식배달, 22.6%는 가정물품 대신 구입 및 배달, 27.6%는 서베이나 코딩 등 온라인 업무를 통해 수익을 창출한 것으로 나타났다.

6 연구에 따른 플랫폼 노동인구 규모의 차이는 미국과 유럽의 사례에서도 나타나고 있다(남재욱 외, 2020).

7 "고용보험 적용 배달노동자 '그림의 떡'", 「매일노동뉴스」(2022년 1월 14일). https://www.labortoday.co.kr/news/articleView.html?idxno=206960

8 근로기준법상 근로자로 인정받은 경우는 2019년 10월 '요기요플러스' 라이더의 사례를 들 수 있다.

9 본문에서 언급한 조사들을 종합해서 살펴봤을 때 미국은 지역 기반과 웹 기반 종사자의 비중이 비슷하며, 유럽연합의 경우 웹 기반 노동자의 비율이 더 높은 모습을 보인다.

10 일곱 개의 계급은 다음과 같다. 극소수의 엘리트(elite), 안정적인 전일제 근로자(salariat), 전문기술자(proficians), 노동계급(manual employees), 프레카리아트(precariat), 실업자(unemployed), 사회적 병리자들(socially-ill).

6 플랫폼 위에 선 개인: 디지털 세계의 새로운 개인성

1 2020년에 넷플릭스(Netflix)를 통해 공개된 〈소셜 딜레마(Social Dilemma)〉라는 다큐멘터리에서 이를 현업에 종사하였던 전문가들이 흥미로운 방식으로 소개한다.

8 뉴스포털 플랫폼은 사회 갈등을 부추겼는가?

1 프로그래밍 언어의 일종인 파이썬(Python)의 Selenium과 BeautifulSoup 등 웹 스크레이핑 관련 라이브러리를 활용하여 수집.

2 예컨대 '무단 전재 및 재배포 금지'와 같은 통상적 어구뿐만 아니라 관련된 다른 뉴스의 제목 및 광고성 메시지 등을 모두 포함한다.

3 한국어 분석을 위한 파이썬 라이브러리인 Soynlp의 명사 추출기를 활용하여 빈도수가 높은 명사들을 중심으로 동의어 처리를 하였다.

4 이 과정에 대한 보다 자세한 설명은 '톺아보기'에 수록하였다.

5 정치적 변동기를 기점으로 담론의 성격이 변화하는 현상은 문학의 영역에서도 발견된다. 이에 대한 선

구적 연구로서 김병준·전봉관·이원재(2017)의 연구를 들 수 있다(64~82쪽 참조).

6 주성분 분석을 실시하기 위해 본 연구에서는 각 언론사가 작성한 기사 텍스트를 기준으로 행이 각 언론사이고 열이 기사에 등장하는 단어로 행렬을 만들었다. 해당 행렬은 단어빈도(Term Frequency)가 아닌 단어빈도-역문서빈도(Term Frequency-Inverse Document Frequency, TF-IDF) 기준 상위 500개 단어를 바탕으로 생성되었다. TF-IDF를 사용한 이유는 TF-IDF가 하나의 기사에서 자주 등장하면서도 다른 기사에서는 빈번하지 않은 단어에 가중치를 부여하기 때문이다. 즉 TF-IDF는 단어빈도보다 각 언론사에 해당하는 단어들 간의 차이점을 부각시킬 수 있다.

9 예술교육의 가치는 디지털 환경에서 어떻게 구현되는가?

1 Reynolds, R. and Chu, S. K .W. 2020. "Guest editorial". *Information and Learning Sciences* 121(5/6): 233-239.

2 전미현·장정아·김규태. 2014. 「「소통 교육을 위한 학습관리시스템」. 대한기계학회 춘추학술대회.

3 Mishra & Koehler. 2006. "Technological pedagogical content knowledge: a framework for teacher knolwedge". *Teachers College Record* 108(6): 1025-1029.

4 한국문화예술교육진흥원. 2020.5.27. "미래교육을 위한 온라인 문화예술교육의 고찰". 웨비나.

5 Kim, S.H., Choi, G.W. and Jung, Y.J. 2020. "Design principles for transforming making programs into online settings at public libraries". *Information and Learning Sciences*. 121(7/8): 623-624.

6 케네디 센터: Arts Edge
   https://artsedge.kennedy-center.org/

7 뉴욕현대미술관(MoMA): 모마 러닝(MoMA Learning)
   https://www.moma.org/learn/moma_learning

8 프랑스 문화교육부: 룸니(LUMNI) https://www.lumni.fr/

9 네덜란드 국립미술관: 라익스 뮤지엄(Rijks Museum) https://www.rijksmuseum.nl/

10 양지연·손차혜. 2019. 「뮤지엄 온라인 원격교육의 의미와 방향」. 「문화예술교육연구」 14(2): 97-101.

11 민간 유료 교육 플랫폼: 마스터클래스(MasterClass)
    https://www.masterclass.com/categories#music-entertainment

12 K-MOOC : http://www.kmooc.kr/

13 클래스팅: https://www.classting.com/home

14 학교온: artsedu.kofac.re.kr/board.do?menuPos=14

15 문화포털: https://www.culture.go.kr/index.do

16 한국문화예술교육진흥원 웨비나. 2020.5.27. 「미래교육을 위한 온라인 문화예술교육의 고찰」.

17 도약닷컴: https://www.doyac.com/v/